DE LA

# CONDITION DU PEUPLE

## AU XXᴱ SIÈCLE

PAR

H. DAGAN

PARIS (5e)

V. GIARD & E. BRIÈRE

LIBRAIRES-ÉDITEURS

16, Rue Soufflot et 12 rue Toullier

1904

DE LA

# CONDITION DU PEUPLE

## AU XXe SIÈCLE

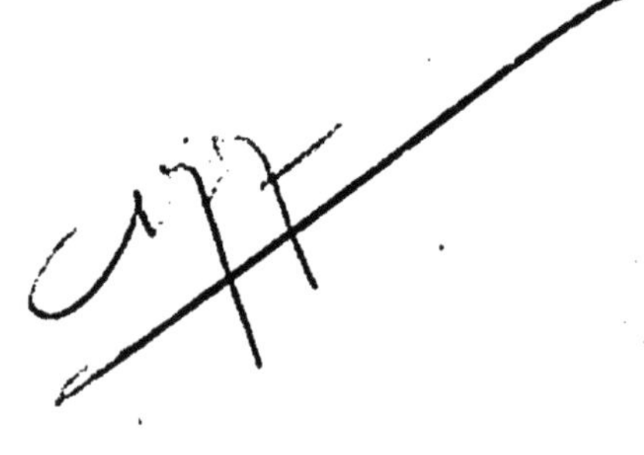

## DU MÊME AUTEUR

---

**Les Superstitions Politiques et les Phénomènes sociaux**. 2e édition, 1 volume à 3 fr. 50, chez Stock.

**Enquête sur l'Antisémitisme** (Emile Zola, Ch. Letourneau, E. Reclus, E. Duclaux, Lombroso, de Molinari, Dr Manouvrier, E. Durkheim, Yves Guyot, Albert Réville, Picard, Henry Maret, etc.). Une forte brochure à 1 franc chez Stock.

**Kischineff et les Prolétaires juifs de Russie**, 1 volume des *Cahiers de la Quinzaine*. 8, rue de la Sorbonne, Paris. Prix 2 francs.

**L'ŒUVRE NOUVELLE**, revue mensuelle, fondée par Henri Dagan. Objets : La Vie Sociale, La Psychologie, L'Anthropologie, avec des Suppléments d'Art et de Littérature, des compte-rendus analytiques des livres essentiels ou remarquables, des pages rétrospectives des chefs-d'œuvre anciens et modernes, une bibliographie des travaux et des ouvrages intéressants publiés dans les périodiques. (Provisoirement : 52, rue Gay-Lussac, Paris. — 5 francs par an).

DE LA

# CONDITION DU PEUPLE

# AU XX^e SIÈCLE



PAR

H. DAGAN

PARIS (5e)
V. GIARD & E. BRIÈRE
LIBRAIRES-ÉDITEURS
16, Rue Soufflot et 12 rue Toullier
1904

# DE LA CONDITION DU PEUPLE AU XX^e SIÈCLE

## INTRODUCTION

La vie du peuple est ce qu'il y a de plus notoire et de moins connu. Pourtant les ouvrages ne manquent pas qui se proposent d'étudier les classes ouvrières. Les romanciers, les « sociologues », les politiques, les philosophes et les « esthètes » font paraître une inclination marquée vers le « populaire ». C'est une mode — ou l'espérance d'un profit. Ce qui gâte la plupart de ces écrits (dont quelques-uns présentent un réel intérêt), c'est que leurs auteurs ont déjà conçu le « peuple » avant de le regarder, de le décrire, ou de l'ausculter. L'un veut « encadrer » la démocratie, l'autre veut lui « fourrer des idées » préconçues et un « idéal » dans la tête; celui-ci désire « la ramener à Dieu », celui-là se propose de la « moraliser », etc. Tous veulent en faire *quelque chose* ; tous veulent emprisonner les vents, assagir la mer, et mettre les éléments dans leurs poches.

On ne trouvera rien de pareil dans ce livre. « L'auteur », cette fois, connaît assez la vie du peuple pour s'abstenir de lui dicter une règle de conduite. Il sait que ses compagnons ont déjà fort affaire pour vivre et que leurs actes généraux, et en apparence les plus funestes, sont la conséquence de nécessités inéluctables. La prédication morale, philosophique, voire politique, supposerait une connaissance approfondie des conditions générales de la vie matérielle. Qui possède, aujourd'hui, cette connaissance ? que dis-je, qui s'en préoccupe ? C'est si ennuyeux, si *aride* et si peu... rémunérateur ; car enfin les philosophes, comme les autres, veulent *primo vivere*..

Donc l'auteur, n'ayant pas la prétention de connaître toutes les données du problème, a préféré s'abstenir de le résoudre. Il a renvoyé aux vieilles lunes le collectivisme absolu, l'anarchisme absolu, la morale absolue, tous les Décalogues.

Son œuvre consiste à promener une lumière dans les ténèbres. Ce n'est pas gai. Mais le spectacle est parfois saisissant, et les résultats de cette investigation sont appréciables.

En somme que cherchons-nous, si nous sommes des gens de bonne volonté ? *Des éclaircissements, et une orientation.* Le chaos des idées nous fait mal ; le spectacle de souffrances stupides et stériles nous obsède, et nous rend fous. Certes, nous savons que la douleur et la joie sont éternelles. Mais les douleurs qui nous assaillent sont vraiment absurdes. Elles touchent notre corps plus que notre « âme » (il n'y a point d'autre mot). Vous mangez peu ou mal, vous respirez de l'air méphitique, vous cherchez un gîte, parfois du pain, de l'amour ! Cependant que des choses délicieuses vous frôlent, vous attirent et vous repoussent. C'est un supplice qui rend idiot.

D'autant plus, mes amis, qu'*on ne vous comprend pas*. Prenez le plus opulent économiste, le plus riche industriel, la plus élégante douairière, le plus fastueux cardinal, le plus illustre romancier, le plus éminent sociologue, le plus averti publiciste de Paris, *il n'entend rien à votre vie*. Pourquoi ? C'est que l'intelligence elle-même ne suffit pas pour *entendre*. Il faut aussi bien *connaître* et bien *sentir*. Il faut avoir vécu votre vie.

Ainsi l'intérêt de ce livre sera surtout de renseigner Mais, d'avance, je confesse que mon livre est assez incomplet. S'il répondait entièrement à son but, il coûterait une vie entière. Pourquoi ne l'avoir pas fait ? Ici, je ne puis satisfaire la curiosité du lecteur. Il faudrait m'interposer entre lui et le livre ; m'étaler. Passons. Qu'un autre s'attelle à cette œuvre, — s'il en a les moyens et le courage : — j'applaudirai de tout cœur à son entreprise.

Mais on m'accordera que c'est quelque chose d'avoir montré le chemin.

Paris, août 1903.

H. D.

---

# DE LA CONDITION DU PEUPLE

## SOMMAIRES

### PREMIÈRE PARTIE

### La raréfaction du travail humain.

*Les grèves patronales.* — Leur importance ; les petites grèves patronales ; opinions d'Adam Smith ; à l'étranger ; cas d'une perte de 8 millions en salaires ; augmentation du nombre des *sans-travail* ; « la corporation féodalisée » ; le résultat des essais de réglementation des *trusts* américains a été *la hausse du prix des magistrats et députés* ; but invariable dans tous les pays ; beaucoup de grèves ouvrières ne sont que des grèves patronales déguisées ; ces actes sont inséparables du mode de production capitaliste.

*Les sans-travail à Londres.* — Les crises industrielles et les *unemployed* ; impuissance des sociétés philanthropiques et des *Trade-Unions* ; la demande est toujours supérieure à l'offre ; l'exploitation des sans-travail par les bureaux de placement ; les domestiques ; *le Work-house* ou bagne déguisé ; la bienfaisance est un châtiment ; l'escroquerie sur les pauvres par les *Immigration agents* ; jugements stupides et intéressés de certains économistes.

*Causes de la misère des marins-pêcheurs.* — Une pétition de pêcheurs ; le perfectionnement des méthodes de pêche a été funeste aux pêcheurs pauvres ; conséquences de la substitution des chalutiers à vapeur aux bateaux à voiles ; accroissement des chalutiers ; témoignage et pronostics du commandant M... ; les désastres en perspective.

## DEUXIÈME PARTIE

### La femme et l'enfant.

*La femme ouvrière.* — Accroissement de la main-d'œuvre féminine ; les contradictions et l'embarras de M. Levasseur ; profits du capitaliste réalisés par la substitution de l'ouvrière à l'ouvrier ; quelques salaires de femmes faisant métiers d'hommes ; illusion ou mensonge des économistes sur la prétendue élévation du salaire (salaire effectif et salaire nominal) ; l'exploitation des ouvrières du vêtement ; le chômage est la règle, le travail l'exception ; le travail à domicile ; lieux communs absurdes sur les avantages de ce mode de travail ; le travail de nuit et ses conséquences ; le travail de nuit dans l'industrie est une nécessité capitaliste ; travail à feu continu ; exigences des *femmes du monde* dans les industries de luxe ; leurs conséquences ; comment les industriels « regagnent le temps perdu ».

*Conséquences du travail féminin.* — Les empoisonnements professionnels ; blanchisseuses ; dentellières ; ouvrières en fleurs artificielles ; fileuses ; ouvrières des produits chimiques ; étameuses ; polisseuses. Hydrargirisme ; arsenicisme ; phosphorisme ; oxycarburisme ; la dermatite des dévideuses. Conséquences : morbidité, avortement, dégénérescence. Tuberculose d'origine professionnelle ; insuffisance de l'alimentation à cause des bas salaires féminins ; insalubrité des logements. Immoralité du travail ; aveux des dames patronesses des Cercles catholiques ; désorganisation de la famille ; vagabondage et prostitution ; conclusions.

*Examen de quelques idées féministes.* — Préjugés des écrivains et illusions des féministes ; la femme contre la protection de la femme ; le programme féministe se confond avec le programme socialiste ; contradictions ; l'hygiène obligatoire ; un rapport instructif ; impuissance. Le suffrage politique ; légitimité de cette revendication ; un tableau instructif ; droits conquis ; illusions sur leur importance ; l'enfant, de par sa fonction économique, a droit de voter au même titre que la femme ; signification du féminisme.

*Les enfants industrialisés.* — L'Angleterre, premier pays de production industrielle, a commencé l'exploitation de l'enfance ; un mot de Pitt ; un discours du baron Dupin ; l'indigence nécessaire aux profits industriels ; le rôle des *Work-houses* ; justification des abus par un Ministre de 1841 ; *le Mémoire des instituteurs* de 1841 ; supplice du travail infligé en France aux enfants ; la vraie cause, ou les bas salaires des parents. La fin de l'apprentissage ; division extrême du travail ; l'enfant est un ouvrier, non un apprenti, mais il est payé comme apprenti ; preuves et témoignages ; l'exploitation des jeunes filles par *les entrepreneurs,* intermédiaires des gros capitalistes ; l'exploitation des enfants dans les couvents ; les Bons-Pasteurs ; réquisitoire d'un archevêque. Conséquences physiologiques et pathologiques du travail infantile : les *psychoses d'épuisement,* les *stases* dans l'abdomen, la constipation chronique, les hémorrhoïdes, les scolioses, l'asymétrie du thorax, dilatations cardiaques, tuberculoses, etc.

## TROISIÈME PARTIE

### La guerre sociale.

*Examen de la grève générale.* — Idée ancienne ; adoptée par le parti socialiste guesdiste ; puis rejetée ; la thèse pour et la thèse contre ; un manifeste. Examen : possibilité de conquêtes *partielles* et *provisoires* ; impossibilité d'une grève générale *pacifique* ; un rapport du groupe des E. S.

R. I. (étudiants socialistes, révolutionnaires, internationalistes) ; la grève générale se confond avec la Révolution violente et devient un duel entre le prolétariat et toutes les forces organisées de coercition ; les organisations syndicales ne réunissent pas la majorité des ouvriers ; preuves. Le chômage chronique est le principal obstacle à la grève générale ; il est lui-même la grève générale forcée. Développement du machinisme ; élimination de la main-d'œuvre ; preuves de ce fait et mensonges des économistes ; leurs grossiers subterfuges ; commencement d'extraction mécanique de la houille en France. La grève générale n'est qu'une expérience révolutionnaire, mais un symptôme nouveau du malaise et de la misère du peuple.

*La loi Piot et le célibat.* — Le ralentissement de la natalité, ses causes exposées par M. Piot lui-même ; les suicides et la paternité ; le célibat *nécessité inconsciente* ; citation de M. de Molinari ; une de M. Ch. Limousin ; une de M. Quesnel ; le travail infantile ; la loi contre le célibat est une loi fiscale ; les ménages non régularisés paieront l'impôt du célibataire.

## QUATRIÈME PARTIE

### Une face du Paupérisme.

*Le Prolétariat juif dans le monde entier.* — En Roumanie ; témoignage d'un écrivain hostile ; lois contre les ouvriers ; exode, indigence absolue ; prostitution inévitable. Misère des juifs de Russie ; témoignage de M. Leroy-Beaulieu ; les ouvriers ; les petits commerçants ; entassement des juifs pauvres dans les caves et les taudis ; ils font tous les métiers, les plus durs et les plus répugnants ; statistiques éloquentes ; colonies agricoles juives ; misère des juifs en Turquie ; ignorance et superstitions résultant de la misère. En Perse, l'indigence est pareille. Au Maroc, 8 ou 10 familles de juifs pauvres entassés dans chaque maison ; épidémies fréquentes ; tableau de la misère par un témoin ; superstitions ; conversions à l'islamisme ; supplices. En Autriche-Hongrie ; salaires des ouvriers et chômages ; des familles se nourrissent avec 2 florins par semaine ; les parts mesurées par bouchées. En Angleterre ; *le sweating system* ; un coin de misère à Londres ; citations de Charles Both ; de M. Soloweitschok ; Aux Etats-Unis, plus d'un million de juifs, dont 60 p. 100 environ ouvriers ; le *sweating system* ; colonies agricoles juives ; facilité d'adaptation. Misère des juifs en Posnanie. Les ouvriers diamantaires de Hollande ; encore le *sweating* à Amsterdam. En Algérie ; statistique professionnelle des ménages juifs ; les juives pauvres de Constantine, exploitation et prostitution forcée. A Paris, les ouvriers juifs sont casquettiers, diamantaires, fourreurs, caoutchoutiers, etc. ; historique d'une grève ; conclusions.

*Une lettre à M. Edouard Drumont.* — Sa Réponse.

## APPENDICE

—

*Lettre à M. Charles Maurras sur les conditions de la Liberté.* Sa Réponse.

# PREMIÈRE PARTIE

## La Raréfaction du travail humain.

# DES GRÈVES PATRONALES

Quand on examine le relevé officiel des grèves ouvrières, on constate que l'une des causes principales de ces conflits réside dans la fluctuation des salaires : l'ouvrier réclame une augmentation, ou s'oppose à une diminution. Il n'a guère d'autre moyen de défendre ses intérêts que celui de paralyser momentanément la production.

D'autre part, quand on étudie le mécanisme de la productivité, on constate que la grève, la cessation du travail, ne résulte pas uniquement d'une action concertée des salariés, mais aussi, et fréquemment, d'une préméditation individuelle ou d'une entente collective de patrons, de commerçants, de grands et petits exploitants. Ces actes ont pris, suivant les cas, les noms de *coalition* ou de *lock-out*.

En général, ils ont pour objet, soit de s'opposer à une baisse des prix de vente, soit de diminuer les frais généraux en réduisant les salaires, soit, plus carrément, de fermer des usines et des ateliers.

Ces actes sont loin d'être exceptionnels. Si on en parle peu, c'est parce que les préoccupations de la politique pure ont absorbé les esprits, et fermé les yeux du plus grand nombre sur les questions fondamentales.

Or, nous allons montrer que les *grèves patronales* ont joué un rôle considérable au dernier siècle. On verra que si elles ont été souvent fructueuses ou seulement efficaces, pour leurs promoteurs, leur répercussion sur la démocratie ouvrière a été profonde et désastreuse.

## I

Si l'on s'en tenait aux seules indications fournies par l'*Office du travail* du ministère du Commerce, on ne manquerait pas de dire que les grèves patronales sont de peu de conséquence au regard des grèves ouvrières (1). Nous ne connaissons, en effet, les résultats que depuis l'année 1893, date des premiers relevés très incomplets de ces conflits. Mais je montrerai, plus loin, les formes déguisées des grèves

(1) C'est la réponse qui m'a été faite par M. Finance, le collaborateur principal de M. Fontaine à l'*Office du travail*.

patronales. On verra que par l'étendue, la profondeur, l'intensité et l'universalité, ces grèves peuvent rivaliser avec les grèves ouvrières.

Pour l'instant, relevons simplement les petites grèves patronales visibles et classées.

En 1893, les bouchers d'Abbeville, de Besançon, de Nîmes, les boulangers de Marseille et de Propiano (Corse) se mettent en grève au sujet de certaines contestations sur la taxe de la viande et du pain.

En 1894, les bouchers de Clermont-Ferrand; les boulangers de Lavelanet (Ariège), de Barcelonnette (Basses-Alpes), de Arreau (Hautes-Pyrénées) arrêtent la vente pour des motifs analogues. Les patrons carriers de Nantes font grève à cause des surtaxes d'octroi. A Marseille, 700 patrons de barques s'opposent à une taxe sur les sardines. La grève atteignait 2.700 ouvriers. Elle triompha.

En 1895, une corderie d'Abbeville suspendait le travail à la suite d'une contravention dressée par l'inspecteur du travail pour prolongation excessive de la journée de travail. La grève atteignait 280 ouvriers dont 154 femmes et 60 enfants. A la suite d'une intervention des autorités, le patron obtint la permission de prolonger la journée de travail en été.

A Bruyères, dans les Vosges, les bouchers ferment leurs boutiques pour protester contre un nouvel arrêté municipal relatif à la vérification du bétail et des viandes.

A Aramon (Gard), les boulangers refusent de vendre parce que la municipalité ne veut pas consentir à augmenter le prix du pain.

En 1896, à signaler, à Paris, un lock-out de typographes. On remplace 13 ouvriers dans une imprimerie, par des femmes, ce qui permet de réduire les salaires. Aucune discussion n'a précédé le renvoi des ouvriers qui ont été indemnisés par leur syndicat et leur fédération.

A Roubaix, lock-out d'ouvriers tisserands ayant chômé volontairement le lendemain des élections municipales. Aucun ne fut repris.

A Toulouse, lock-out d'ouvriers chapeliers. A la suite de l'installation d'un outillage mécanique, le travail aux pièces avait été remplacé par le travail à la journée pour les apprêteurs, à raison de 5 francs par jour ; les ouvriers ayant demandé par l'intermédiaire de leur syndicat, le rétablissement des anciennes conditions, cela leur fut accordé. Mais huit jours plus tard, les apprêteurs et les fouleurs furent congédiés ; 12 femmes ayant pris fait et cause pour eux, furent également remplacées.

A Gleizé (Rhône), lock-out de fondeurs en cuivre. Les ouvriers demandaient la suppression du travail aux pièces. Le patron ferme l'usine sans les prévenir. Il la rouvre deux jours après, mais pendant tout le mois de juin, *il n'occupe que quelques manœuvres.* Ses autres ouvriers mouleurs, tourneurs, ébarbeurs, rachéveurs, noyauteurs, polisseurs, quittèrent Gleizé pour chercher du travail à Lyon, Mâcon, Roanne. Au 1er juillet il n'en restait plus que 15 sur 48. Cette situation se prolongea jusqu'au 22 août, date à laquelle l'usine recommença à fonctionner.

A Bône (Constantine), grève des maraîchers, qui refusent d'accepter un arrêté municipal réglant les heures de vente au marché. La municipalité, en vue d'empêcher les accaparements, avait remis en vigueur un arrêté interdisant aux vendeurs de pénétrer sur les marchés avant huit heures. Les maraîchers de gros s'y opposent. L'arrêté fut rapporté.

A La Châtre, grève des bouchers et charcutiers.

A Cernay (Loiret), à Biskra (Constantine), grèves de boulangers : refus d'accepter la taxe municipale.

A Saint-Omer, grève des bateliers demandant la suppression d'un arrêté préfectoral obligeant les bateliers à se servir du toueur à vapeur dans la traversée de Saint-Omer.

En 1897, grève des bouchers d'Oran qui refusent de payer une nouvelle taxe. Grèves de boulangers à Lodève, à Saint-Germain-Lembron

(Puy-de-Dôme), à Bellegarde (Gard), à Bonifacio, à Saint-Zacharie (Var), à Aigues-Mortes (Gard), à Marvejols (Lozère), à Aubusson (Creuse), à Maubourguet (Hautes-Pyrénées), à Sisteron (Basses-Alpes), à Charbonnier (Puy-de-Dôme), à Limoux (Aude).

A signaler, la même année, un lock-out de brossiers à Tracy-le-Mont (Oise). Le patron, qui avait créé un économat dans son établissement (façon ingénieuse de se rattraper sur les salaires), voyait avec peine le syndicat, nouvellement fondé, poursuivre la création d'une société coopérative de consommation et d'une caisse de résistance. Les ouvriers ont dû renoncer à ces deux points pour reprendre le travail, mais ils ont obtenu une légère augmentation de secours en cas de maladie...

Mentionnons encore la grève des saleurs de poissons de Collioure (Pyrénées-Orientales), celle des tanneurs, à Villeneuve-sur-Yonne.

En 1898, à Brest, les laitiers et marchands de légumes refusent, d'un commun accord, d'accepter l'augmentation des droits de place.

A Bordeaux, les maraîchers et jardiniers (700 établissements) protestent contre un arrêté municipal modifiant les heures d'ouverture et de fermeture du marché.

A signaler, en outre, des grèves de boulangers à Bessan (Hérault), à Mende (Lozère), à

Florac (Lozère), à Maussane (Bouches-du-Rhône).

En 1899, l'application de la nouvelle loi sur les accidents détermine toute une série de lock-outs :

Des carriers et paveurs d'Angoulême (Charente). Le patron a réduit le salaire proportionnellement à la prime à payer pour l'assurance (ce qui annihile la loi sur les accidents) ;

Des plâtriers de Decize (Nièvre). Même motif ;

Des scieurs à la mécanique de Cognac ; 300 ouvriers sont forcés de chômer ; les patrons fermèrent leurs usines attendant que leurs contrats d'assurance fussent modifiés ;

Des tourneurs sur bois d'Angoulême ; les ouvriers ont accepté une réduction de salaire de 10 centimes par jours ; 7 d'entre eux refusent ;

Des menuisiers d'Agen, d'Angoulême ; des serruriers de Cognac ; des ouvriers du bâtiment à Vannes ; les patrons fermèrent leurs usines jusqu'à ce que fussent modifiés leurs contrats d'assurances ;

Des tailleurs de pierre et aides-maçons de Saintes (Charente-Inférieure) : Les entrepreneurs fermèrent leurs chantiers jusqu'à ce que les ouvriers eussent consenti à subir une retenue de 2 centimes par heure pour la prime d'assurance ;

Des tailleurs de pierre, à Cognac. Les patrons fermèrent leurs ateliers attendant que le contrat d'assurance fût modifié.

Ajoutons les grèves de boulangers, à Nissan (Hérault), à Oloron (Basses-Pyrénées), à Saint-Gaudens (Haute-Garonne).

## II

« Lorsqu'on laisse s'assembler et délibérer les marchands d'un même état, dit Adam Smith, on peut être assuré qu'il va se tramer quelque chose contre les poches du public. »

Cela prouve que les grèves patronales remontent assez haut.

Nous n'avons pas la prétention de donner ici un tableau complet des grèves, coalitions et lock-outs, mais nous allons citer quelques faits.

En 1819, il existait dans le Staffordshire une association de maîtres de forges qui avait pour objet, entre autres, « de régler les salaires et d'en assurer l'uniformité ». L'euphémisme est délicat. Les membres s'étaient engagés, sous peine d'un dédit, à ne pas élever les salaires sans l'assentiment de leurs associés.

En 1833, à Liverpool, les entrepreneurs de bâtiments convinrent d'exiger de tous les ouvriers, avant de les employer, l'engagement formel de ne point participer aux associations (ouvrières), et, sur le refus des ouvriers, tous les chantiers se fermèrent (1). Après un chômage désastreux, les entrepreneurs en firent venir d'autres de différentes parties de la Grande-Bretagne. Les ouvriers durent céder.

En 1837, en France, 65 concessionnaires des mines du bassin de la Loire se réunirent en trois grandes Compagnies qui, elles-mêmes, en 1845, se fusionnèrent en une Société des Usines réunies. Cette Société afferma le canal de Gisors ainsi que le chemin de fer de St-Etienne à Lyon. Ainsi maîtresse des moyens de transport et des matières premières, elle enchérit le prix de la houille et *diminua les salaires*, ce qui provoqua la grève des ouvriers de Terre-Noire.

La loi est censée punir le délit de coalition patronale. Voici comment le législateur a protégé « le point faible ».

L'article 414 du Code pénal (promulgué en 1810) ne réprimait les coalitions de patrons que si elles tendaient *injustement* et *abusivement* à forcer l'abaissement des salaires. L'article 415 ne punissait que la coalition entre ouvriers « pour cesser en même temps de travailler, interdire le travail dans un atelier, etc. »

La loi de 1849 réunit les articles 414, 415

(1) Cité par L. Smith : *Les Coalitions et les Grèves*.

(qui édictent un emprisonnement de 6 jours à 3 mois et une amende de 16 à 3.000 fr.). Néanmoins, de 1853 à 1862, il y eut 98 coalitions de patrons déférées aux tribunaux.

Grâce au petit nombre des coalisés, qui permet une action rapide, silencieuse, les patrons peuvent s'entendre, dit Smith « par des complots conduits dans le plus grand silence » tandis que les ligues des ouvriers « entraînent toujours une grande rumeur ».

En 1864, Napoléon III voulut substituer à la loi de 1849 « l'honneur et le bénéfice d'une législation nouvelle ». Elle édictait :

Art. 414. — Sera puni d'un emprisonnement de 6 mois à 2 ans et d'une amende de 500 à 5.000 francs « quiconque par manœuvres coupables, dons ou promesses ayant ce caractère, menaces, violences ou autres moyens d'intimidation, aura provoqué ceux qui font travailler les ouvriers à former ou à maintenir une coalition tendant à forcer l'abaissement des salaires, etc. »

En se retranchant derrière la réserve des *menaces, violences*, etc., le patronat se ménageait la liberté absolue de coalition ; en effet, voici ce que disait M. Emile Ollivier le rapporteur de la nouvelle loi :

« Qu'est-ce qu'une coalition ?

L'accord intervenu entre plusieurs patrons ou

ouvriers d'exercer simultanément le pouvoir qui appartient à chacun d'eux de refuser ou d'offrir le travail... Comment concevoir que le même acte, innocent quand il est accompli par un seul, devienne coupable dès qu'il l'a été par plusieurs ? Stationner seul dans la rue est licite : aussi stationner à plusieurs n'est pas coupable... Dans les deux cas, la peine est attachée au trouble apporté à l'ordre public, au mépris manifeste de la loi... »

Cette législation équivoque n'a jamais entravé le mouvement général des coalitions et des grèves patronales. Il en a été de même à l'étranger, où le code ménageait la liberté de coalition patronale en ayant l'air de l'interdire et de la punir.

En 1851, un lock-out formidable de mécaniciens éclatait dans l'établissement de MM. Hibbert et Platt, à Londres. Auparavant les mécaniciens s'étaient mis en grève, demandant : 1° que les ouvrages de leur profession cessassent de se payer à la tâche ; 2° que les travaux supplémentaires se payassent double ; 3° que le maniement des nouvelles machines fût réservé exclusivement aux artisans et aux apprentis dûment engagés par contrat. Les patrons refusèrent et demandèrent l'appui de leurs confrères. Ces derniers congédièrent aussitôt tous leurs mécaniciens, en déclarant qu'ils ne les reprendraient que lorsque ceux de

MM. Hibbert et Platt auraient retiré leur demande; ils exigeaient en outre une renonciation formelle à l'Association (ouvrière).

3.000 mécaniciens se trouvèrent sans travail et leur chômage entraîna celui d'un nombre de journaliers, double ou triple. Cette grève patronale coûta un million aux ouvriers.

La même année, lock-out dans les constructions navales. Les menuisiers demandaient des modifications dans l'organisation du travail. Les patrons refusèrent et se coalisèrent. D'où quatre mois de chômage.

En 1858, les ouvriers verriers adressent à deux maîtres de verreries de Birmingham une demande tendant à ce que le nombre des apprentis fût limité partout à un chiffre uniforme. Sur le refus des maîtres verriers, peu nombreux, une grève éclata ; au bout de trois mois, toutes les verreries se coalisèrent et fermèrent pendant trois autres mois.

En 1860, une réunion de maîtres de forges de l'Écosse, à Glascow, décida le lock-out de 87 hauts fourneaux sur les 118 de la contrée.

En 1862, dans le sud du Yorkshire les chefs d'exploitation du district se coalisent et ferment les houillères occupant trois mille ouvriers.

En 1863, les maîtres de forges de Staffordshire s'entendent avec ceux du centre et du nord de l'Angleterre et laissent éteindre tous les fours à puddler. *Les ouvriers perdirent 8 millions de salaires.* Il s'agissait d'une réduction de salaires que les puddleurs avaient refusée.

En 1864, sept à huit mille ouvriers mineurs employés dans cinq houillières voisines de Chesterfield, dans le Derbyshire, se réunissent pour délibérer sur la formation d'une association ouvrière. Aussitôt le directeur d'une de ces houillières, M. Markham, signifie à ses trois mille ouvriers que tous ceux d'entre eux qui prendront part à ce projet seront congédiés. La plupart le quittent ; peu à peu d'autres cesssent aussi de travailler. Néanmoins M. Markham ne se tient pas pour battu.

Opposant les meetings aux meetings, les discours aux discours, il parvient à organiser parmi les ouvriers un parti opposant qui se recrute d'autant plus facilement parmi les moins résolus que la grève, s'étendant à tout le district, ceux qui y ont pris part ne reçoivent aucun secours et sont réduits à la dernière misère. L'occasion s'offre de porter un coup décisif. Les adversaires de l'association (ouvrière), reçoivent en présent de M. Markham de la viande et de la bière. Ils organisent un repas et y convient les ouvriers du voisinage qui restaient fidèles à l'association.

Ceux-ci, au nombre de trois à quatre cents, s'empressent de venir prendre leur part du banquet et retournent au travail le lendemain matin (1).

M. Markham reprit l'exploitation avec 1.500 ouvriers seulement.

## III

On se figure, sans doute, que les faits relevés plus haut, et dont on ne peut méconnaître la gravité, ne sont que des exceptions regrettables.

Rien n'est plus faux. Jamais les grèves patronales n'ont été aussi fréquentes, aussi nombreuses, aussi violentes, aussi générales. On peut même affirmer que la plupart des grandes grèves qui ont éclaté en France, en Angleterre et en Amérique dans ces dernières années ont été des grèves suscitées par les employeurs, en tout cas, des grèves presque toujours favorables aux capitalistes.

En effet, l'ère des industries monopolisées (pools, cartells, trusts, syndicats, etc.), a marqué le commencement *des coupes sombres*, depuis une vingtaine d'années.

De 1881 à 1886, les ouvriers du bâtiment aux Etats-Unis, furent affectés par 1.900 lock-

(1) *Les Associations ouvrières en Angleterre*, par le comte de Paris. Voir aussi L. Smith, *loc. cit.*

outs ; les carriers et les tailleurs de pierre par 489.

De 1880 à 1890, six cent quatre-vingt-un fourneaux ont été fermés. De même dans l'industrie de la métallurgie, du papier, de l'ameublement, de la carrosserie, des machines, etc., toutes ces entreprises fusionnant, chacune dans sa catégorie, il en résultait une *limitation de la production,* c'est-à-dire une *mise à pied* des travailleurs.

Dans la seule année 1886, on a compté 24, 87 0/0 du nombre total des établissements fermés pour cause de lock-outs.

De 1886 à 1894, les ouvriers du bâtiment subirent 531 lock-outs. Les ouvriers de la confection, 773.

Les coups de spéculation, dit M. Vigouroux, les crises de crédit, les remaniements perpétuels des tarifs de douane, tout conspire à accentuer le caractère spasmodique de l'industrie américaine.

Qu'on lise les statistiques annuelles de l'immigration ou du commerce extérieur, on trouve à tout bout de champ des soubresauts prodigieux en avant et en arrière. Après le *boom*, la courte période d'excitation enragée, vient la crise (*le doom*) ; puis la dépression, le marasme, qui se prolonge pendant plusieurs années consécutives. *Au point de vue des ouvriers américains, toutes ces influences aboutissent au même résultat : augmentation perpétuelle du nombre des sans travail* (1).

Chaque pool, chaque trust est une grève patronale.

Pour diminuer la production, les *pools* ont recours à deux procédés, dit Paul de Rousiers, ou bien ils ferment complètement quelques-unes des usines syndiquées, ou bien ils réduisent le nombre des ouvriers ou celui des jours de travail dans toutes.

Ainsi, dans le pool des *wall paper* (en 1880), chaque fabrique s'engageait à ne pas vendre au délà d'une certaine quantité sans verser dans la caisse générale le profit du surplus. Et on était convenu que quiconque accorderait à sa clientèle un rabais sur le prix fixé par le *pool* serait frappé d'une amende de 1.000 dollars. La moitié de cette somme était abandonnée comme prime de délation.

Au début, le *pool* gagna beaucoup d'argent et *parvint à arrêter la surproduction*, non sans gros sacrifices, car on cite un manufacturier auquel une indemnité annuelle de 20.000 dollars fut accordée (to cease production). (Voir *The Modern Distributive Process*, by F. Giddings).

Dès 1887, époque de la formation du *Sugar*

(1) *La concentration des forces ouvrières*, par L. Vigouroux.

*Trust* aux Etats-Unis, deux raffineries à New-York. deux à Boston (1.500 ouvriers dans cette ville) et plusieurs autres, arrêtèrent ou restreignirent la production. En même temps la prime de raffinage montait de 32 0/0 à 56 0/0 de la valeur du sucre brut. Le bénéfice fut de 12 0/0 du capital nominal en quatre mois ; 48 0/0 de la valeur primitive

A supposer que le personnel fût plus restreint, ce résultat ne pourrait tenir qu'à deux causes, dit M. de Rousiers, qui, l'une comme l'autre, *dominent les patrons comme les ouvriers*, dont les patrons, par conséquent ne sont pas responsables (1). Ou bien, en effet, on a moins d'ouvriers parce qu'on produit moins, et si tel est le cas, c'est que le marché se refuse à absorber une production supérieure ; ou bien la réduction du personnel est due au progrès du machinisme, et les progrès connus s'imposent à l'adoption des fabricants (2).

Vers la même époque, commençait en Allemagne l'ère des cartells et des syndicats. Le syndicat des cokes westphaliens, fondé en 1885 (et définitivement constitué en 1890) comprenait déjà 30 0/0 de producteurs étrangers. Les

(1) Pas plus que les ouvriers ne sont responsables des grèves ouvrières, mais ce n'est pas ce qui s'imprime.

(2) *Les Industries monopolisées aux Etats-Unis*, P. de Rousiers.

membres du syndicat s'imposèrent *une réduction de production* qui atteignit 30 0/0. On devine quel formidable lock-out de mineurs dut être la conséquence de cette réduction.

Revenons aux Etats-Unis. La Cour d'appel de New-York, en 1890, a déclaré illégale cette *combination* (trust), qui, on le devine, excitait des colères et des rancunes. C'est alors que les trusts se mirent sous la protection de la loi et se transformèrent en *sociétés!*

Ainsi le *Whiskey Trust* fut une association qui absorbait 80 distilleries et qui produisait 75 0/0 de l'alcool américain (Distilling and Cattle Feeding C°). A son début, *elle ferma 68 établissements* et concentra sa production dans les 12 autres. Les mises à pied allaient par milliers.

Il est à remarquer que les *trusts* et les *syndicats* suivent une marche ascendante, parallèle à la concentration des capitaux. C'est dire que les grèves patronales s'intensifient.

D'après une déposition de M. Griffeth, fabricant de fer-blanc, on va voir ce qu'a été le trust du fer-blanc aux Etats-Unis. Les grands fabricants de fer-blanc ont commencé par obtenir du Congrès, grâce à l'intervention des *Lobbistes*, un droit prohibitif du fer-blanc étranger. Cela fait, ils ont constitué un trust évalué à 12 millions de dollars, ils ont porté ce capital à

50 millions de dollars soit 38 millions, de plus-value. Ils ont empoché 10 millions de dollars (50 millions de francs). Leur profit avant le trust était de 20 0/0, il s'est élevé à 100 0/0.

Cette opération a ruiné d'innombrables fabricants de fer-blanc ; en *outre le trust a fermé une centaine d'usines pour réduire la production* et élever les prix par la diminution de l'offre.

Or, si l'on veut juger de quelques désastres, que l'on sache qu'il y a eu 23 trusts de ce genre aux Etats-Unis en août 1899 ; leur capital s'élevait à 252 millions de dollars. En septembre, il y a eu des trusts pour 193 millions et en octobre pour 320 millions.

Les grèves patronales, volontaires ou involontaires, ne cessent de grandir. Il suffit, pour s'en convaincre, d'observer la marche des trusts. D'après l'*Annuaire commercial des Etats-Unis* (The commercial Year Book) il y a eu 200 entreprises entrustées en 1898 et 353 en 1899.

Ces 353 associations avaient émis un total de 5.118.500.000 dollars de capital-actions et 714.389.000 dollars-obligations ; ces chiffres montrent une augmentation sur l'année 1898 de 76 0/0 dans le nombre des associations et 60 0/0 dans le capital. Ce mouvement se dessine vers 1890 ; depuis, les trusts ont englobé 90 0/0 des industries de 1890.

Cela signifie que presque toute l'industrie américaine est monopolisée, et au point de vue ouvrier, que *la grève patronale est permanente.*

A ce sujet, *The journal of commerce and Commercial Bulletin* de New-York disait (22 mars 1899) :

« C'est une véritable explosion de résistance aux lois naturelles régulatrices de la concurrence. C'est l'opposé de tout ce que les économistes ont admis comme principe fondamental du commerce. Cela aboutit presque à une rupture complète des relations entre les puissances industrielles et les autres classes de la société. C'est la suppression des échanges volontaires entre les intérêts producteurs et distributeurs et la création d'une organisation exclusivement productrice pour chaque industrie, à laquelle tous les autres intérêts matériels doivent s'assujettir. L'ensemble de l'industrie est organisé sous forme de *corporation féodalisée* dont chacune jouit d'un pouvoir absolu dans sa branche spéciale de production tandis que, pris en masse, le système constitue lui-même le pouvoir commercial suprême de la nation. Ces innovations dans les méthodes déterminées de l'industrie *restreignent sensiblement le libre accès des citoyens aux entreprises industrielles et font litière de la légalité...* »

Il n'y a rien d'exagéré dans cette appréciation du grand journal de New-York. Depuis 1893, M. Carnegie joue le rôle de « roi de l'acier ». Il organise ou désorganise la grève patronale à son gré.

« Toutes les fois qu'un *pool* se dissout, dit Ernst von Halle, les patrons entrent de nouveau en négociation avec Carnegie, bien que l'expérience leur ait appris que la coopération avec lui ne tourne pas toujours à leur avantage particulier. Il gouverne avec un pouvoir presque absolu ; à la fin de 1893 il brisa un *pool* parce qu'un de ses membres avait produit *plus que la proportion qui lui était fixée* » (*Trusts in the United States*).

Ce n'est pas là un fait isolé. John D. Rockefeller, « roi du fer », accapare les mines de fer du lac Supérieur. Grâce à un outillage mécanique perfectionné, il rend impossible la concurrence des mines voisines.

« Lorsqu'elles succombaient dans la lutte, le vainqueur les reprenait à bas prix si elles lui paraissaient assez riches. Résistaient-elles trop longtemps, il leur appliquait le procédé de l'*underselling* ; il vendait au dessous du cours, les forçant ainsi à baisser leur prix d'une manière ruineuse pour elles jusqu'à ce que la faillite ou la soumission volontaire les eût mises à ses pieds. Lui pouvait sans difficulté perdre pendant plusieurs mois, s'il le fallait, sur chaque tonne de minerai vendu. Il posédait la bourse la plus longue (the longer purse). Il savait que ses concurrents s'épuiseraient avant lui (1) ».

On comprend pourquoi les trusts sont impopulaires dans le monde ouvrier. M. Ragan, sénateur du Texas, proposait de punir par des amendes de 1.000 à 10.000 dollars et des emprisonnements d'un à cinq ans les participants d'une coalition patronale. Mais les trusts sont assez puissants pour acheter les juges, les tribunaux, les municipalités, les députés et les sénateurs. Quel a été le résultat des essais de réglementation des *trusts* ? C'est, dit M. Edouard Bennis « de faire hausser le prix des Aldermen (magistrats municipaux) et des députés (2) ».

On a prétendu que les trusts assurent la marche normale de leurs branches, qu'ils régularisent la production trop anarchique, qu'ils garantissent le travail des ouvriers employés par eux. *A priori*, cela est absurde, puisque le but de toute entente de cette nature est de *restreindre*

(1) Citons encore la coalition des pétroliers — Standard Oil — dirigée par J. Rockefeller, qui fit congédier plus de 1.500 ouvriers et réduisit de 15 0/0 le salaire des autres.

(2) Faisant allusion aux magistrats de Philadelphie, « corrompus par le riche pour voler le pauvre », l'Hon. Wayne Mac wegh a déclaré en 1897, dans son discours à l'Université de Pensylvanie, que « le drapeau noir de la corruption était plus à craindre aujourd'hui que le drapeau rouge de l'anarchie ».

*la production*, d'abaisser les salaires, de hausser les prix de vente (1).

Ainsi, au moment où le syndicat général d'Essen majorait de 60 pfennigs le prix du combustible vendu à l'Etat prussien, au moment où les métallurgistes augmentaient leurs demandes, où l'Espagne en guerre avec les Etats-Unis achetait tout le charbon disponible sur les places européennes, voici ce que l'on avait fait en Westphalie :

« Les charbonnages de la Ruhr ont décidé de *réduire leur production de 10 0/0* et ont pris des mesures techniques en conséquence (sic) ; comme ils pensaient que cette réduction durerait plusieurs mois, *ils ont autorisé* des mineurs à aller travailler au dehors jusqu'à l'automne (2) ».

M. Vigouroux, contestant aux coalitions patronales la prétention saugrenue de diminuer le chômage, « en régularisant la production », cite l'exemple de « The United Press » qui a monopolisé la distribution des dépêches télégra-

(1) M. Brentand, professeur à l'Université de Vienne, défenseur des coalitions, déclarait, il y a quelques années que « le monopole du syndicat formé, en Silésie, pour les usines qui laminent le fer (1887) peut non seulement combattre les indépendants, mais encore *entraver la fondation de nouvelles fabriques et châtier les défections*.

(2) Cité par M. Georges Villain à la Société d'Économie politique, 5 mars 1900.

phiques à la presse, a empêché la fondation de nombreux journaux et privé d'emploi un nombre considérable de compositeurs, pressiers, stéréotypeurs, graveurs, etc. (1).

## IV

Si les Etats-Unis fournissent le plus grand nombre de grèves patronales, cela tient au développement formidable pris par les trusts, depuis une dizaine d'années. Nous avons vu, néanmoins, qu'aucune grande puissance industrielle n'y échappe. En Allemagne, les trusts, qui portent le nom de *cartells*, étaient au nombre de 300 en 1900.

En France, ils sont moins nombreux, le pays étant devenu une puissance industrielle de troisième ordre. Néanmoins des syndicats se constituent avec leurs conséquences. Ainsi M. Pierre Leroy-Beaulieu

a vu, et tout le monde peut voir en France ; des *trusts* locaux ; dans le Midi, il se rappelle le cas d'un chaufournier louant dans les environs tous les fours à chaux existants et *les laissant intentionnellement éteints pour ne pas concurrencer ceux qu'il exploitait directement lui-même* (2)

(1) Société d'Économie politique, 5 janvier 1900.
(2) Société d'Économie politique, 5 janvier 1900.

M. Georges Villain dénonçait naguère le comptoir des fontes de Longwy qui monopolise toutes les fontes françaises de l'Est :

Ce comptoir irrite le monde des dénaturateurs de fonte, en réduisant les délais de crédit de 120 à 30 jours, abaissant l'escompte, refusant de garantir les livraisons, *réduisant par conséquent le travail national* (1).

Il n'y a pas longtemps, on a vu se former le trust de l'industrie cotonnière. Les fabricants de la Normandie, imités ensuite par ceux des Vosges, ont avisé au moyen *de limiter leur production*. Dans une réunion tenue au Lloyd-Rouennais, ils prirent les résolutions suivantes :

1° Restreindre la production des filateurs et s'entendre à cet égard, avec les régions de Basse-Normandie, du Nord, de l'Aisne et des Vosges ;
2° Proposer dans ce but, un arrêt général le lundi de chaque semaine ;
3° Appliquer l'arrêt aux industriels possédant filature et tissage, aussi bien qu'aux filateurs seuls, etc.

Le but est toujours le même : réduire la main-d'œuvre pour remédier au fléchissement des

(1) Société d'Economie politique, séance du 5 mars 1900. Voir aussi le livre récent de M. G. Villain : *Le fer, la houille et la métallurgie*

prix causé par la concurrence et la surproduction.

Nous avons parlé du *trust* de Longwy, nous devons citer d'autres coalitions patronales récentes : le Comptoir des aciers, le Comptoir des poutrelles, le Comptoir des tôles et larges plats et le Comptoir des ressorts de carrosserie, qui ont tous leur siège social à Paris. Le premier comprend cinq grands établissements sidérurgiques ; le second est « vendeur unique en France et à l'étranger des poutrelles à ailes ordinaires, etc. », provenant des vingt-deux principaux laminoirs de France ; le troisième, d'après l'Annuaire des Travaux publics, groupe huit usines métallurgiques ; le quatrième est formé par huit établissements.

Le but de ces coalitions est d'enrayer la baisse (c'est-à-dire de faire la hausse), de s'opposer à la hausse des salaires (c'est-à-dire de les réduire), de régulariser la production, c'est-à-dire de la limiter.

Ce qu'il y a de piquant, c'est que la grève patronale peut résulter parfois d'une entente entre bons patriotes français et allemands, italiens et belges. Ainsi au mois de mars 1900 il s'est formé un *syndicat international* de fabricants de glaces et de verres à vitres : il comprend des producteurs d'Allemagne, de France, d'Italie et de Belgique. Le syndicat peut fixer les prix à l'Angleterre. Dès le 1er avril la hausse se dessinait. En même temps la Belgique *fermait certaines usines...*

Indépendamment de ces grèves patronales, indirectes en quelque sorte, nous pourrions citer une série de lock-outs plus visibles, notamment dans les grèves qui ont éclaté dans ces dernières années, grèves que le public, la presse et l'opinion considèrent comme des grèves ouvrières et qui ne sont que des grèves patronales dissimulées, comme les grèves du Pas-de-Calais (août et septembre 1893), de Carmaux (1895), de la Grand'Combe (1897) et même de Montceau-les-Mines.

Si on en doute, qu'on relise attentivement un grand journal parisien peu suspect. Parlant de la grève du Pas-de-Calais, le *Figaro* du 9 septembre 1893 disait textuellement :

« Les chômages ont augmenté dans des proportions désastreuses. Depuis longtemps, déjà, les mineurs ne travaillent plus que *trois ou quatre jours par semaine*. Le stock est tellement important que les charbons sont tombés à un prix dérisoire. La Compagnie de Narles notamment a passé des marchés avec la Compagnie des Chemins de fer du Nord à 7 francs la tonne. On comprend qu'en présence d'une semblable dépréciation, les Compagnies ne puissent élever les salaires. Celles de Lens et de Courrières en sont réduites à faire des prix plus bas encore, et néanmoins les demandes n'affluent pas... Il y a eu une telle surabondance de produits qu'on n'arrive pas à épuiser les stocks. En présence de cette situation, certaines *Compagnies ont réduit les salaires*, les autres *ont diminué le nombre des journées de travail*. Le résultat est à peu près le même dans l'un et l'autre cas pour les malheureux mineurs. Cependant ceux des mines de Narles et de Burcy se plaignent moins. Employés à la tâche ils donnent pendant leurs *3 ou 4 jours de travail* (par semaine) une production maxima qui augmente le rendement. Les patrons ne s'en trouvent guère mieux, et, *tout bien considéré ils auraient peut-être intérêt à ce que les grèves se généralisent.* C'est un point de vue dont il y a lieu de tenir compte ».

Bien instructive, aussi, la fameuse grève de Carmaux.

Elle fut imposée par M. Rességuier à son personnel, à cause d'un stock formidable de bouteilles (six millions) entassées dans les magasins. On a calculé que ces six millions de pièces pouvaient permettre à M. Rességuier de supporter *avantageusement* quatre mois de grève, en écoulant 14 à 1.500.000 bouteilles par mois. Cela permettait, en outre, d'abaisser les salaires, ce que M. Rességuier cherchait depuis longtemps. Ces faits sont de notoriété publique, ils ressortent des lettres échangées entre le Syndicat des verriers et le directeur de la verrerie. M. Rességuier avait déjà fait un essai de grève patronale, au mois de mai 1895, en supprimant « la casse des rebuts » ; mais les ouvriers surent éviter le piège qui leur était tendu. Pour s'en convaincre, il suffit de lire la lettre adressée par le Syndicat au journal la *Dépêche :*

« Il faut que M. Rességuier nous suppose bien naïfs pour chercher à nous convaincre qu'il découle une élévation de salaires de sa proposition (il s'agissait de créer une nouvelle catégorie de *rebuts* dits *rebuts revendables* que l'on ne casserait plus et pour lesquels l'ouvrier ne toucherait plus que 50 0/0 du prix de fabrication). Mais admettons pour un instant que nous soyons dans l'erreur. Notre devoir est tout tracé. Notre patron ne veut que notre intérêt ; nous devons avoir à cœur de lui montrer combien nous sommes touchés par les sentiments d'affection dont il se dit animé à notre égard. Pour le prouver, nous ne lui demandons qu'une chose, le *statu quo* ».

La grève patronale était manquée. Un nouveau prétexte fut vite trouvé. Deux ouvriers furent *congédiés* à cause d'une absence non autorisée. *Mesure qu'on n'appliquait jamais.* Pour faire réintégrer leurs camarades, les ouvriers quittent l'usine. M. Jaurès arrive à Carmaux le 1er août. Il voit la situation, et il a l'honnêteté de dire la vérité : la grève doit échouer à cause du stock en réserve. Alors les ouvriers réclament l'arbitrage. Le syndicat ouvrier télégraphie à M Rességuier : « Nous avons décidé à l'unanimité de reprendre le travail aux conditions fixées par vous. Nous ferons vivre sur nos salaires Pelletier et Baudot. »

Mais le directeur, qui cherchait à susciter la grève dans son usine, depuis longtemps, télégraphia aussitôt : « Grève ayant été déclarée sans motif, me tiens à l'affiche de ce jour ».

L'affiche, composée sans doute depuis plusieurs jours, et envoyée la veille par M. Rességuier disait que « la Société ne pouvait prévoir dans quelles conditions la réouverture aurait lieu. A chacun par conséquent de prendre tel parti qui lui convient. »

Nous n'insisterons pas sur la grève de la Grand'Combe (avril 1897). Elle éclata à la suite d'un lock-out de 500 ouvriers dont la mine n'avait plus besoin. *On fit se solidariser* deux mille mineurs, qui se mirent en grève pour la réintégration des cinq cents. Néanmoins, quelques ouvriers continuèrent le travail (1). Mais la grève patronale avait réussi.

(1) A ce sujet, on est surpris de l'incompréhension de certains publicistes. Un journal démocratique, du 24 avril 1897, traitait de « lamentable cortège de parias » les pauvres diables affamés qui n'avaient pas l'héroïsme de se « solidariser » avec les grévistes.

Quelle a été la véritable cause de la grève de Montceau-les-Mines qui a éclaté en 1901 ?

On a prétendu qu'elle avait été fomentée pour créer des embarras au Ministère. Cela n'est pas impossible, de l'aveu même de quelques socialistes. Quoiqu'il en soit, la conséquence fut le lock-out, la grève imposée par le patron et à son avantage. « Nous ne renvoyons, nous, que 430 ouvriers sur 9.000, soit 5 0/0, disait un ingénieur de la Compagnie à un rédacteur du *Temps* (1). Qu'est cette proportion auprès de celle des arsenaux militaires ? »

L'ingénieur faisait allusion à une autre grève patronale à laquelle on n'a guère pris garde malgré son importance et sa gravité. Cette fois le patron était l'Etat. En effet, le 28 mars 1901 le général André annonçait qu'on avait été obligé de licencier 4.300 ouvriers des arsenaux militaires sur 20.000, soit 20 0/0 (2). Ça n'est pas la première fois, du reste, que l'État procède à ces congédiements, par gros ou petits paquets.

(1) *Le Temps* du 7 avril 1901.

(2) Un désarmement brusque aurait des conséquences encore plus désastreuses, le nombre des travailleurs qui sont obligés de vivre de l'armée étant plus grand que le nombre des patriotes...

## V

En résumé, nous venons de voir que la *suspension du travail* a été fréquemment au siècle dernier le résultat d'une décision patronale.

Depuis le commencement du XIXe siècle, jusqu'à son derniers tiers, c'est l'Angleterre qui a été le théâtre des grèves patronales les plus importantes, et par conséquent les plus désastreuses, — nous l'avons établi, cela vient de ce que le « bloc de houille » a été le premier industrialisé, et comme la grève patronale — ainsi que la grève ouvrière — est un des mille incidents de la lutte économique, il est naturel qu'elle se soit manifestée d'abord en Angleterre.

Néanmoins, les coalitions patronales ont été nombreuses en France.

Ensuite, c'est aux Etats-Unis que nous voyons surgir, avec le prodigieux développement de l'industrie mécanique, les grèves patronales les plus intenses Nous avons montré par des chiffres probants, empruntés à des sources officielles, que ces grèves ou lock-outs découlent de la formation des trusts, qui englobent à l'heure actuelle 90 0/0 de l'industrie américaine. « Le trust, a dit un économiste, est le frère jumeau de la grève (1) ». Or, les *trusts* se propagent dans

(1) Paul Dreyfus. — *Economiste Français,* 22 avril 1889.

tous les pays de civilisation industrielle avancée ; ils sont le résultat de la *concurrence inévitable* entre les fabricants d'un même pays (1). C'est dire que la grève patronale s'accentue. Ainsi au commencement du mois d'octobre 1900, les métallurgistes de la région du nord de l'Angleterre éteignirent quinze hauts fourneaux, ce qui réduisait la production mensuelle de 42.000 tonnes : il s'agissait d'enrayer la baisse de la fonte. Au bout de quelques mois, 76 hauts fourneaux restaient en activité sur 123. Même situation dans l'Ecosse et dans le Midland, d'après M. Vilain, et en Belgique, où le nombre des hauts fourneaux diminue : la production de la fonte qui était de 89.800 tonnes en février 1900 tombait à 38 tonnes en 1901. Du côté *des textiles*, la *Revue du travail belge* accuse pour le premier trimestre 1901 une forte crise dans le tissage du coton : on travaille partout à journées réduites.

En Allemagne, la production de la fonte diminue ; il y a même ralentissement de la produc-

(1) Les libres échangistes attribuent la formation des *trusts* aux tarifs protecteurs. Il est évident que les tarifs *protégent* les industries monopolisées, mais de là à dire que le protectionnisme a créé les trust. Pourquoi MM. de Molinari et Yves Guyot ne disent-ils rien des *trusts* anglais? C'est l'Angleterre, *autrefois* terre classique du laisser-passer, qui a vu naître les premiers *trusts*.

tion dans toutes les branches. D'après les renseignements particuliers de M. George Blondel, dans l'industrie du fer en Allemagne, « licenciement d'ouvriers, diminution des salaires, chômages forcés, sont à l'ordre du jour ; les magasins sont encombrés ». D'autre part, les patrons tisseurs de l'Allemagne du sud, qui avaient déjà restreint la production de 13 0/0 au commencement de l'année 1901, ont décidé de porter la réduction à 25 0/0 par l'arrêt de 8,500 métiers, et ils ont demandé à tous les tisseurs d'Allemagne d'adhérer à leur décision. Le contre-coup de ces grandes grèves patronales se révèle dans l'abondance des demandes de travail : ainsi, sur 100 offres de travail, il y avait en mai 1900, 106, 6 demandes ; or en mai 1901, il y en a eu 145,9.

En Autriche, à la suite d'une concurrence effrénée dans l'industrie du *meuble*, les patrons restreignent la production et réduisent les salaires de 10 et 20 0/0 du salaire moyen. Dans le *bâtiment*, lock-out de presque tous les ouvriers durant les trois premiers mois de l'année 1901.

Aux États-Unis, où l'on signale déjà un arrêt de 25 0/0 de la production dans les fontes, s'ajoutent les grandes grèves patronales qui sont la conséquence du gigantesque trust de l'acier formé par les établissements Carnegie,

Morgan et Moore. « The United States Steel Corporation » (c'est le nom du trust) au capital de 5 milliards 1/2 de francs, dispose désormais de 78 hauts fourneaux, possède 146 aciéries, est maître des mines du Lac Supérieur, d'une puissance de 500 millions de tonnes qui rapportent déjà 11 millions 1/2 de tonnes, notamment celles de la « Minnesotadron Company » (2 millions 900.000 tonnes), de l' « Ovir Iron Mining C° », (4.500.000 tonnes), du « Lac Superior Consolidated C° », (1.400.000 tonnes), dont M. John D. Rockfeller, le président du syndicat des pétroles est le plus fort actionnaire.

Ce trust, aux proportions inconnues dans l'histoire économique du monde, dispose, en outre, de 18.309 fours à coke, est propriétaire de 28.800 hectares de mines de charbon et de 12.000 hectares de mines de houilles à coke. Enfin le trust possède deux lignes de chemin de fer, un port d'embarquement, et une flotte de 125 navires de gros tonnage (1). A l'annonce de cette coalition des rois des métaux, les ouvriers américains ont songé à se coaliser au nombre de plus de deux cent mille (2). Mais les rois

(1) Renseignements donnés par M. Bruwaert, consul général de France à New York.

(2) Communication du consul de France à Chicago.

triompheront. Ils ont abattu déjà vingt mille têtes. *Le Times* du 30 juin 1901 nous apprend, en effet, la mise à pied de vingt mille ouvriers d'une des Compagnies du trust de l'acier. C'est la grève patronale la plus gigantesque qui ait existé et la presse des États-Unis garde un étrange silence.

Du reste, la situation ouvrière est partout désastreuse. Ainsi le labour Department anglais, qui annonçait 380 hauts fourneaux en marche, mai 1900, en accuse seulement 300 en mai 1901. Cet arrêt de la production se manifeste par un accroissement effrayant de chômage.

En France, dans la Loire, le tissage mécanique de cotonnades, subit un ralentissement qui favorise la hausse du prix des cotons ; en même temps, Roanne accuse *officiellement* 15 0/0 de tisseurs en chômage, les autres ne font que cinquante heures par semaine au lieu de soixante et une ; dans la Loire-Inférieure, les minotiers réduisent leur production aux besoins locaux.

Dans le Nord, c'est pire. Ainsi, dans la région d'Armentières, pour les filatures de lin et d'étoupes et le tissage mécanique les patrons restreignent la production et procèdent à des lock-outs importants. A ce sujet l'*Office du Travail* est précis :

« Conformément, dit-il, à une mesure générale

appliquée à la presque totalité des filatures de France portant réduction de la production d'un sixième, quelques filatures ont réduit dans cette proportion le nombre de leurs broches ; d'autres, le nombre de leurs employés ; certaines ont arrêté un douzième de leurs broches... les salaires se maintiennent péniblement. Le chiffre des chômeurs est estimé de 10 à 15 0/0 dans le tissage mécanique, la durée du travail, depuis un an, va en diminuant par suite de *la tendance à restreindre la production...* »

A Lille (juin 1900), la teinturerie Descot ferme ses ateliers : 560 ouvriers sans travail. Production réduite dans l'industrie linière, etc.

Il résulte de ces constatations, que les grèves patronales sont nombreuses, fréquentes et universelles. D'ailleurs, nous avons montré que beaucoup de prétendues grèves ouvrières, surtout dans ces dernières années, n'étaient que des grèves patronales déguisées. Il y a des cas où la grève patronale est imposée par la nécessité d'éviter la ruine, mais ces cas sont l'exception ; aujourd'hui tout arrêt du travail dans l'industrie correspond aux exigences de la concurrence, de la production rapide et abondante (par les méthodes intensives de la machinerie) suivie d'un arrêt périodique.

Les trusts américains en sont la preuve. Pour produire, il est nécessaire d'avoir des capitaux énormes, un outillage compliqué et coûteux, un personnel peu payé. Enfin il est nécessaire de suspendre la production, soit pour faire la hausse, soit pour enrayer la baisse, soit pour diminuer les salaires ou restreindre le personnel, ou remplacer la main-d'œuvre masculine par la main-d'œuvre féminine ou infantile. La grève patronale fait partie intégrante du régime capitaliste ; elle est un anneau de l'évolution industrielle. Voilà pourquoi toutes les législations ont échoué contre les trusts.

---

# LES SANS-TRAVAIL A LONDRES

## I

Il est entendu que l'Angleterre est le pays le plus riche et le plus prospère du monde, après les Etats-Unis. Le libre-échange a opéré ce miracle. Les théoriciens de l'Ecole de Manchester ne tarissent pas d'arguments sur ce sujet, et leurs collègues de France renchérissent à qui mieux mieux Mais les événements qui viennent de se produire dans plusieurs villes de l'Angleterre, et notamment à Londres, contrastent singulièrement avec les lieux communs optimistes de la presse britannique et anglophile.

La crise que traversent les industries métallurgiques, en particulier celle du fer, de l'acier, des constructions mécaniques, de la navigation, accroît le nombre énorme des *unemployed* ou inoccupés qui pullulent dans les cités du Royaume-Uni, ainsi nommé par antiphrase...

Et pourtant les institutions de placement ne manquent pas en Angleterre, comme nous allons le montrer. Il est nécessaire de l'établir afin de montrer que la situation est des plus critiques, puisque toutes les organisations de placement ne parviennent pas à atténuer d'une manière sensible l'état de chose misérable qui existe dans la patrie glorieuse de M. Chamberlain.

D'abord, considérons les sociétés philanthropiques et particulièrement les *Labours Bureaux* qui datent de la grande crise de 1893. D'après le Board of Trade, on comptait 25 bureaux, dont 15 temporaires et 10 permanents en 1892-93. L'un des plus importants est celui de l'Armée du Salut. Mais ce sont les *Trade-Unions* qui constituent les principaux bureaux de placement ouvriers.

En 1895, les dépenses annuelles faites dans les 100 principales *Trade-Unions* ont été dans la caisse de chômage de 11.051.782 fr. 30 centimes ; les autres secours et allocations ont atteint le chiffre de 1.256.334 fr. 30 centimes.

En 1896, la caisse de chômage a coûté 7.194.685 fr. 94 centimes et les autres secours ou allocations 1.631.254 fr. 82 centimes.

Malgré ces beaux chiffres, les résultats des *Trade-Unions* sont insignifiants et l'armée des Sans-Travail ne cesse d'augmenter. Le placement est si difficile que certaines *Trade-Unions* allouent une prime de 6 pences à tout membre qui procure une place à un autre. Parfois elles égalisent le travail, c'est-à-dire qu'en temps de calme, elles font travailler tous leurs membres, chaque jour, pendant quelques heures seulement ou tous les deux jours. Des bureaux municipaux, qui avaient été créés lors de la dernière crise, c'est à peine s'il en reste une dizaine, la moitié à Londres, le reste en province et en Ecosse.

Quand on consulte les statistiques des différents *Labours bureaux*, on constate que la demande est toujours supérieure à l'offre et surtout au placement. Voici, à ce sujet, un document instructif et probant fourni par le *Board of Trade* :

### I. — La métropole

| BUREAUX | ANNÉE | Nombre de personnes qui se sont adressées au bureau | Placement à demeure | Placement temporaire |
|---|---|---|---|---|
| — | — | — | — | — |
| St-Pancras. | 23 janvier 1893 au 31 août 1893 | 3.297 | 298 | 148 |
| Chelsea..... | 1er janvier 1892 au 31 décembre 1892 | 3.402 | 1.320 | 320 |
| Battersea.. | 1er janvier 1893 au 30 juin 1893 | 2.315 | 68 | 501 |
| Camberwell. | 19 décembre 1892 au 25 mars 1893 | 2.230 | 57 | 246 |
| Wesminster. | 6 mars 1893 au 15 juin 1893 | 936 | 25 | — |

### II. — La province

| BUREAUX | ANNÉE | Nombre de personnes qui se sont adressées au bureau | Placement à demeure | Placement temporaire |
|---|---|---|---|---|
| Egham....... | 1er octobre 1893 au 31 décembre 1893 | 382 | 289 | 289 |
| Ipswich...... | 31 octobre 1891 au 31 octobre 1892 | 458 | 150 | 141 |
| Wolverhamp. | 29 décembre 1892 au 20 juin 1893 | 763 | 10 | 10 |
| Salford..... | 31 décembre 1892 au 19 juin 1893 | 1.456 | 217 | 78 |

On voit que les services rendus par les bureaux municipaux ne répondaient guère aux espérances qu'ils avaient fait naître ; aussi en vit-on disparaître un grand nombre.

Si nous consultons le *Bulletin de l'Office du travail* (avril 1899) nous voyons que les résultats ne sont pas plus brillants qu'autrefois.

| | Demandes d'emplois | Offres d'emplois | Placement à demeure | Extra |
|---|---|---|---|---|
| | — | — | — | — |
| Mars 1898 . . | 1990 | 919 | 1044 | |
| Février 1899. | 1813 | 894 | 874 | |
| Mars 1899 . . | 1796 | 836 | 319 | 628 |

D'autre part, d'après le *Labour Gazette*, il y a 2.151 demandes en janvier 1900 et il n'y a eu que 352 placements à demeure et 751 en extra. Les chiffres accusent une aggravation marquée.

On se souvient des plaintes formulées en France par les ouvriers contre les abus odieux des agences de placement. Ces plaintes ne sont pas exagérées ; elles ne sont pas non plus particulières aux travailleurs de notre pays. *The London and provincial domestic servants Union* a publié une circulaire-rapport qui dénonce les faits d'exploitation abominable dont les sans-travail sont victimes. Ce document, qui éclaire d'une lumière crue les mœurs et la civilisation de l'Angleterre — ce pays que M. Demolins nous offre comme un modèle à imiter — mérite de passer sous les yeux des lecteurs français :

« Le système des bureaux de placement, par suite de la concurrence, est devenu si corrompu qu'il nécessite une sévère enquête sur les méthodes d'après lesquelles il est conduit. Pendant les vingt dernières années leur nombre a considérablement augmenté ; il y a à peine une rue de quelque importance dans laquelle on ne trouve un bureau de placement, et; dans quelques-unes il y en a au moins une douzaine. Cela n'est pas le fait de la capitale seule ; le même état de chose existe dans la totalité de nos villes de province. Pendant que les bureaux de placement croissaient en nombre, le type du service domestique dégénérait proportionnellement. La concurrence a fait d'une institution jadis utile un moyen frauduleux d'extorquer de l'argent aux domestiques, sans leur donner en retour ce qu'ils ont le droit d'en attendre. Pasteurs, militaires, dames ayant eu des revers et intrigants ayant échoué dans d'autres sphères de la vie, deviennent propriétaires de ces établissements, sachant qu'avec peu de capital et encore moins de conscience, ils peuvent obtenir un bon revenu. De tous côtés, nous entendons les serviteurs se plaindre des mauvais traitements qu'ils reçoivent dans ces établissements. Ce n'est pas étonnant que les domestiques soient en rébellion ouverte contre eux. Quand on considère qu'il y a 250.000 domestiques dans Londres seulement, il est facile de comprendre que l'argent payé aux titulaires de ces agences pour obtenir ou ne pas obtenir un emploi doit être une très forte somme, en supposant que chaque serviteur change de situation une fois par an seulement et que chacun paie 3 pences (six sous) par livre. Sur un gage moyen de 18 livres, les domestiques de Londres paient annuellement aux bureaux 56.250 livres. Qu'ont-ils en retour pour cette forte somme ?

« Nous savons que des milliers de jeunes filles respectables avec des antécédents irréprochables, sont envoyées vivre avec des patrons dont la moralité ne peut supporter l'examen, et souvent à des centaines de milles de distance ; elles s'aperçoivent alors qu'elles sont obligées de quitter leur emploi à la fin du mois, ce qui entraîne une grande dépense et souvent de grandes privations pour celles dont les ressources sont déjà bien modestes.

« Le gérant du bureau sait pertinemment que les domestiques n'ont aucun moyen de découvrir le caractère des maîtres auxquels on les envoie avant d'avoir vécu avec eux. Les placeurs ont perçu le droit et quand on leur reproche leur manœuvre, ils allèguent avec impudence leur innocence; nous savons au contraire que d'autres ont été envoyés auparavant et que très probablement ils en enverront encore d'autres pour occuper le poste devenu vacant.

D'un autre côté, les maîtres ne sont guère mieux traités. De mauvais serviteurs leur sont envoyés, qui négligent leur devoir et causent tant de désagréments à leurs patrons que ceux-ci se figurent que tous sont aussi mauvais ; ils se dégoûtent de la classe toute entière et concluent volontiers que les domestiques sont tous perdus sans rémission.

« Le but du placeur est de provoquer des changements, car plus les domestiques changent, meilleur est son profit.

« Une autre manœuvre consiste à faire miroiter aux yeux des travailleurs un excès de l'offre d'emploi sur la demande.

« En effet, les placeurs, par des insertions dans les journaux ou par d'autres moyens, font croire qu'il y a plus d'emplois vacants que de serviteurs en chômage. Ceci est fait pour engager les parents à mettre leurs enfants en service ; car si deux serviteurs sont en compétition pour une situation, cela donne aux patrons une plus grande indépendance et une plus grande liberté pour choisir ; ils n'hésitent pas à renvoyer leur domestique à la moindre offense, sachant qu'un autre attend pour s'installer à sa place. Pour quelque sorte de service tels que celui de cuisinier et femme de chambre, on en demande plus que l'on n'en peut trouver, mais, en général c'est le contraire. Si quelqu'un met en doute cette assertion, nous le référons aux colonnes du *Morning Post* et des journaux quotidiens principaux. Ils trouveront que les demandes sont dix fois plus nombreuses que les offres d'emplois. Il y a des milliers d'honnêtes et honorables serviteurs qui chôment pendant des mois avant d'obtenir une situation; on les voit par centaines s'adresser semaine par semaine aux bureaux de placement pour obtenir une place, mais en vain. De plus, il y a ce fait que des milliers de domestiques vigoureux doivent chercher un refuge dans les *Work-Houses*; leur seul crime est d'être trouvés trop vieux pour le service. Comment cet état de choses serait-il possible s'il était vrai qu'il y a plus de situations que de serviteurs ? S'étendre sur les maux de ce système de placement ferait un gros volume.

« Nous ne pouvons passer sur les iniquités que l'on fait subir à notre classe sous d'autres rapports. Nous faisons allusion aux *Homes* tenus concurremment avec les agences de placement. Que ce soit une spéculation, cela ne fait aucun doute : 8 domestiques sont forcés de coucher dans une seule chambre, à 2 dans un lit d'une personne, et paient 3 sh. 7 d. par tête. Encore est-on peu scrupuleux sur la moralité de ceux qui résident dans ces *homes*. Des jeunes filles innocentes, de la campagne, doivent coucher dans la même chambre et souvent dans le même lit que des femmes immorales, mais elles n'osent pas protester .. »

Tel est le sort des domestiques sans travail à Londres et... à Paris.

## II

La philanthropie anglaise a offert aussi aux sans-travail le séjour dans le *Work-house*. « Cette maison de charité, écrivait Eugène Buret, il y a un demi-siècle — et les choses n'ont pas changé ! — offre au travailleur valide ce qu'il faut pour ne pas mourir de faim, à condition qu'il sera séparé de sa famille, de ses enfants, car les âges et les sexes sont isolés dans le Workhouse comme dans la prison, et de plus à condition qu'ils achètent ce secours beaucoup plus cher qu'il n'a jamais payer le droit d'exister au prix d'un travail forcé, purement mécanique et qui est un véritable supplice ; le supplice du moulin à bras ! J'ai vu dans plusieurs Workhouses des machines de ce genre, presque toutes en repos, parce qu'elles avaient mis en fuite les malheureux condamnés à les faire mouvoir, et j'ai la conviction que les plus affreuses extrémités, les dernières souffrances sont préférables à pareille charité. Aussi n'est-ce pas une charité que l'on a voulu instituer, mais un épouvantail à pauvres ».

Il est à remarquer que ce système odieux, qui transforme la bienfaisance en châtiment, est absolument incapable d'abolir la charité proprement dite et qu'il aggrave, d'autre part, la situation des travailleurs professionnels.

En effet, les moyens employés pour soulager la détresse tendent à en augmenter la cause, puisqu'ils augmentent la production qui déjà dépasse la demande, de sorte que par la surproduction et le travail au rabais, on prolonge la crise et on abaisse les salaires.

« Une nation opulente, écrivait Eugène Buret — et son opulence n'a cessé de se développer depuis cette époque — puissante par son génie industriel, par l'application des prodiges de la mécanique à la production, retournant, pour occuper ses indigents, aux grossiers instruments de la barbarie, et condamnant ses criminels et ses pauvres au supplice des anciens esclaves, *ad molam !*... Quel triste sujet de réflexion et d'étonnement ! »

En 1836, un hiver rigoureux et une crise industrielle très grave avaient accru la misère en Angleterre ; or, voici ce que les commissaires chargés d'appliquer la loi de 1834 écrivaient dans le *Third annual report*, p. 40 :

« Les Commissaires regrettent que les vicissitudes des saisons, la durée de la gelée ou de la neige, aient pour conséquence la suspension de tout travail, et la nécessité de soulager la misère qui en résulte. La certitude de trouver assistance dans les mauvais jours favorise l'imprévoyance.

Il faudrait que la souffrance de l'hiver apprît au pauvre à épargner sur les gains de la moisson, sur le glanage de la bonne saison. La Commission ne connaît qu'un seul remède à ces maux : c'est l'exécution sévère de la règle qui régit le Work-house ».

Cette cruauté devient même un plaisir : les Commissaires de la loi se font tous honneur, aux yeux de la Commission, de la fermeté qu'ils ont montrée pendant l'hiver. « *J'ai le plaisir de déclarer*, dit l'un deux, que pendant les rigueurs de la saison dernière, le bureau des gardiens de l'Union d'*Aylsham* « (Suffolk) persévéra fermement (*steadily*) à refuser des secours externes à tous les hommes valides). Suivant cet honorable fonctionnaire de charité, les pauvres sans ouvrage n'en moururent pas de faim pour cela, « *car ils trouvèrent bientôt de l'emploi à balayer la neige sur les routes* ;

*de sorte que la neige procura presque autant d'ouvrage qu'elle en empêchait* ».

L'exploitation des pauvres dans les bagnes nommés Work-houses continue de nos jours, et se développe même avec intensité, car la misère ne cesse d'augmenter au fur et à mesure que la concurrence industrielle abaisse les salaires et raréfie la main-d'œuvre par les perfectionnements de la technique.

Nous avons parlé des bureaux de placement, de l'Armée du salut, des Work-houses ; mais nous ne prétendons pas avoir épuisé la liste des institutions qui, sous prétexte de philanthropie et de charité, procurent de bons revenus à leurs fondateurs. Il faut citer aussi les agents d'immigration (*Immigration agents*) qui s'adressent de préférence aux gens mariés qui ont une nombreuse famille et qui sont sans travail. Naguère encore profitant d'une crise industrielle, ces agents mettaient les familles en coupe réglée. Ils disaient aux pères de famille pauvres et inoccupés, que s'ils peuvent se procurer cinq livres sterling (125 fr.) parmi leurs amis et connaissances, ils leur donneront le moyen d'aller en Amérique où ils pourront se procurer de l'ouvrage plus facilement. Ces agents reçoivent une commission importante et ne s'inquiètent pas de l'avenir de l'immigrant.

Ainsi la population des ouvriers anglais glisse peu à peu dans un état d'indigence où elle rencontre une seconde phase d'exploitation plus cruelle que la première. Cette indigence est causée par le chômage et le chômage lui-même par la transformation des modes de production qui élimine la main-d'œuvre. C'est un fait universel dans toutes les notions industrielles.

Aussi, quelle n'est pas la stupéfaction des gens réfléchis et renseignés lorsqu'ils lisent l'interprétation, donnée par certains écrivains anglais, de la crise de misère qui sévit actuellement. Le journal *Le Télégramme* accuse .. la *femme* ! la femme de l'ouvrier anglais, « son incapacité, son incurie, sa paresse, sa malpropreté ». Nous ne relèverions pas cette opinion grotesque si la *Réforme économique* de M. Domergue ne l'appuyait de son autorité en la reproduisant presque *in extenso*. On peut y lire des phrases comme celle-ci : « On dit que l'ivrognerie est le fléau de l'Angleterre ; mais il en est un autre plus grave, peut-être, c'est le gin ; et il en est un troisième plus terrible encore que les deux autres : c'est dans la classe ouvrière, la femme anglaise ». Et voilà pourquoi il y a plus de cent mille *sans-travail* en Angleterre...

Après cela, on peut rappeler la péroraison du discours de Chamberlain à Wanderer's Hall :

« L'avenir est aux grandes nations, et il n'y a pas de plus grand Empire que l'empire britannique ». L'avenir nous le dira.

---

## CAUSES DE LA MISÈRE DES MARINS-PÊCHEURS

### I

La population maritime des côtes ouest de la France traverse une crise qui n'est pas près de se calmer. On a cru, à tort, que la misère des marins bretons tenait simplement à un accident zoologique passager et que les désastres ne se reproduiraient pas de longtemps. Ces désastres ont pour cause l'évolution de l'industrie de la pêche. Et ce n'est pas seulement sur la côte bretonne que sévit la misère, c'est sur toute la côte de France.

Voici à ce sujet un document significatif. En 1898, les pêcheurs des Sables-d'Olonne et de la Chaume, de Saint-Gilles, Croix-de-Vie et l'île d'Yeu ont adressé cette pétition collective au ministre de la Marine :

Les marins-pêcheurs voient avec inquiétude leur industrie gravement menacée par l'emploi d'un filet de pêche, destructeur outre mesure, dont se servent les bateaux à vapeur chalutiers. Ce filet dit à panneaux ou *otter-trawl* tient à la fois du chalut et de la senne. Grâce à des panneaux de bois qui s'ouvrent d'autant plus que la vitesse du panneau est grande, cet engin, muni de plomb dans la partie intérieure, plonge jusqu'au fond de la mer et s'étend sur une largeur pouvant aller jusqu'à 50 mètres dans les grands bateaux à vapeur.

L'emploi de ce filet est préjudiciable à tous les points de vue ;

1° Il dévaste les fonds de la mer par suite de son développement exagéré, et capture une quantité de poisson telle, que ces fonds seront bientôt épuisés ;

2° Il ruine la pêche à la voile puisque les marins, n'ayant pas de ressources suffisantes, ne peuvent supporter cette concurrence ; il ruine par conséquent toutes les industries qui se rattachent à la pêche à la voile : charpentiers, voiliers, forgerons, etc.

3° L'emploi du filet destructeur *otter-trawl*, ruinant ainsi la pêche à la voile, entraîne fatalement la désertion des marins qui s'y livrent et qui abandonnent une profession ne leur procurant plus les ressources nécessaires pour vivre : abandon qui portera un grave préjudice à la marine de l'Etat.

La législation a si bien prévu ces dangers et si bien tenu à les conjurer que, par décret du 21 juillet 1853, applicable à l'arrondissement de Rochefort il a limité la largeur de nos chaluts à 21 m. 50. En résumé l'emploi du filet *otter-trawl* dépeuple les fonds de la mer, jette le trouble et l'alarme dans notre profession de marins-pêcheurs, arrête les enrôlements à bords des bateaux de pêche, ruine toutes les industries qui se rattachent à la pêche à la voile.

Nous sollicitons de vous, monsieur le ministre, une mesure réglementaire qui, tout à la fois, sauvegarde de graves intérêts et mette en vigueur le décret du 21 juillet 1853.

Plus de mille signatures suivaient ce document.

Et en effet, il ressort des publications techniques concernant la pêche que *quatorze* chalutiers à vapeur, montés par 140 hommes au maximum, ont fait un chiffre d'affaires plus élevé que celui obtenu par *cent trente et un* chalutiers à voiles ayant un effectif de 800 hommes à bord.

L'audace est incroyable des propriétaires de chaluts et de leurs partisans qui soutiennent les bienfaits du chalut mécanique pour les petits pêcheurs...

Au congrès maritime de 1898, M. Coutant, maire de Trouville, donnait lecture d'un rapport sur l'*utilité d'accorder ou de maintenir comme moyen de culture des fonds propres à la reproduction la faculté de chaluter sur certains parages à moins de trois milles de la laisse de baisse mer*.

Le rapporteur donnait ces raisons trop ingénieuses :

Les espèces sédentaires, représentées notamment par les pleuronectes, ont besoin pour se reproduire et se développer en sécurité pendant la première période de leur existence, d'avoir à leur portée un habitat approprié à leurs besoins, c'est-à-dire un fond de sable ameubli et tamisé par le dragage du chalut aidé dans cet office par un courant quelconque.

Et entre autres preuves il ajoutait :

La sardine, dont la disparition presque complète sur nos côtes de l'Océan avait été attribuée au chalutage, est venue fort à point protester avec une énergie peu commune contre cette accusation fausse. Et précisément *sa réapparition* en bancs pressés coïncide avec une recrudescence du chalutage dans l'Ouest.

Néanmoins, le rapporteur voulait bien ajouter :

Certes, oui, le chalutier à vapeur détruit beaucoup de poissons et c'est fort heureux que ce procédé vienne en aide à l'approvisionnement de nos marchés de plus en plus exigeants, de plus en plus nombreux au fur et à mesure du développement des voies de pénétration rapide vers le centre de l'Europe ; mais c'est là un progrès qu'il ne faut pas regretter et qui, d'ailleurs s'accentuera quoi qu'on dise, et quoi qu'on fasse, car le chalutier à vapeur, n'opérant que dans la mer commune, aucune législation particulière ne pourra l'atteindre ni entraver son action.

Des marins-pêcheurs il n'est pas question dans cette affaire.

La vérité c'est que plus de la moitié des marins inscrits, ne trouvant plus à s'embarquer sur des voiliers, ont demandé des ressources à la pêche côtière. Il a fallu construire de nouvelles barques, et l'impulsion donnée à cette construction a été telle que les ports de l'Ile d'Yeu, de Saint Gilles, de Noirmoutier, des Sables, en Vendée, de Belle-Ile, du Croisic, de Groix, d'Auray, d'Étel et de Lorient, en Bretagne, qui possédaient naguère peu ou point de chalutiers en ont maintenant des milliers. Aussi les fonds, depuis Belle-Ile jusqu'à Bayonne, sont-ils labourés jour et nuit, par les chaluts qui les ravagent et les épuisent. Sans doute un certain nombre de pêcheurs bénéficient eux-mêmes et momentanément de ces circonstances, mais ce qui se passe actuellement en Bretagne montre assez que cet état de choses est proprement désastreux.

Au surplus, d'autres causes de destruction sont venues s'ajouter à celle du chalut à vapeur :

le filet traînant à petites mailles pour la pêche à la crevette est également pernicieux au frai et au petit poisson.

M. Maraud, ancien pilote, membre d'une commission chargée d'examiner la question de savoir s'il conviendrait d'interdire le chalut à chevrettes, déclare :

Pendant une journée il a été capturé 8 litres et demi de fretin, soles, rougets, dorades, plies, raies, merlans, etc. formant environ un millier de sujets sans compter une quantité presque égale d'un fretin trop menu pour être ramassé ou retiré des mailles. Après chaque coup de drague, et le triage opéré, ces petits poissons ont été mis dans un seau d'eau de mer, et il a été reconnu que la plupart étaient morts.

D'autre part, le sous-commissaire de Saint-Gilles, appelé, à donner son avis, s'exprimait en ces termes :

Incontestablement le chalut à chevrettes détruit par sa nature, les moments et les lieux où il est employé, une quantité énorme de menu fretin. Pas un homme de bonne foi ne peut le nier. Il est donc incontestable qu'il contribue pour sa part à amener le dépeuplement de plus en plus appréciable de nos fonds. C'est donc un filet à proscrire même dans l'intérêt de ceux qui s'en servent et qui, pour le gain du moment, détruit et gaspille les réserves de l'avenir.

Enfin le commissaire de l'Inscription maritime de Noirmoutier, consulté sur le même sujet, répondait :

Cet engin étant à petites mailles est pour le fretin une grande cause de destruction. Depuis quinze ou dix-huit ans qu'il est fait usage de ce filet les chevrettes ont bien diminué. L'opinion générale est que le chalut devrait être interdit et remplacé par le casier, qui permettrait aux pêcheurs de ne prendre que la chevrette marchande en laissant vivre les petits.

Mais si le chalut à chevrettes est dangereux pour l'avenir de la pêche, l'emploi du filet conique ou « filet normand » autorisé en Normandie par le décret de 1853, et qui est prohibé dans d'autres régions, n'est pas moins funeste. Les chalutiers à vapeur en font un usage fréquent. Ses mailles ont plus de 0 m. 025 ; mais, par suite de la forme de l'engin, elles restent fermées à la pointe et constituent un engin serré, que des pièces superposées, partant de l'embarquement pour protéger le filet contre l'usure, resserrent encore davantage. Le fond n'est plus un crible ; c'est une poche qui ne laisse rien échapper et au fond de laquelle le fretin s'amasse avec la boue, le goëmon, les coquilles, etc..., qui l'écrasent sous leur poids. C'est à pleines pelles que l'on rejette des détritus mêlés de poissons.

On voit donc que le filet à chevrette et le filet normand conique sont des engins destructeurs du frai et du petit poisson et contribuent par conséquent à raréfier les produits de la pêche. Néanmoins les chalutiers à vapeur avec leurs filets perfectionnés sont les plus destructeurs de tous. M. Maraud déclarait dans son rapport :

Les chalutiers à vapeur ont trois avantages principaux sur nos bateaux à voile : le calme ne les arrête ni ne les retarde, ils peuvent sillonner en tous sens les lieux de pêche, ils ont enfin la facilité d'atteindre les ports et les lieux de pêche en peu de temps et malgré les vents contraires. Malgré cela plusieurs compagnies ont été obligées de cesser une industrie qui leur causait plus de perte qu'elle ne leur rapportait de bénéfices, Mais les Compagnies actuelles ont adopté un filet à panneau, dit *otter-trawl*, beaucoup plus destructeur que le chalut dont se servent nos marins et dont se servaient primitivement les chalutiers à vapeur. Grâce à la vitesse que peuvent acquérir ces chalutiers, ce filet se développe sur une étendue considérable, détruisant des quantités prodigieuses de poissons. Déjà les bateaux anglais et espagnols ont dû épuiser les côtes de leurs pays, puisqu'ils viennent pêcher dans nos parages ; si nous ne prenons des mesures protectrices, nos fonds seront bientôt complètement nus.

La pêche pratiquée au moyen des chalutiers à vapeur constitue un progrès je n'en disconviens pas; je comprends même que tout pêcheur soit libre d'employer n'importe quel engin pour pêcher dans les eaux internationales. Il n'en est pas moins vrai que la substitution des chalutiers à vapeur aux bateaux à voiles laisserait sans ressources des populations maritimes tout entières, des centaines de mille de marins dont les moyens d'existence sont déjà bien précaires. Pour vous en donner une idée, je vous citerai le port des Sables qui, armant environ 500 bateaux, à raison de 4 hommes en moyenne par bateau, compte à peu près 2.000 marins. La pêche apportée par tous ces bateaux pourrait être faite par 10 chalutiers à vapeur, employant chacun 10 hommes, soit en tout 100 hommes d'équipages. Donc, qu'une compagnie de 10 chalutiers à vapeur seulement vienne s'établir dans les Sables et 1.900 marins seront sans ressources. Ajoutez à cela le préjudice porté par ce fait même à toutes les professions dépendant de l'industrie de la pêche, aux industriels, aux voiliers, aux constructeurs, aux forgerons, en un mot aux fournisseurs de toutes sortes et vous serez convaincus que nous devons lutter contre l'emploi des chalutiers à vapeurs, protéger notre vaillante population maritime contre les spéculations de quelques capitalistes.

A la suite de ce rapport, les membres du Congrès des pêches maritimes votèrent plusieurs résolutions dont voici les deux principales :

Que lorsque le besoin en aura été reconnu par des Commissions dans lesquelles seront représentés des pêcheurs et des armateurs de pêche, des arrêtés préfectoraux interdisent suivant les dispositions de l'article 2 du décret de 1362 certaines pêches au-delà de trois milles, dans l'intérêt de la conservation et de la reproduction des poissons ;

Que l'usage du chalut quel qu'il soit, soit également interdit en dedans de trois milles.

La délégation de Trouville protesta énergiquement contre cette dernière résolution, qui fut votée néanmoins à une forte majorité. Nous savons pourquoi Trouville protestait : l'intérêt local se prend volontiers pour l'intérêt général ; la chose est ancienne et commune.

## II

Que pouvons-nous augurer de ces faits importants ? La campagne de résistance entreprise par les malheureux pêcheurs côtiers a-t-elle quelque chance d'aboutir à un résultat ? Nous ne le pensons pas. Il y a là un fait de transformation industrielle irrésistible : les engins de capture se sont perfectionnés en même temps que l'on simplifiait leur manœuvre par l'emploi de procédés mécaniques. Les vapeurs vont dans la haute mer exploiter des fonds sous-marins plus riches et rien ne peut arrêter cela ; c'est à peine si une réglementation peut l'atténuer.

La pêche à la vapeur avait commencé à Boulogne en 1886. Le nombre des vapeurs n'a cessé d'augmenter depuis cette époque. En 1901 il était de 49. Les premiers avaient 12 mètres de quille et 18 tonneaux de jauge. Les derniers ont 39 mètres de longueur, 200 tonneaux de jauge et 400 tonneaux de machine. Ces navires, au cœur de l'hiver, font le tour des Iles Britanniques entre deux escales, lorsque la recherche du poisson les y conduit. Cinq de ces vapeurs, les plus grands, pêchent tantôt au chalut, tantôt aux filets dérivants ; dix-sept ne pratiquent que le chalut, et les vingt-sept autres les cordes. Parallèlement à ce développement de la pêche à vapeur, ces dernières années ont vu décroître le nombre des chalutiers à voiles ; depuis sept ans leur nombre a diminué de 25, soit de 16 0/0 et aucun n'a été mis en chantiers depuis deux ans ; ceux qui existent encore revenant à environ 25.000 francs, ne trouvent pas, en parfait état, preneurs à 5.000 francs lorsqu'ils sont mis en vente.

A Dieppe, en 1900, on comptait une quinzaine de vapeurs ; 6 à Calais, 4 au Havre, 2 au Tréport, 1 à Trouville, 1 à Grandville, 1 à Brest.

Le commandant M... à qui nous empruntons ces documents écrivait naguère dans l'*Economiste Français* :

Devant la « marée » montante des vapeurs, la « marée » des voiliers, chassée des régions voisines refluera dans leurs ports vides, et ne trouvera plus d'écoulement que sur les grands centres, déjà abondamment approvisionnés par le trop plein des vapeurs. Sont-ce là des hypothèses ? Voyons quelques faits.

Trouville, par exemple, donnait, il y a cinq ans à peine, les signes de la plus grande prospérité. Dans aucun autre port de la France, comme l'a montré M. Canu, le rendement pécuniaire n'était aussi élevé par rapport au tonnage des bateaux et à la force des équipages. Quatre ans après cependant, en 1899, les produits de pêche avaient diminué d'un tiers, un sixième des équipages avaient abandonné le métier de la mer et le recrutement des inscrits maritimes devenait de plus en plus difficile par suite de la chute des gains.

Au Tréport, depuis dix ans, le nombre des bateaux armés pour la pêche est tombé de 99 à 75, c'est-à-dire d'un quart ; les équipages ont diminué dans une proportion plus forte encore et sur sa belle flottille de 22 grands côtres aux voiles blanches, combien de ses marins ont l'angoisse au cœur ! A Calais, depuis dix ans, neuf chalutiers à voiles et quinze barques ont disparu, soit un quart de la flottille. A Gravelines qui vient en une année de perdre douze bateaux, la pêche côtière avait diminué de 24 unités depuis six ans, les équipages de 220 hommes, c'est-à-dire d'un quart. A Dunkerque, depuis dix ans, le nombre des côtiers a diminué de 41 p. 100. Les grandes pêches heureusement, généralement prospères dans la même période, ont procuré de nouveaux embarquements à la plupart des marins de Gravelines et de Dunkerque pour Islande, de Fécamp pour Terre-Neuve. Mais ces trois ports sont les seuls de cette côte à offrir cette ressource, les autres n'arment pas pour les grandes pêches. Nous pourrions prolonger cette énumération et dire le cas des autres ports secondaires et des plages de la côte. Mais les exemples que nous avons donnés suffisent. Comme à Trouville et au Tréport, le sort de ces populations maritimes, les plus pauvres, les plus intéressantes, est également compromis.

Si la situation est meilleure à Boulogne et à Dieppe, c'est-à-dire dans les ports où la pêche à vapeur se développe, il ne faudrait pas se hâter d'en conclure que cette transformation est entièrement avantageuse aux pêcheurs. Il est d'abord évident que les bateaux à vapeur ne suffisent pas à procurer du travail aux équipages des voiliers dont ils prennent la place. Un chalutier à vapeur qui coûte cinq fois plus cher qu'un chalutier à voiles, qui exige de plus un fond de roulement très élevé, ne compte en moyenne que deux ou trois mécaniciens en plus par équipage; toutes proportions gardées, il en est de même des cordiers. Pour occuper le même nombre d'hommes il faudrait donc quintupler les capitaux engagés dans la pêche à voiles. Les capitaux n'affluent pas dans cette proportion ; on n'oserait, d'ailleurs, soutenir que, dans les conditions actuelles, le marché pourrait absorber, sans faiblir, quatre ou cinq fois plus de produits.

La France n'est pas le seul pays où cette transformation se produise avec toutes ses conséquences :

L'Angleterre possédait déjà en 1895, 700 vapeurs de pêche ; en 1898, ce nombre dépassait 980.

En Allemagne, ce développement de l'industrie des pêches maritimes est encore plus accusé ; en 1888, il n'existait qu'un seul vapeur et le produit de la vente à la criée du poisson pour les trois ports de Hambourg, Altona et Geestemunde n'atteignait que 1.186.000 francs. En 1895, le nombre des bateaux de pêche dépassait déjà 86 et la valeur des produits pour les trois ports que nous venons de citer atteignait 6.865.000. En 1897 nous trouvons 117 vapeurs montés par 1.185 hommes d'équipages. Depuis ces chiffres n'ont cessé d'augmenter.

En Belgique le seul port d'Ostende compte plus de 30 chalutiers à vapeur.

Comme il y a, en France, 90.000 marins pratiquant la pêche, employant à cet usage 27.000 bateaux, et en outre 50.000 personnes pratiquant la pêche à pied le long des côtes, on juge des désastres qui se produiront lorsque les chalutiers à vapeurs se développeront d'une manière sérieuse.

En résumé, le désastre des marins bretons n'est pas dû à un accident zoologique passager :

il est plutôt le résultat d'un état endémique provoqué par la transformation des méthodes de pêche.

---

# DEUXIÈME PARTIE

## La Femme et l'Enfant

# LA FEMME OUVRIÈRE

> L'ouvrière ! Mot impie, sordide, qu'aucune langue n'eut jamais, qu'aucun temps n'aurait compris avant cet âge de fer, et qui balancerait à lui seul tous nos prétendus progrès !
>
> MICHELET.

> L'ouvrière, mot glorieux que tous les peuples connurent, dès qu'ils eurent supprimé l'esclavage et la servitude.
>
> PAUL LEROY-BEAULIEU.

## Accroissement de la main-d'œuvre féminine.

L'utilisation croissante de la main-d'œuvre féminine et infantile et sa substitution progressive avec la main-d'œuvre masculine est un fait caractéristique de l'évolution du travail aux XIXe et XXe siècles.

Une confrontation des enquêtes ouvrières de 1891-93 avec celles de 1840-45 est éloquente. — Voici des exemples tirés du département de la Seine ;

| | Enquête 1840-1845 Femmes et enfants | Enquête 1891-1893 Femmes et enfants |
|---|---|---|
| | — | — |
| Fabrication des vins de champagne | 17 p. 100 | 20 p. 100 |
| Confiserie, chocolaterie | 8 — | 50 — |
| Conserves alimentaires | 37 — | 77 — |
| Produits chimiques | 7 — | 8 — |
| Savonnerie, stéarinerie | 22 — | 35 — |
| Industrie du livre | 20 — | 38 — |
| Filature du coton | 26 — | 50 — |
| Tissage du coton | 52 — | 65 — |
| Bonneterie | 48 — | 70 — |
| Carrosserie, charronnerie | 0 — | 3 — |
| Industrie de la soie | 33 — | 80 — |
| Faïencerie, porcelainerie | 33 — | 35 — |
| Verrerie, glacerie, cristallerie | 17 — | 30 — |
| Marbrerie | 0 — | 24 — |

L'emploi de la main-d'œuvre féminine réalise une économie dans les frais de production. Les *machines-outils*, en bien des cas, ont facilité cette substitution. Voici ce que dit l'enquêteur du Ministère du commerce et de l'industrie :

La machine est disposée pour exécuter toujours les mêmes opérations : ce sont alors de purs manœuvres [les ouvriers] qui n'ont à acquérir que l'attention dans la surveillance des opérations et la promptitude des mouvements. On arrive alors à substituer à ces manœuvres les femmes et les enfants pour des travaux qui semblent peu leur convenir *à priori*.

Leur proportion ne dépasse pas toutefois 5 p. 100 en moyenne dans le travail du fer et de l'acier (elle atteint parfois 20 p. 100 dans la tôlerie). Dans le travail des autres métaux, elle arrive à 24 p. 100 en moyenne ; elle dépasse 50 p. 100 dans la ferblanterie, la fabrication des boutons, la batterie d'or (1).

Karl Marx, que nos économistes classiques ont pillé, sans rendre justice à sa haute clairvoyance et à sa profondeur, écrivait au milieu du siècle dernier :

Quant le capital s'empara de la machine, son cri fut : Du travail de femmes, du travail d'enfants ! Ce moyen puissant de diminuer les labeurs de l'homme se changea aussitôt en moyen d'augmenter le nombre des salariés ; il courba tous les membres de la famille, sans distinction d'âge et de sexe, sous le bâton du capital (2).

L'utilisation croissante de la main-d'œuvre féminine est un fait général, partout où il y a un mouvement industriel accentué.

En Allemagne, l'enquête du 14 juin 1895 a

(1) Office du travail (Ministère du Commerce et de l'Industrie). *Salaires et durée du travail dans l'industrie française*, tome Ier.

(2) *Le Capital*, chap. XV.

constaté que, dans les professions industrielles (y compris les mines et forges), le nombre des ouvriers employés était de 3.022.554 en 1882 et de 4.626.714 en 1895 ; celui des ouvrières, de 583.850 et de 1.041.962 ; l'augmentation est donc de 1.603.160 soit 53,1 p. 100 pour les hommes et de 46.112, soit 79 p. 100 pour les femmes (1).

On ne voit malheureusement pas pourquoi le remplacement des hommes par les femmes, qui s'accentue grâce à la coopération des machines supprimant la nécessité de la force physique et l'application de l'intelligence à l'exercice du métier, subirait un arrêt dans son développement. C'est une invasion dont la gravité frappe depuis longtemps tous les esprits et que le libre jeu des intérêts privés peut difficilement arrêter (2).

Rien n'est plus curieux que l'embarras des économistes orthodoxes, lorsqu'ils sont à examiner ce phénomène si grave au point de vue familial. M. E. Levasseur, qui fait autorité dans les questions économiques, écrit d'abord :

Ceux qui trouvent qu'en France il serait désirable que les femmes fréquentassent moins dans les gran-

(1) *Berufs und Gewerbezählung im Deutschen Reich*, t. 119 ; *Allgemeines Statist. Archiv.* p. 648.

(2) Office du travail. *Salaires et durée du travail dans l'industrie française*, tome Ier.

des manufactures gagneront à étudier de près les faits ; ils comprendront que, la grande industrie et la mécanique gagnant du terrain, il se produit un entraînement presque fatal des femmes vers ces manufactures, que cet entraînement amène une conséquence heureuse... (1).

Il écrit dans un autre ouvrage :

Le nombre des femmes employées dans l'industrie a diminué proportionnellement : celui des enfants paraît avoir diminué davantage (2).

Et, assez bizarrement, conclut :

Donc il est vrai que la machine facilite l'introduction de la femme et de l'enfant dans certaines industries.

Ces contradictions trahissent l'embarras du théoricien. La Belgique, en 1880 a trouvé, dans ses dénombrements industriels, 374.476 ouvriers et 54.279 ouvrières, soit 12,6 ouvrières p. 100. La Suisse, en 1895, a trouvé 119.204 ouvriers et 80.995 ouvrières, soit 40,5 p. 100. La Hongrie, en 1890, a trouvé 676.889 ouvriers et 42.114 ouvrières, soit 5,8 p. 100. La Suède, en 1897, a trouvé 177.964 ouvriers et 42.238 ouvrières, soit 19,2 p. 100.

(1) *Comparaison du travail à la main et du travail à la machine*, p. 91.
(2) *L'Ouvrier américain*, tome II, p. 419.

D'une enquête officielle sur le travail des femmes en Autriche (1896), je détache ces lignes :

Bien des choses qui, il y a quinze ou vingt ans, étaient faites par des hommes, le sont aujourd'hui par des femmes, soit comme conséquence de l'emploi des machines, qui en rendent la confection plus facile, soit, plus souvent encore, sans qu'il existe aucun motif de ce genre... Bien des motifs se réunissent pour favoriser cette transformation et la rendre générale, en dehors même du taux moins élevé des salaires, qui joue cependant le rôle déterminant... Les nécessités de la concurrence rendent, d'ailleurs, bien difficile un mouvement en sens contraire que pourrait vouloir tenter, dans des vues philanthropiques, tel ou tel patron ou commerçant pris isolément (1).

Ce sont les Etats-Unis surtout qui nous donnent la preuve irrécusable de l'accroissement de la main-d'œuvre féminine et infantile au détriment de la main-d'œuvre masculine et surtout au détriment du budget des familles.

D'après le *Bulletin of the Department of*

(1) D'après les résultats du recensement professionne de 1896 publiés cette année, on compte en France 1.601.000 salariés du sexe féminin dans l'industrie et les transports. Dans l'agriculture, forêts, pêches, le chiffre des salariés du même sexe est de 1.342.000. Dans le commerce, de 181.000.

*Labor*, où on peut relever les recensements professionnels des trois époques, on constate que la proportion des ouvrières, qui était (dans l'industrie) de 19,28 p. 100 en 1870, passe à 23,83 p. 100 en 1880 et s'élève à 26,24 p. 100 en 1890. Tandis que la proportion des hommes, qui était de 19,66 p. 100 en 1870, n'atteignait que 21,59 p. 100 en 1890 (par rapport à l'ensemble des travailleurs).

Nous présentons, page 86, un tableau où cet accroissement est encore plus visible :

En jetant un coup d'œil sur ce tableau si topique, on voit que, depuis 1870, dans les manufactures et les industries mécaniques, l'emploi des ouvriers est allé en diminuant, tandis que celui des ouvrières est allé en augmentant ; de même dans le commerce et les transports ; même remarque pour les professions libérales ; même remarque pour les services domestiques et personnels (le mouvement s'est dessiné vers 1880) ; et ce mouvement existe, quoique très modéré dans l'agriculture, pêcheries et mines. Dans ce dernier cas, le pourcentage est très défectueux, car on a réuni trois branches très distinctes.

Dans tous les pays où le processus industriel atteint un développement suffisant, la femme et l'enfant sont préférés à l'homme par le capital ; en d'autres termes, le machinisme perfectionné,

POURCENTAGE DE L'UN ET L'AUTRE SEXES DANS LES GRANDS GROUPES PROFESSIONNELS AUX TROIS RECENSEMENTS DE 1870, 1880, 1890

(ÉTATS-UNIS)

| GROUPES PROFESSIONNELS ET SEXES | 1870 | 1880 | 1890 |
|---|---|---|---|
| AGRICULTURE, PÊCHERIES ET MINES : | | | |
| *Sexe masculin* | 93,53 | 92.57 | 92,46 |
| *Sexe féminin* | 6,47 | 7,43 | 7,54 |
| PROFESSIONS LIBÉRALES : | | | |
| *Sexe masculin* | 75,14 | 70.61 | 66,99 |
| *Sexe féminin* | 24,86 | 29,39 | 33,01 |
| SERVICES DOMESTIQUES ET PERSONNELS : | | | |
| *Sexe masculin* | 57,90 | 66.28 | 61.76 |
| *Sexe féminin* | 42,09 | 33,72 | 38,24 |
| COMMERCE ET TRANSPORTS : | | | |
| *Sexe masculin* | 98,39 | 96.63 | 93.13 |
| *Sexe féminin* | 1.60 | 3.37 | 6,87 |
| MANUFACTURES ET INDUSTRIES MÉCANIQUES : | | | |
| *Sexe masculin* | 85,56 | 81,52 | 72,82 |
| *Sexe féminin* | 14.44 | 18.48 | 20.18 |
| TOUTES LES PROFESSIONS RÉUNIES : | | | |
| *Sexe masculin* | 85,32 | 84.78 | 82,78 |
| *Sexe féminin* | 14,68 | 15.22 | 17.22 |

la recherche de la main-d'œuvre à bon marché, la concurrence ont favorisé la substitution progressive de la femme à l'homme au détriment des deux. Seuls, quelques économistes le nient ; sans doute parce que les dogmes infaillibles de l'école de Manchester s'y opposent.

### Profits réalisés par la substitution de l'ouvrière à l'ouvrier.

Examinant la variation des salaires, tant des ouvriers que des ouvrières, l'enquêteur officiel du Ministre du Commerce écrit :

Dans l'ensemble, *le salaire moyen* par jour des ouvriers atteints par chaque enquête est passé de 2 fr. 07, en 1840, à 2 fr. 76, en 1860, et 4 fr. en 1891 ; celui des ouvrières de 1 fr. 02, en 1840, à 1 fr. 30, en 1860, et 2 fr. 20, en 1891. En représentant par 100 la valeur de la moyenne des salaires en 1891-93, leurs valeurs aux trois enquêtes sont représentées par les coefficients suivants :

| | Ouvriers | Ouvrières |
|---|---|---|
| Enquête 1840-45. . . | 52 | 47 |
| — 1860-65. . . | 69 | 59 |
| — 1891-93. . . | 100 | 100 |

Le salaire des ouvriers aurait donc presque doublé, de 1840 à 1891 ; celui des ouvrières aurait plus que doublé,

Un esprit superficiel ou un théoricien de mauvaise foi s'empressera de conclure que la situation des salariés s'est considérablement améliorée. On sait, du reste, le parti que les économistes conservateurs ont su tirer de cette constatation : « Les ouvriers se plaignent de plus en plus; or, depuis un demi-siècle, leur salaire a plus que doublé ». La presse bien pensante a repris en chœur ce refrain. Nous allons remettre les choses au point, et montrer que, non seulement la situation du salarié ne s'est pas améliorée, mais qu'elle a empiré.

Remarquons d'abord que le *salaire moyen* est une fiction : il habitue les esprits à se figurer que la généralité des salariés reçoit un taux de salaire particulier en apparence convenable. Evitons cette équivoque et individualisons, en multipliant les cas : la méthode est plus scientifique et plus convaincante.

L'utilisation de la main-d'œuvre féminine et infantile constitue un bénéfice nouveau réalisé par le fabricant dans chaque famille ouvrière. Considérons, par exemple, l'INDUSTRIE DES CONSERVES ALIMENTAIRES. En 1845, le salaire nominal de l'ouvrier était, dans cette industrie, 1 fr. 95 ; il s'est élevé à 3 fr. 95 ; l'accroissement est donc de 2 fr. ; le salaire de l'ouvrière était 1 fr., il est devenu 1 fr. 45 : l'accroissement est donc de 0 fr. 45. Si donc, dans une famille donnée, c'est la femme au lieu de l'homme qui accomplit ce travail, il y aura diminution de ressources dans la famille. C'est ce qui est arrivé. En effet, l'enquête nous montre que la proportion des femmes et des enfants dans l'industrie précitée, qui était de 37 p. 100 au milieu du siècle, s'est élevée à 77 p. 100. Le profit est considérable.

Autre exemple : Dans LA CONFISERIE ET LA CHOCOLATERIE, le salaire de l'ouvrier était de 2 fr. 48 (enquête 1840-45), il s'est élevé à 3 fr. 50 (enquête 1891-93) ; tandis que le salaire de l'ouvrière étant, dans la première période, 1 fr. 25, s'est élevé à 1 fr. 80 dans la deuxième période. Si le personnel n'avait pas varié comme sexe, il aurait pu y avoir amélioration. Mais l'enquête nous apprend que la proportion des femmes et des enfants, c'est-à-dire de la main-d'œuvre à bon marché, est passé de 8 p. 100 en 1845, à 50 p. 100 en 1893. Le profit est colossal.

Nous pourrions multiplier les exemples. En voici un autre frappant :

RAFFINERIE DE SUCRE

| | | |
|---|---|---|
| Salaire des ouvriers (enquête 1860-65). | 3 fr. 50 | (à Paris) |
| — — (enquête 1891-93). | 5 50 | — |
| Différence. | 2 fr. » | |

| | | |
|---|---|---|
| Salaire des ouvrières (enquête 1860-65). | 2 fr. » | (à Paris) |
| — — (enquête 1891-93). | 3 25 | — |
| Différence. | 1 fr. 25 | |

Alors, les économistes nous disent : L'ouvrier, ici, gagne 2 francs de plus qu'autrefois, la femme 1 fr. 25, quelle prospérité !

Mais la statistique annonce que la proportion des femmes et des enfants, qui était de 3 p. 100 en 1845, s'élève à 25 p. 100 en 1893. Donc, dans chaque famille où la substitution s'est opérée, les moyens d'existence ont diminué ; mais le profit du fabricant s'est accru.

Comme le salaire de la femme est toujours très inférieur au salaire de l'homme, il s'ensuit que la substitution progressive de la main-d'œuvre fémine à la main-d'œuvre masculine est une cause d'appauvrissement au sein des familles. Dans beaucoup d'industries importantes, la proportion des femmes égale ou dépasse celle des hommes.

Voici quelques exemples pris dans le département de la Seine :

| | | | |
|---|---|---|---|
| Fabrique de cirage et d'encres à écrire. | 54 p. 100 | de femmes. | |
| — papiers laminés, enveloppes et registres . . . . . . . . . . . | 66 | — | — |
| Cartes imprimées (1). . . . . . . . . . | 46 | — | — |

(1) 37 p. 100 d'hommes ; le reste, apprentis.

| | | | |
|---|---|---|---|
| Couperie de poils, pelleterie . . . . . | 59 p. 100 de femmes. | | |
| Gants de peau . . . . . . . . . . . . . | 57 | — | — |
| Cotons à coudre . . . . . . . . . . . . | 75 | — | — |
| Bonneterie. . . . . . . . . . . . . . . | 75 | — | — |
| Broderies . . . . . . . . . . . . . . . | 81 | — | — |
| Couvre-pieds . . . . . . . . . . . . . | 80 | — | — |
| Confection militaire . . . . . . . . . | 52 | — | — |
| Entreprise de confection. . . . . . . . | 69 | — | — |
| Corsets. . . . . . . . . . . . . . . . | 94 | — | — |
| Fleurs ou plumes . . . . . . . . . . . | 59 | — | — |
| Blanchisserie de linge . . . . . . . . | 74 | — | — |
| Fabrique de poupées . . . . . . . . . | 45 | — | — |
| — mannequins. . . . . . . | 50 | — | — |
| Boutons. . . . . . . . . . . . . . . . | 61 | — | — |
| Batterie d'or. . . . . . . . . . . . . | 54 | — | — |
| Miroiterie . . . . . . . . . . . . . . | 44 | — | — |
| Couronnes de perles. . . . . . . . . . | 91 | — | — |

Nous pourrions citer une longue série relative aux autres départements. On verrait encore que la proportion des femmes dans le travail augmente : ce qui signifie que les salaires diminuent, mais n'empêche pas M. E. Levasseur d'écrire que cet entraînement des femmes dans l'usine « amène une conséquence heureuse : celle d'un revenu plus fort pour la famille ».

### Salaires et travaux dans les mines et carrières.

Il existe une catégorie d'ouvrières dont on n'a guère parlé jusqu'à présent ; elles appartiennent à une industrie qui rapporte de fort gros bénéfices ; les travaux qu'elles exécutent sont ceux de l'homme solide ou de la bête ; leurs salaires sont dérisoires, comme nous allons le montrer. Il s'agit des mines.

A la date du 31 octobre 1896, on trouvait dans les mines de houille, en Belgique, 989 femmes travaillant au « fond » et 7.992 travaillant à la surface. Parmi 873 ouvrières du « fond » dont on a relevé individuellement le salaire, on en trouvé :

| | | | | |
|---|---|---|---|---|
| 1 | gagnant | moins de | 1 franc | par jour. |
| 44 | gagnant de | 1 fr. | à 1 fr. 49 | — |
| 312 | — | 1 fr. 50 | à 1 fr. 99 | — |
| 453 | — | 2 fr. | à 2 fr. 49 | — |
| 60 | — | 2 fr. 50 | à 2 fr. 99 | — |
| 1 | — | 3 fr. | à 3 fr. 49 | — |

Pour les travaux réservés aux femmes travaillant dans les galeries souterraines, on distingue surtout deux catégories professionnelles : les *chargeuses* et les *hiercheuses*. La chargeuse est l'ouvrière qui charge le charbon dans les wagonnets qui emportent ce charbon, par les galeries de roulage, vers le puits d'extraction (voir le *Répertoire technique* de l'ingénieur Cuisinier). La hiercheuse est l'ouvrière qui traîne les wagonnets dans les galeries secondaires de roulage, dont les dimensions restreintes s'opposent à la circulation des chevaux (*Réper-*

*toire technique*). A côté de ces ouvrières, on trouve des *envoyeuses*, chargées de pousser dans la cage d'extraction les wagonnets remplis de charbon, des *lampistes*, des *moulineuses*, des *manœuvres* et des ouvrières diverses. Les chargeuses gagnent en général 1 fr. 50 à 2 fr. 94 ; les hiercheuses, en majorité, gagnent de 2 francs à 2 fr. 49 ; quelques-unes d'entre elles n'arrivent qu'au salaire 1 fr. 50 à 1 fr. 99. Les moulineuses, les manœuvres, les ouvrières diversesgagnent ce dernier chiffre de salaire, sauf quelques ouvrières de cette dernière catégorie, qui n'atteignent que le taux immédiatement inférieur. Les lampistes ne gagnent que de 1 franc à 1 fr. 49.

Parmi les ouvrières à la surface, on distingue les *chargeuses*, les *lampistes* et *nettoyeuses de lampes*, les *ramasseuses de charbon et de pierres*, les *ouvrières du triage*, les *manœuvres et journalières*.

Fait étrange, malgré la diversité des fonctions, le taux des salaires (taux de famine) est presque uniforme. En effet, sur 4.646 ouvrières de la surface dont on a relevé le salaire individuel, on trouve :

| | | | |
|---|---|---|---|
| 176 | gagnant | moins de 1 franc | par jour. |
| 2.895 | — | de 1 fr. à 1 fr. 49 | — |
| 1.485 | — | de 1 fr. 50 à 1 fr. 99 | — |

77 — de 2 fr. à 2 fr. 49 par jour.
13 — de 2 fr. 50 à 3 fr. —

Il n'y a en tout que 285 femmes payées d'après la quantité de travail, contre 5.847 payées d'après le temps de travail ; sur ce nombre, 5.773 sont payées à la journée.

Il est clair, dit M. Armand Julin, que ce mode de rémunération ne se concilie pas avec l'existence de taux de salaire nombreux, les taux de salaire se multipliant principalement sous l'influence de l'effort plus ou moins énergique de l'ouvrier, lorsque celui-ci est payé à la tâche ou à l'entreprise (1).

Revenons en France. — La *Statistique de l'Industrie minérale pour l'année* 1891, publiée par le ministère des Travaux publics, donne la composition du personnel, journées de travail et moyenne des salaires par département, dans l'ensemble des établissements miniers.

Dans la Nièvre, où la proportion des femmes ouvrières est de 20 p. 100, le *salaire moyen* (hommes et femmes) serait de 2 fr. 30. Mais ce chiffre ne signifie rien, le salaire moyen étant ce qu'il y a de plus fictif et de plus arbitraire.

(1) Ces renseignements, recueillis par l'Office du Travail de Belgique, ont été produits par M. Armand Julin dans un rapport très documenté lu au XXe Congrès annuel de la Société d'Economie Sociale.

Reportons-nous à l'enquête de l'Office du Travail. Nous lisons : *femmes manœuvres*, salaire minimum, 1 fr. 30 ; salaire maximum, 2 fr. 15.

Dans le Puy-de-Dôme (dans une entreprise de 570 chevaux-vapeur) : salaire minimum des femmes manœuvres, 1 fr. 25 ; salaire maximum, 1 fr. 75.

Dans le Gard (entreprise de 2.900 chevaux) : femmes aux lavages, 1 fr. 50 (maximum, 1 fr. 75) ; femmes aux agglomérés, 1 fr. 25 (maximum, 1 fr. 75) ; femmes au coke, 1 fr. 50 (maximum, 2 fr. 25) ; diverses, 1 fr. 25.

Dans le Gard (entreprise de 890 chevaux), les trieuses gagnent 1 fr. 50 ; les laveuses, 1 fr. 60 ; les manœuvres, 1 fr. 50 ; diverses, 0 fr. 90.

Dans l'Aveyron, où la proportion des femmes est de 33 p. 100, nous relevons, dans une entreprise de 140 chevaux : femmes garde-barrières, de 1 fr. 50 à 2 francs ; dans une entreprise de 110 chavaux : femmes manœuvres, de 1 fr. 20 à 1 fr. 60 ; dans une entreprise de 470 chevaux : trieuses, de 1 franc à 1 fr. 75 par jour ; dans une entreprise de 500 chevaux : femmes manœuvres, de 1 franc à 1 fr. 50.

Comme on pourrait croire que ces salaires invraisemblables sont l'exception, nous citerons encore une série d'exemples :

Dans la Creuse (entreprise de 500 chevaux) : femmes manœuvres, de 1 fr. 30 à 1 fr. 50.

Dans l'Hérault (entreprise de 1.200 chevaux) : femmes manœuvres, de 1 fr. à 2 fr.

Dans les Bouches-du-Rhône (extraction de lignites, 1.800 chevaux) : les trieuses gagnent de 1 fr. 40 à 1 fr. 60.

Dans l'Ardèche : les femmes manœuvres, 1 fr. 50.

Dans la Loire (entreprise de 1.430 chevaux) : les femmes manœuvres, de 1 fr. 50 à 1 fr. 75 (entreprise de 1.260 chevaux) ; ouvrières, 1 fr. 75.

Dans Saône-et-Loire (entreprise de 9.280 chevaux) : les trieuses gagnent de 1 fr. 25 à 2 fr. 25.

Dans la Haute-Saône (entreprise de 1.320 chevaux) : les trieuses et les laveuses gagnent de 1 fr. 25 à 2 fr. 25.

Dans le Nord (entreprise de 430 chevaux) : les femmes manœuvres gagnent de 1 fr. 25 à 1 fr. 50.

Dans le Pas-de-Calais (entreprise de 4.900 chevaux), il y a des moulineuses qui gagnent 2 fr., des lampistes, 1 fr. 60, des ramasseuses de pierres, 1 fr. 50.

Même département (entreprise de 2.600 chevaux) : il y a des moulineuses à 1 fr. 50, des femmes manœuvres à 1 fr., des ramasseuses de pierres à 1 fr.

Même département (entreprise de 2.800 chevaux), on trouve des femmes manœuvres au jour à 1 fr. 30 et des ouvrières de l'entretien à

0 fr. 70 PAR JOUR (*Salaires et durée du travail dans l'industrie française*, tome II, page 13).

Nous n'avons cité que les mines de combustibles. Les salaires ne sont pas moins extraordinairement bas dans les mines métalliques.

Les femmes employées à extraire le minerai de fer dans la Haute-Marne ont des salaires variant de 1 fr. 50 à 2 fr. (10 heures de travail).

Dans l'Isère (entreprise de 250 chevaux), le salaire des femmes manœuvres est de 1 fr. 40 ou 1 fr. 50 par 10 heures de travail.

Dans le Var, les trieuses de minerai de fer gagnent de 1 fr. 40 à 1 fr. 60 par 10 heures de travail.

Dans les Basses-Pyrénées, les ouvrières occupées à la préparation mécanique pour l'extraction du minerai de zinc ont un salaire de 1 fr. 50 à 1 fr. 75 par journée de 10 heures.

Dans l'Aveyron, les femmes manœuvres occupées à l'extraction de minerai de plomb argentifère (entreprise de 240 chevaux) gagnent de 1 fr. 60 à 2 fr. par journée de 10 heures.

Dans le Var, les femmes manœuvres occupées à l'extraction du minerai de plomb argentifère et de zinc (entreprise de 315 chevaux) gagnent de 1 fr. 40 à 1 fr. 60 par jour.

Dans la Drôme, les femmes serre-freins ont un salaire de 1 fr. 15 par journée de 10 heures (extraction de minerai de zinc).

Dans le Puy-de-Dôme, les ouvrières des laveries, dans les mines de plomb, ont des salaires de 0 fr. 90 par journée de travail.

Dans l'Aude, il y a des trieuses de manganèse à 1 fr. par journée de 10 heures de travail.

Dans l'Ariège, des femmes manœuvres occupées à l'extraction de minerais de plomb et de zinc, à 1 franc et 1 fr. 20.

Dans l'Ille-et-Vilaine (entreprise de 1.242 chevaux), on trouve des ouvrières occupées à l'extraction et à la préparation des minerais métalliques qui gagnent 1 franc par jour.

Dans l'Hérault, on trouve des trieuses de zinc et de plomb à 0 fr. 75 par jour (maximum 2 fr.).

On voit donc que les salaires de famine ne sont pas rares en France dans les industries les plus pénibles. Comme l'accumulation des exemples est le seul moyen de convaincre, nous citerons encore, dans le Lot, les femmes manœuvres occupées à l'extraction des phosphates, qui gagnent de 1 franc à 1 fr. 75 par journée de 10 heures.

Dans la Somme, les ouvrières occupées à la manipulation et au chargement des tourbes gagnent 1 franc par jour.

Dans la Haute-Vienne, les femmes manœuvres occupées à l'extraction du kaolin gagnent de 0 fr. 75 à 1 franc par jour.

### Salaires et budgets dans les filatures.

Nous avons montré plus haut que l'accroissement de la main-d'œuvre féminine au détriment de la main-d'œuvre masculine avait accru les profits des fabricants partout où ce changement avait été possible. On va voir le contrecoup de ce phénomène économique dans le budget d'une famille ouvrière.

Considérons, par exemple, la filature de coton. L'enquête de 1840-45 accuse dans cette industrie une proportion de femmes et d'enfants de 26 0/0. L'enquête de 1891-93 accuse une proportion de 50 0/0. Le personnel féminin a donc doublé. Quel est le salaire de ces ouvrières ?

Si nous nous reportons à une monographie de l'Office du travail, tome II de l'enquête précitée, nous lisons : filature de coton, Seine-et-Oise, entreprise de 95 chevaux ; ouvrière, salaire minimum, 1 fr. 25 ; salaire maximum, 2 fr. 75 ; salaire moyen, 1 fr. 75 ; salaire moyen par année, 500 francs.

Or si nous consultons, d'autre part, les budgets annuels de dépense de 14 familles dont les membres adultes sont occupés par une filature de coton du département de l'Oise, nous remarquons qu'une famille composée du père, de la mère et de quatre enfants (de moins de dix ans) consomme 608 fr. 40 de pain et 175 fr. 50 de viande (bœuf, lard et graisse) ; un ménage avec cinq enfants, dont l'aîné a 15 ans, consomme 842 fr. 40 de pain et seulement 208 francs de viande ; un autre ménage avec cinq enfants, 195 francs de viande ; une famille avec six enfants dont l'aîné a 20 ans, les autres 18, 16, 14, 9 et 5 ans dépense 1.076 francs de pain et 273 francs de viande, ce qui fait environ 0 fr. 60 de viande *par semaine à chacun*. Les autres familles n'en mangent pas davantage (1).

Or il est évident que l'abaissement des salaires réels (en dépit des sophismes économiques touchant l'augmentation des salaires *nominaux*) résultant de l'outillage perfectionné et de la substitution de l'ouvrière à l'ouvrier, a contribué puissamment à rendre ces familles végétariennes par nécessité. Ainsi le veut le « bâton du capital ». Chaque fois qu'un fabricant substitue une ouvrière à un ouvrier, c'est un morceau de viande qu'il retire de la bouche d'un enfant ou d'une femme — et tout se passe, apparemment, comme s'il la leur donnait !

Partout où la main-d'œuvre féminine est employée,

(1) Ces budgets ont été dressés par un manufacturier du département de l'Oise (filature et tissage de coton) et ils ont été transmis à l'Office du travail par l'ingénieur en chef des Ponts et chaussées du département.

elle évince régulièrement la main-d'œuvre masculine. Celle-ci, supplantée de la sorte, veut vivre ; elle s'offre moyennant un salaire plus bas. Cette offre influe encore sur le salaire de la femme.

La diminution du salaire devient une sorte de vis sans fin qui fait mouvoir avec d'autant plus de force le mécanisme du progrès industriel, toujours en révolution, que ce mouvement progressiste évince aussi la main-d'œuvre féminine et multiplie l'offre des bras pour le travail. Des découvertes, des procédés industriels nouveaux combattent dans une certaine mesure cet excès de main-d'œuvre, mais pas avec assez d'efficacité pour arriver à de meilleures conditions dans le travail. Car tout accroissement de salaire, au-dessus d'une certaine mesure, détermine le patron à se préoccuper d'améliorer encore son outillage et à remplacer le cerveau et les bras humains par la machine, automatique et sans volonté. Si, à l'origine du système de production capitaliste, le travailleur masculin s'est épuisé à lutter contre le travailleur masculin, aujourd'hui, c'est un sexe qui lutte contre l'autre, et par la suite on luttera âge contre âge. La femme supplante l'homme, et elle sera supplantée à son tour par l'enfant. Voilà ce qui constitue « l'ordre moral » dans l'industrie moderne (1).

Dans une réunion de la Société d'Économie sociale, tenue en juin 1901, M. Maurice Van-

(1) *La Femme dans le passé, le présent et l'avenir*, par Auguste Bebel.

laer étudiant le travail féminin dans l'industrie française, principalement la filature de lin et la filature de coton à Lille, disait :

Sur 50.344 individus employés dans les fabriques de Lille, on compte 13.546 femmes de plus de dix-huit ans et 4.835 filles de moins de dix-huit ans, soit au total 18.481 travailleurs féminins ou près des deux cinquièmes. Le plus grand nombre de ces travailleurs féminins sont employés dans l'industrie textile. La filature de lin a environ les deux tiers de son personnel qui est féminin. La proportion des femmes est de moitié dans les filatures de coton. C'est dans le tissage que l'homme se défend le mieux : il y occupe environ les deux tiers des places...

Et M. Vanlaer, ajoute :

Le salaire féminin s'est sensiblement élevé depuis un demi-siècle. L'ouvrière qui gagnait en 1850, 1 fr. 50 par jour dans la filature de lin reçoit aujourd'hui 2 fr. 50. Celle qui recevait 1 franc dans la filature de coton reçoit 2 fr. 50 (1).

On voit que M. Maurice Vanlaer, comme tous ses confrères en économie, s'illusionne encore sur l'élévation du salaire *nominal*.

Non seulement ces messieurs ne tiennent pas compte de l'accroissement invincible des

(1) Voir compte-rendu de la réunion dans la *Réforme sociale* du 1er juillet 1901.

besoins (fait physiologique), de l'augmentation du coût de l'existence (principalement des loyers), mais encore ils ne disent rien du chômage, ni de la diminution du budget familial par suite de la substitution générale du travail féminin au travail masculin. Tous ces phénomènes — organiques ou économiques — sont assez importants pour réduire le salaire au taux ancien, et même au-dessous.

### Les ouvrières du vêtement.

C'est dans l'enquête ouverte par l'Office du travail en 1893-94 que nous puiserons les documents qui vont nous permettre d'établir la situation des ouvrières du vêtement (1). Nous signalerons en passant les indications instructives que nous avons recueillies dans les ouvrages particuliers de MM. d'Haussonville, Charles Benoist, Léon de Seilhac, Bonneray, etc , tout en apportant des notes et des observations personnelles et en corrigeant les erreurs inévitables qui se glissent dans ces sortes d'ouvrages.

*La couture.* — D'après un relevé des monographies d'ateliers de couture, l'examen des

(1) Rapport de M. Pierre du Maroussem.

jours de travail de mille ouvrières différentes, on a pu établir cette triple distinction :

1° Ouvrières du noyau ;

2° Ouvrières de la catégorie intermédiaire ;

3° Ouvrières supplémentaires.

| MONOGRAPHIES D'ATELIERS | OUVRIÈRES | |
|---|---|---|
| | formant le noyau | Supplémentaires |
| Numéros 30 | 13 | » |
| — 31 | 3 | 5 |
| — 32 | 2 | 2 |
| — 33 | 4 | 7 |
| — 34 | 8 | 6 |
| — 35 | 7 | 8 |
| — 36 | 6 | 7 |
| — 37 | 12 | 4 |
| — 38 | 6 | 8 |
| — 39 | 5 | 12 |
| — 40 | 8 | 12 |
| — 41 | 20 | » |
| — 42 | 15 | 50 |
| — 43 | 20 | 49 |
| — 44 | 15 | 53 |
| — 45 | 250 | 250 |
| — 46 | 5 | 5 |

Le « noyau » travaille 260, 280, 300 jours au maximum.

La catégorie intermédiaire, congédiée pendant la morte-saison, ne peut compter que sur les 38 semaines environ de la demi-saison et de la saison véritable, soit 230 jours au maximum, en réalité 200 à 230 jours.

Les ouvrières supplémentaires ne travaillent que pendant les 26 semaines de la saison proprement dite, soit 160 jours. Le régime des *extras* peut faire varier cette durée approximative.

Le rapporteur fait judicieusement observer que le lecteur doit supposer, en comparant les résultats précédents, que les *ouvrières n'ont à subir aucune cause de chômage personnelle.* Il s'agit de l'ouvrière ignorant d'un bout de l'année à l'autre la maladie et la fatigue, en réalité d'une *abstraction.*

Voici une série de monographies d'ateliers de couture donnant la proportion des ouvrières formant le noyau et des ouvrières supplémentaires, apprenties non comprises :

Ce tableau nous montre — et l'on s'étonne que le rapporteur n'ait pas souligné l'importance du fait — que le personnel supplémentaire, la catégorie flottante des couturières, est plus considérable que le noyau. Ce qui signifie que le chômage est la règle, le travail l'exception.

Voici maintenant une série de monographies concernant les heures de travail par jour et le nombre de jours de travail par an.

| NUMÉROS d'ordre des monographies | OUVRIÈRES | NOMBRE d'heures par jour | NOMBRE de jours par an |
|---|---|---|---|
| 19 | 1 ouvrière................ | 11 | 160 |
| | 1 ouvrière................ | 11 | 160 |
| | 1 ouvrière................ | 11 | 160 |
| | 1 ouvrière................ | 11 | 230 |
| | 1 ouvrière................ | 11 | 310 |
| 25 | 1 corsagière.............. | 11 | 300 |
| | 1 corsagière.............. | 11 | 160 |
| | 1 corsagière.............. | 11 | 160 |
| | 1 jupière.................. | 11 | 300 |
| | 1 jupière.................. | 11 | 160 |
| | 1 ouvrière................ | 11 | 160 |
| | 1 ouvrière................ | 11 | 160 |
| 27 | 3 premières............... | 11 | 300 |
| | 3 ouvrières............... | 11 | 200 |
| | 3 ouvrières............... | 11 | 230 |
| | 1 mécanicienne........... | 11 | 200 |
| 28 | 1 première ............... | 10 | 300 |
| | 1 corsagière ............. | 10 | 300 |
| | 1 corsagière ............. | 10 | 160 |
| | 1 corsagière ............. | 10 | 160 |
| | 1 corsagière ............. | 10 | 160 |
| | 1 corsagière ............. | 10 | 300 |
| | 1 ouvrière (confection)..... | 10 | 160 |
| | 1 ouvrière (confection)..... | 10 | 160 |
| | 1 jupière.................. | 10 | 300 |
| | 1 jupière.................. | 10 | 160 |
| | 1 jupière.................. | 10 | 160 |
| | 1 jupière.................. | 10 | 300 |

Nous pourrions multiplier les exemples. Nous voyons (et c'est ce qu'il importe de constater) que les chômages sont très longs et les journées de travail très longues. Pas de travail — ou surmenage.

Dix heures, onze heures de travail, dans l'atmosphère viciée des ateliers, c'est déjà beaucoup. Mais il y a plus. Fréquemment, la journée dépasse onze heures ; elle atteint quelquefois douze, treize et quatorze heures.

Nous avons pu lire quelques cahiers d'heures appartenant à des ouvrières de la couture et de la confection. Les chiffres sont invraisemblables, mais la multiplicité des cas fait qu'ils ne laissent aucun doute. Au surplus, nous reproduirons les cahiers d'heures relevés par M. Pierre du Maroussem, et publiés dans son rapport sur le vêtement à Paris (consulter le tableau de la page suivante).

Les carnets d'heures de l'année 1901 ne sont pas différents de ceux de 1889, 90, 91 et 92. Il suffit pour s'en convaincre de pénétrer habilement la nuit dans les grands ateliers de la rue de la Paix, de l'Avenue de l'Opéra, et des rues affluentes aux grands boulevards (1).

En présence de pareils faits, si fréquents et si persistants, peut-on dire que les mots de *bagnes industriels* sont hyperboliques ?

(1) « Parfois même, dit le rapporteur de l'Office du travail, sous l'influence de l'impérieuse fantaisie des clientes, de l'indifférence des patrons et de la partialité des premières, on pouvait signaler 44 heures de travail en 3 jours (12 heures — 20 heures — 12 heures). »

## CAHIER D'HEURES DE TRAVAIL D'UNE OUVRIÈRE

| DÉSIGNATION DES QUINZAINES | NOMBRE de journées | NOMBRE d'heures de travail par journée |
|---|---|---|
| *Demi-année 1888-89* | | |
| Du 18 février au 3 mars........... | 13 | 8 |
| | 1 | 10 |
| Du 1 au 17 mars,..'............. | 3 | » |
| | 1 | 8 |
| | 8 | 10 |
| | 1 | 12 |
| | 1 | 13 |
| Du 18 au 31 mars................ | 3 | 6 1/2 |
| | 5 | 10 |
| | 1 | 12 |
| | 5 | 12 1/2 |
| Du 1er au 14 avril................ | 2 | » |
| | 12 | 10 |
| Du 15 au 28 avril................ | 3 | » |
| | 1 | 10 |
| | 10 | 12 1/2 |
| Du 29 avril au 12 mai ............ | 1 | » |
| | 3 | 10 |
| | 5 | 12 1/2 |
| | 5 | 13 |
| | 1 | 18 |
| Du 13 au 26 mai.................. | 2 | » |
| | 1 | 10 |
| | 1 | 11 |
| | 2 | 12 1/2 |
| | 6 | 13 |
| | 1 | 13 1/2 |
| | 1 | 20 |

CAHIER D'HEURES DE TRAVAIL D'UNE OUVRIÈRE (*Suite*).

| DÉSIGNATION DES QUINZAINES | NOMBRE de journées | NOMBRE d'heures de travail par journée |
|---|---|---|
| *Demi-année 1888-89* | | |
| Du 27 mai au 9 juin.............. | 3 | » |
| | 2 | 12 |
| | 6 | 12 1/2 |
| | 1 | 13 1/2 |
| | 1 | 16 |
| | 1 | 24 |
| Du 10 au 23 juin................ | 3 | » |
| | 1 | 11 |
| | 1 | 11 1/2 |
| | 1 | 12 |
| | 8 | 12 1/2 |
| Du 24 juin au 7 juillet ........... | 5 | 7 1/2 |
| | 8 | 10 |
| | 1 | 12 |
| Du 8 au 21 juillet................ | 5 | 7 1/2 |
| | 1 | 8 |
| | 1 | 8 1/2 |
| | 6 | 10 |
| | 1 | 12 |
| Du 22 au 27 juillet............... | 1 | 5 |
| | 5 | 10 |

Que l'on apprenne, maintenant, les conditions hygiéniques des ouvrières dans les grandes maisons de couture.

Dans une grande maison, dit une déposante, on arrive à 9 heures du matin pour se retirer le soir à 7 heures 1/2. Une seule demi-heure est accordée pour le déjeuner. Les ouvrières sont divisées à cet effet en deux séries. Presque toutes s'installent dans les salles spécialement affectées à ce service. Les fourneaux à gaz sont si bien aménagés que *beaucoup d'ouvrières y font cuire leur dîner, qu'elles mangent chez elles le soir en économisant ainsi le restaurant.* Parfois, plusieurs ouvrières se réunissent pour améliorer leur ordinaire.

Dans une autre maison, non moins fameuse, reprend une deuxième déposante, l'organisation est défectueuse. La salle de repas se trouve dans le sous-sol. Pas de fourneaux, ni de gaz ; les ouvrières sont contraintes d'apporter une lampe à esprit de vin. Espace insuffisant. Il résulte de ce manque d'espace qu'un certain nombre d'ouvrières déjeunent debout. Quand l'une des plus anciennes doit s'absenter, sa place est sollicitée d'avance. Les dernières dans la maison restent forcément debout.

En général, dépose une patronne (récemment encore grande première de l'un des couturiers les plus connus), le local affecté au repas est insuffisant pour le personnel entier. Le régime des *séries* est utilisé et indispensable (une demi-heure pour chacune).

Ailleurs, une série sort à 11 heures, l'autre à midi. Ailleurs encore, à midi et demi, les deux séries se partagent, l'une se dirigeant vers la salle basse, l'autre vers les restaurants du dehors.

Dans toutes les maisons en cas de besogne urgente qui ne peut être quittée, certaines ouvrières sont retenues jusqu'à 1 heure et quelquefois 2 heures (exceptionnel).

Le retard du déjeuner, ajoute une autre première, a les plus grands inconvénients pour les ouvrières habituées des restaurants ou des bouillons. A leur arrivée, il ne reste plus que des plats réchauffés ou trop chers. D'ailleurs, dans beaucoup de petites maisons, les essayages commencent à 1 heure...

En cas de veillée, il est accordé, vers 6 heures du soir, 20 minutes pour le *goûter*. Les apprenties rapportent quelques friandises, des pâtisseries ou des charcuteries du voisinage. On mange à l'atelier. Certaine grande maison a considéré ce temps de repos comme une occasion de trouble et a émis la prétention de le supprimer. Le dîner ne peut cependant avoir lieu que le soir, en cas de veillée, vers 11 heures, si l'ouvrière habite le faubourg (1).

Examinons maintenant le taux des salaires.

Le rapport de M. du Maroussem nous annonce un salaire général de 3 à 4 francs, d'après un examen de 45 ateliers comprenant 500 ouvrières.

Voici à combien est estimé le salaire annuel dans les diverses catégories :

1° Ouvrières du noyau :

| | | |
|---|---|---|
| 260 à 280 jours de travail : | à 4 fr. — | de 1.040 à 1.120 fr. |
| | à 3 fr. — | 780 à 840 fr. |

(1) *La Petite industrie*, tome II, p. 515.

2° Ouvrières de la catégorie intermédiaire :

200 à 230 jours de travail : { à 4 fr. — de 800 à 920 fr.<br>
{ à 3 fr. — 600 à 690 fr.

3° Ouvrières supplémentaires :

160 jours de travail : { à 4 fr. — de 640 fr.<br>
{ à 3 fr. — 480 fr.

Ces différents chiffres, dit le rapporteur, nous permettent de déterminer ce que l'on pourrait appeler le *coefficient de réduction* du salaire journalier *apparent* qui permet d'arriver au salaire *réel*. « Nous recevons 4 francs par jour, disent les ouvrières, cela fait en réalité 3 francs, dimanches, fêtes et chômages déduits ».

1° *Ouvrières du noyau* :

Le coefficient est de 24 à 29 p. 100, c'est-à-dire qu'un salaire de 3 fr. et 4 fr. doit être abaissé de 24 à 29 p. 100 pour qu'on obtienne le salaire réel :

Soit : 2 fr. 13 ou 2 fr. 84.

2° *Ouvrières « intermédiaires »* :

Le coefficient est de 37 à 46 p. 100. Soit 1 fr. 62 ou 2 fr. 16.

3° *Ouvrières supplémentaires* :

Le coefficient est de 59 p. 100. Soit 1 fr. 27 ou 1 fr. 72.

Le rapporteur a soin de dire que ces salaires ne sont pas l'expression exacte de la réalité. Il a raison. Il y a d'abord une erreur capitale dans son estimation, pris *pour base dans les trois catégories* d'ouvrières le salaire uniforme de 3 à 4 francs. Le noyau, « l'intermédiaire » et la supplémentaire ont des salaires assez différents.

Voici quelques monographies d'ateliers qui montrent que les salaires journaliers au-dessous de 3 francs ne sont pas rares.

|  | | |
|---|---|---|
| Atelier n° 12 | 1 ouvrière 2 fr. | 75 |
| | 1 ouvrière 2 | 50 |
| Atelier n° 14 | 1 première 3 fr. | |
| | 1 ouvrière 2 | |
| | 1 ouvrière 1 | 50 |
| Atelier n° 15 | 1 première 3 fr. | |
| | 1 ouvrière 2 | 50 |
| | 1 ouvrière 1 | 50 |
| Atelier n° 18 | 1 ouvrière 4 fr. | |
| | 1 ouvrière 3 | |
| | 1 ouvrière 2 | 75 |
| | 1 ouvrière 2 | |
| Atelier n° 19 | 1 ouvrière 3 fr. | |
| | 1 ouvrière 3 | |
| | 1 ouvrière 2 | |
| | 1 ouvrière 2 | |
| | 1 ouvrière 2 | |
| Atelier n° 20 | 1 ouvrière 4 fr. | 50 |
| | 1 ouvrière 3 | |
| | 1 ouvrière 2 | 50 |
| | 1 ouvrière 2 | 50 |
| | 1 p^te main 1 | 50 |
| | 1 p^te main 1 | 50 |

Il est vrai que dans d'autres ateliers on voit des garnisseuses à 5 francs, 6 francs et même 7 francs. Mais tout le monde sait qu'il s'agit là d'une infime minorité. Les salaires ci-dessus sont les plus fréquents. Et si l'on cherche alors ce que M. du Maroussem appelle le *coefficient de réduction du salaire*, on constate généralement des salaires réels de 1 franc et au-dessous (1).

(1) Si l'on veut avoir une idée des bénéfices réalisés par les maisons de couture, il faut considérer la maison P. Fondée en 1891, la maison P. accusait cette année-là

Nous venons de voir la situation de l'ouvrière de la couture. Descendons encore et pénétrons dans un nouveau cercle de cet enfer industriel.

*La Confection.* — Rappelons que la confection est le procédé industriel qui consiste à fabriquer d'avance, par grandes quantités, le vêtement (manteaux, mantelets, pélerines, jaquettes, jerseys, etc.) tout ce qui recouvre le *costume* (jupe et corsage), mais que ce mot désigne aussi, accessoirement, ce qui s'applique au costume.

Rappelons que l'ouvrière travaille ici pour le compte d'un entrepreneur. On distingue les entrepreneurs qui dépendent des maisons de gros et les entrepreneurs qui dépendent des maisons de détail.

L'entrepreneur est tantôt un riche industriel qui agglomère son personnel dans un atelier,

comme profit net, déduction des frais généraux et du prélèvement du patron, 15.803 francs.

| | | |
|---|---|---|
| En 1892 elle accuse un bénéfice net de | 96.854 | francs. |
| En 1893. . . . . . . . . . . . . . . . | 315.828 | — |
| En 1894. . . . . . . . . . . . . . . . | 821.053 | — |
| En 1895. . . . . . . . . . . . . . . . | 1.470.994 | — |
| En 1896. . . . . . . . . . . . . . . . | 1.500.000 | — |

Aujourd'hui la maison P. est transformée en société anonyme au capital de 12 millions et demi.

Elle est la propriété de capitalistes anglais ; son siège social est à Londres.

tantôt un distributeur d'ouvrage, tantôt une ouvrière en chambre qui « fait travailler ».

Nous allons citer quelques exemples de cette exploitation effrénée, d'après les monographies de l'enquête officielle.

Dans une maison de gros, du quartier de la Bourse, où l'on confectionne des pèlerines, des peignoirs, des jaquettes et des jerseys *à l'atelier* et *au dehors*, nous relevons :

| | |
|---|---|
| 50 entrepreneuses (peignoirs, jaquettes et pèlerines). | aux pièces :<br>peignoirs : 0 fr. 25 à 0 fr. 40<br>jaquette extraforcée : 0 fr. 60<br>pèlerine astrakan doublée à 0 fr. 15 et 0 fr. 20. |

Ces entrepreneuses ou intermédiaires gardent pour elles de 0 fr. 05 à 0 fr. 10 par pièce. Elles donnent l'ouvrage à emporter à des ouvrières qui travaillent chez elles et peuvent gagner de 1 franc à 1 fr. 25 par jour.

| | |
|---|---|
| Entrepreneuses de jerseys | aux pièces :<br>jersey : 0 fr. 60<br>jersey ourlé : 0 fr. 45 |

Les boutonnières sont faites par des ouvrières spéciales qui gagnent de 0 fr. 90 à 1 franc par 100 boutonnières et emportent l'ouvrage chez elles. Leur gain par semaine peut atteindre de 15 à 20 francs environ.

A l'atelier de la même maison, une ouvrière presseuse gagne 2 fr. 50 par jour (elle remplace un ouvrier presseur qui gagnait 7 francs par jour), mais ne travaille que six mois de l'année.

Dans une fabrique collective du quartier de la Santé, où l'on fabrique des jaquettes et collets-dames confection pendant 6 ou 7 mois de l'année, le salaire total de chaque ouvrière est de 12 à 15 francs par semaine, en moyenne ; 6 francs par semaine en petite saison. Augmentation de 2 francs par semaine en cas de veillée L'ouvrière fournit le fil et les aiguilles (maximum 0 fr. 35 par jour, surtout lorsqu'il s'agit d'acheter des fils et cordonnets de couleur pour jaquettes fantaisie).

Dans une fabrique collective du quartier des Gobelins, 3 à 4 ouvrières aux pièces (par pièce 0 fr. 50, 0 fr. 75, 1 franc et 1 fr. 50 ; six mois de chômage) travaillent de 7 heures du matin à 7 heures du soir, quelquefois jusqu'à 1 heure du matin.

Dans le quartier Popincourt, une entrepreneuse de jaquettes pour dames occupe 12 à 13 ouvrières aux pièces (1 fr. 25 jaquette-dame, 0 fr. 50 jaquette-enfant). Une ouvrière produit environ 3 jaquettes-dames en deux jours, ou 3 jaquettes-fillettes par jour. Six moix de chômage ; travail de 7 heures du matin à 7 heures du soir.

Dans le quartier de Vaugirard, une entreprise de jerseys pour une maison de gros fait travailler ses boutonniéristes à 0 fr. 20 par 18 boutonnières, ce qui fait 9 à 10 francs par semaine.

Dans le quartier du Jardin des Plantes, une entreprise de jaquettes-dames occupe 12 ouvrières gagnant 1 franc à 1 fr. 50 par jour. Six mois de chômage ; travail de 8 heures du matin à 8 heures du soir.

On trouvera d'autres témoignages dans l'enquête officielle.

*Ce qui est incontestable, c'est que les salaires de plus de cinquante mille ouvrières parisiennes est au-dessous des nécessités d'existence.* Ce point est capital, d'abord au point de vue humain, ensuite au point de vue des fameuses lois économiques chères à M. Yves Guyot et à M. Leroy-Beaulieu.

D'après le témoignage des intermédiaires (entrepreneurs), le prix de façon qui leur est payé par les grandes maisons a diminué. Dans une enquête officielle (l'Enquête des 44), MM. Worth et Dreyfus soutiennent le contraire (ils font partie de la catégorie qui paie la façon aux entrepreneurs). On comprend l'intérêt de cette question : les grands couturiers rognant le prix de façon fait aux entrepreneurs, ceux-ci se rattrapent sur l'ouvrière en diminuant son prix de façon. De là ces salaires effrayants qui ont avili l'ouvrière moderne.

Interrogez n'importe quelle ouvrière âgée,

elle vous répondra que le prix de façon des jaquettes, des collets, des jerseys, a diminué considérablement (1).

Un indice de l'appauvrissement du salaire des ouvrières est donné, du reste, par ce fait que les entrepreneurs distributeurs d'ouvrage quittent le centre de la ville. « *Un tiers des ouvrières de la spécialité habite déjà la banlieue...* Le moindre prix va toujours à la recherche des moindres dépenses et de la vie rustique, aux exigences diminuées. »

Le gai rapporteur ! L'ouvrière chassée, par le salaire de famine, s'installe dans les quartiers pauvres pour rechercher « la vie rustique »...

L'examen des monographies d'ateliers dont nous avons parlé a conduit aux résultats suivants :

(1) « Si on compare les prix de façon de la jaquette confection soignée à 5 ou 6 francs et des jaquettes à bas prix, à 4 fr., 3 fr., 2 fr., 1 fr. 75, 1 fr. 50 et 1 fr. 25, il sera difficile de ne pas être frappé de la décroissance progressive de cet article, dont l'individualité paraît nette. En effet, la confection soignée représente toujours l'ancien prix. Parfois même abaissé. La jaquette petite mesure atteint 7, 8, 10 fr. ; la jaquette mesure, 12, 15, 20 fr. Comparez les prix de façon suivants, où la baisse s'accentue : collets, 3 fr., 2 fr. 50, 1 fr. 75, 1 fr. 25., 0 fr. 75 ; pélerines, 2 fr. 25, 1 fr., 0 fr. 90. » (*La petite industrie, Le Vêtement*, p. 658).

35 femmes à 1 fr. 50
50 — à 2 francs.
52 — à 2 fr. 25 et 2 fr. 50
75 — à 3 francs
17 — à 3 fr. 25 et 3 fr. 50
28 — à 4 francs, 4 fr. 25 et 4 fr. 50.
7 — à 6 francs.
1 — au mois.

294 femmes payées à la tâche : 0 fr. 80, 1 fr. 50, 2 francs, 2 fr. 50, et 4 francs par jour.

En se plaçant au point de vue du salaire annuel, le calcul de 160 jours de travail par an (catégorie la plus nombreuse, dit l'Enquête), on arrive à des salaires annuels de 240 francs à 960 francs.

Les ouvrières payées aux pièces atteignent 15, 16, 17, 18 et 20 francs parfois pour la semaine ; soit, pour un total de 26 semaines : 390, 416, 442, 494, 520 francs.

Ce qui signifie que les ouvrières de la confection, comme les ouvrières de la couture (et une foule d'autres que nous passons sous silence), n'ont qu'un salaire *d'appoint*, en supposant qu'elles aient un complément d'autre part.

Il y a une doctrine économique, soutenue principalement par les organisateurs des Cercles catholiques d'ouvriers, qui attribue la situation des ouvrières de l'aiguille et en général celle de tous les ouvriers — à... la Révolution française, coupable, dit-on, d'avoir anéanti les organisations professionnelles ou corporations (1).

Nous allons montrer que dans un pays où n'a pas servi « la griserie de destruction » de 1789, la situation des ouvrières de l'aiguille n'est pas différente de celle qu'on peut voir à Paris et en province.

Voici des renseignements pris en Allemagne par Johannes Timm (2).

Un ouvrier entrepreneur pour la confection des manteaux, habitant au Wedding (quartier pauvre situé au nord de Berlin), emploie pendant la saison quinze ouvrières, travaillant à domicile, qui gagnent 40 pfennigs (0 fr. 50)

(1) « La crise du métier artistique de l'aiguille va sévir dans toute son intensité à l'heure de la grande saturnale de sang : 89 avait été la griserie des destructions ; 93 devient celle des hécatombes : 89 ouvre l'abîme ; 93 l'emplit de cadavres. La population laborieuse en fournit le plus gros contingent, 30.000 au moins, en qualité de libérée de la Révolution. La France corporative, particulièrement pourvue de ce bienfait, représente les trois quarts de ces holocaustes. Les femmes en forment le tiers. Les couturières s'y trouvent en nombre imposant. » (G. Levasnier. *Le Syndicat de l'aiguille.*)

(2) *Das Sweating-system in der deutschen Konfektions-Industrie.* (Rapport présenté par Jean Timm, sur l'invitation du comité-directeur de la Fédération des tailleurs et tailleuses et des corporations similaires ; Flensburg, 1895, chez Holzhaeusser.)

pour deux façons de jaquettes. Quinze autres ouvrières sont employées pour la garniture et l'achèvement de chaque jaquette. Celles-là gagnent 50 pfennigs (0 fr. 62 1/2) par pièce. L'entrepreneur a reçu du patron qui lui a fait la commande 1 mark 60 (2 francs) pour chaque pièce terminée. Il en résulte que, en six jours de travail (une semaine), quinze ouvrières à façon livrent 180 pièces à 40 pfennigs = 72 marks, soit 90 francs.

Quinze ouvrières garnissent et terminent ces façons ; elles gagnent par pièce 50 pfennigs (6 fr. 25) = 90 marks, soit 112 fr. 50.

Le rabatteur gagne par semaine 21 marks, soit 26 fr. 25.

Ainsi l'entrepreneur paie par semaine :

90 + 112,50 + 26,25 = 228,75.

Il reçoit du patron, pour ces 180 pièces, à 1 mark 60 (2 francs) par pièce, 288 marks, soit 360 francs, son profit s'élève donc à 360 — 228,75 = 131,25 par semaine.

D'après le calcul le plus exact, il reste généralement aux entrepreneurs un bénéfice de 21 0/0 (1).

(1) *Drukesacher der Commission für Arbeiterstatistik Verhandlung* n° 10. *Protokoll über die Verhandlung der Commission für Arbeiterstatistik von 14-17 und 20-21 april 1896, und die Vernehmung von Auskunftspersonen über die Verhandlangen in der Kleide. Konfection*, Berlin,

Les ouvriers qui travaillent dans l'atelier de l'entrepreneur, pour la confection d'habits et de paletots, y sont souvent logés et nourris et payés à la semaine.

Un procès parfois révèle des choses sinistres. Le 3 mars 1894, une couturière intentait une action devant le conseil des prud'hommes, contre un entrepreneur qui lui avait retenu injustement le salaire dû pour la confection de *cinq costumes de garçons*. L'objet du litige s'élevait à 1 mark 25 (1 fr. 25) au total.

Un entrepreneur gagnant de 25 à 40 pfennigs (0 fr. 3125 à 0 fr. 50) pour un costume de garçon donne de 15 à 20 pfennigs (0 fr. 18 à 0 fr. 25) aux ouvrières travaillant à l'atelier, et de 20 à 25 pfennigs (0 fr. 25 à 0 fr. 3125) à celles qui travaillent à domicile : et s'il gagne 70 à 90 pfennigs (0 fr. 875 à 1 fr. 125) pour la confection de pantalons, il donne à ses ouvrières de l'atelier de 30 à 35 pfennigs (0 fr. 375 à 0 fr. 4375), et de 35 à 40 pfennigs (0 fr. 4375 à 0 fr. 50) à celles qui travaillent à domicile.

Une ouvrière habile fait, dans une journée de 15 heures, 5 pantalons à 20 pfennigs (0 fr. 25). Sur ce salaire, l'ouvrière à l'atelier est obligée

C. Heymann, 1896. — Travaux de la Commission de statistique ouvrière, est, avec les oppositions de gens du métier sur les conditions de l'industrie de la confection.

d'acheter le fil à coudre (pour un pantalon 0 fr.03125 à 0 fr. 0375) et l'ouvrière à domicile a encore à payer en sus le fil de la machine.

La situation la plus misérable est celle des ouvriers et ouvrières qui travaillent dans la confection des manteaux, si florissante à Berlin. Le salaire normal d'une ouvrière habile varie de 8 à 10 marks (10 à 12 fr. 50) par semaine : il faut compter de 5 à 6 marks (6 fr. 25 à 7 fr. 50)pour une ouvrière ordinaire et, pour une débutante, de 2 à 3 marks (2 fr. 50 à 3 fr. 75 par semaine).

Ici, il faut distinguer deux espèces d'ouvriers : l'apiéceur (repasseur) et la piqueuse. Le maniement du fer à repasser est fatigant et nécessite une constitution robuste ; la santé de l'apiéceur souffre beaucoup de la dépense de force musculaire qu'occasionne le maniement d'un carreau du poids de 20 à 24 livres : l'atelier est rempli d'air chaud et de vapeur malsaine. Le salaire de l'apiéceur s'élève de 18 à 24 marks (22 fr. 50 à 30 francs) par semaine ; quelquefois son travail est payé à la pièce. Une piqueuse gagne de 7 à 12 marks (8 fr. 75 à 15 francs) par semaine ; pendant la morte-saison, l'entrepreneur réduit proportionnellement ses salaires. La piqueuse payée à la pièce gagne, suivant qualité, de 5 à 25 pfennigs, 0 fr. 0624 à 0 fr. 3125, par pièce.

Quelle est donc la vie d'une ouvrière à Berlin ? Elle est assez semblable à celle d'une Parisienne ou d'une Lyonnaise. Ecoutons Mme Oda Olberg :

L'ouvrière se lève à quatre heures du matin, prépare son café et travaille jusqu'à 7 h. 1/2, puis elle se rend à l'atelier de l'ouvrier-entrepreneur, où elle se met à un travail qui ne cessera même pas à l'heure du repas. Ce repas consistera en beurrées rapidement mangées tout en cousant : à dix heures du soir seulement, elle retourne chez elle, emportant les pièces non terminées, pour y travailler le lendemain et quelquefois même le dimanche. Arrivée à la maison, elle prépare une soupe maigre, mais souvent elle est tellement exténuée, qu'elle va immédiatement se coucher, sans avoir rien pris, dans une misérable chambre dont le loyer est de 9 marks, ou 11 fr. 25 par mois.

Le dimanche même, elle ne peut ni se promener, ni se reposer, car, si elle a terminé sa tâche, il lui faut encore mettre tout en ordre au logis et réparer ses vêtements. En travaillant en moyenne douze heures par jour dans l'atelier, elle gagne par semaine 9 marks 6 pfennigs (12 francs) ; si elle est payée à la pièce pour faire des vêtements sur mesure, elle gagne jusqu'à 16 marks (20 francs). Le salaire des piqueuses est encore plus bas ; elles ne gagnent dans la morte-saison que 5 à 6 marks (6 fr. 25 à 7 fr. 50) par semaine, en travaillant

12 heures par jour, et en ne cessant pas le travail aux repas (1).

## Le travail à domicile.

On connaît tous les lieux communs relatifs aux avantages du travail à domicile : la femme peut travailler chez elle sans que le ménage en souffre, sans que les enfants pâtissent, sans que sa moralité et sa dignité soient offensées. Malheureusement toutes ces belles phrases de philosophes mondains et de philanthropes intéressés sont démenties par les résultats désastreux de ce genre de travail.

Nous avons déjà donné des preuves de cette exploitation inouïe, en produisant le salaire des travaux à la tâche dans les « fabriques collectives » de Paris. En voici de nouvelles relevées dans la ville de Lyon par M. Bonnevay, avocat à la Cour d'appel de Lyon.

L'ouvrière *chenilleuse* d'habileté moyenne peut faire 500 mouchetages à l'heure. Le mouchetage est payé par l'entrepreneuse à l'ouvrière à raison de 0 fr. 18 à 0 fr. 20 le mille. Pour 12 heures de travail le salaire sera donc de 1 fr. 08 à 1 fr. 20. La mère de famille qui a des

(1) Voir *Bulletin du Musée social*, série A. 10.

enfants à soigner et son ménage à faire, ne travaillant que huit heures par jour, n'arrivera qu'à un salaire de 0 fr. 72 à 0 fr. 80. Deux mois de morte-saison pendant laquelle la production est restreinte de moitié, ce qui ramène le salaire annuel à 200 francs environ. Tel est le prix de l'ornement des voilettes !

*L'ouvrière découpeuse.* Le découpage consiste à découper aux ciseaux dans le tulle les bordures sinueuses de la dentelle en en suivant le dessin. Il est payé 0 fr. 01, 0 fr. 02, 0 fr. 03 le mètre, suivant l'article. De l'article qui lui est payé 0 fr. 01, l'ouvrière peut découper 75 mètres par jour ; de l'article payé 0 fr. 02, elle pourra encore découper 65 mètres ; mais elle ne dépassera pas 50 mètres sur les dentelles dont le découpage est payé 0 fr. 03. Ce qui représente des journées respectives de 0 fr. 75, 1 fr. 30, 1 fr. 50 :

*La pointonneuse.* Le pointonnage consiste à coudre un pointon (petite résille fine) tout le tour de la dentelle. Voici les salaires obtenus par quatre ouvrières :

Pour la 1re ouvrière, le salaire de trois mois était de 38 fr. 51 : pour douze mois il s'élèverait donc à 154 fr. 04.

Pour la 2e ouvrière, en trois, mois, il était de 68 fr. 32, ce qui, en douze mois, représentait 273 fr. 28.

Pour la 3e, en cinq mois il était de 108 fr. ; en douze mois de 259 fr. 20.

Pour la 4e ouvrière, le salaire de six mois est de 170 fr. 68, son salaire annuel sera donc de 341 fr. 39.

Le salaire moyen annuel des ouvrières travaillant sur les dentelles, en 1895 (il a plutôt diminué depuis), a donc oscillé entre 150 et 350 francs, chiffre maximum.

*Culottières et giletières.* La façon d'un pantalon en drap est payée 0 fr. 50 ; une bonne ouvrière en fait trois dans sa journée. Le salaire moyen de la culottière et de la giletière oscille entre 1 fr. 50 et 1 fr. 85.

La machine nécessaire pour le montage du gilet ou du pantalon vaut deux cent cinquante francs (10 à 15 francs de réparations par an).

Enfin, la culottière qui fait le pantalon treillis pour fournisseurs militaires n'est payée qu'à raison de 0 fr. 15 le pantalon. Elle en fait environ 6 en 12 heures, soit 0 fr. 90 par journée de 12 heures ! La patrie a des exigences.

*L'ouvrière en résilles.* Ce travail consiste à retirer des mailles, de distance en distance, certains fils, et à les remplacer par des fils élastiques. Ce travail est payé à raison de 0 fr. 40 les douze douzaines !

L'ouvrière qui achève trois douzaines en une heure gagne donc 0 fr. 10 l'heure.

Les ouvrières sont concurrencées par des enfants de 8 à 12 ans...

*Lingères.* La *monteuse* de chemises fines gagne 1 fr. 25 à 1 fr. 75 par jour. La *finisseuse* reçoit 0 fr. 50 à 0 fr. 60 par chemise ; il lui faut travailler 12 heures pour en achever deux. Salaire moyen, 0 fr. 90 à 1 fr. par jour. Sa machine lui coûte plus de 200 francs.

*La boutonniériste* est payée à raison de 0 fr. 40 les 36 boutonnières. Elle en fait 10 à l'heure en travaillant bien : salaire 1 fr., 1 fr. 20 par jour.

*La brodeuse*, très habile, gagne 50 francs par mois si elle a du travail autant qu'elle en peut faire.

*L'ouvrière cravatière.* Autrefois l'ouvrière cravatière gagnait 7 et 8 francs. La petite cravate noire large d'un centimètre est payée 0 fr. 25 la douzaine ; l'ouvrière en fait trois douzaines en un jour, soit 0 fr. 75 en dix heures ! Certaines ouvrières réduites à faire des pans de cravate « régate » sont payées 0 fr. 25 les 24 pans. Travaillant dix heures, elle fait tout juste 60 pans par jour ; salaire de journée, 0 fr. 62. Les beaux plastrons payés 7 et 8 francs par l'acheteur sont payés 2 fr. 50 la douzaine à l'ouvrière.

Toutes les cravatières ont besoin d'une

machine qui leur coûte 200 francs (10 à 15 fr. de réparations par an) !

*L'empailleuse de chaise.* Une empailleuse fait une chaise en 4 ou 5 heures ; la façon lui en est payée 1 fr. 40. Mais elle doit, à ses frais, fournir la paille nécessaire. Pour une chaise il en faut une livre et comme la paille lui coûte 1 fr. 40 le kg. en paille blanche, 2 fr. en paille de couleur, elle n'a pour salaire réel que : 1 fr. 40 — 0 fr. 70 = 0 fr. 70 si elle fait une chaise avec paille blanche ; 1 fr. 40 — 1 = 0 fr. 40, si elle a dû employer de la paille de couleur, 6 mois de chômage.

Nous abrégeons cette énumération sinistre.

M. Bonnevay a dressé un tableau des salaires de 45 professions à domicile. Le salaire moyen net (en tenant compte de l'amortissement des machines, de leurs réparations et de la morte-saison dans chaque profession), atteindrait 390 francs par an (1).

Quelle est la cause principale de ces salaires révoltants ? *la surabondance des bras inoccupés.* C'est parce qu'il y a une population ouvrière disponible considérable que l'employeur ou l'entrepreneur peut acheter la main-d'œuvre au rabais. Tous ceux qui font travailler moyennant

(1) *Les Ouvrières lyonnaises travaillant à domicile*, par L. Bonnevay.

ces salaires infimes profitent — sciemment ou à leur insu, peu importe — de la misère des sans-travail.

Les femmes *non-classées*. — C'est le nom donné par M. d'Haussonville aux « femmes, ou plutôt aux jeunes filles, qui, nées dans un milieu populaire, ont fait effort pour s'élever au-dessus sans y avoir encore réussi, et qui oscillent, incertaines de leur avenir, entre la condition qu'elles ont quittée et celles qu'elles n'ont pu encore attindre ». (1).

Etant données les conditions du travail manuel (salaires et chômage) que nous avons brièvement analysées dans quelques professions importantes, on ne s'étonnera pas de voir augmenter la catégorie des femmes *non-classées*.

A la fin de l'année 1898, le chiffre des demandes d'emploi dans une école du département de la Seine était si énorme (dit une note administrative communiquée à M. d'Haussonville) qu'il a été nécessaire d'opérer une sélection. Le résultat a été de ramener le chiffre des postulantes à 1014. Du 1er janvier 1899 au 1er octobre il fut pourvu à 193 emplois. Ces privilégiées auront donc en moyenne cinq ans à attendre pour être pourvues d'un emploi. Quant aux

(1) Voir *Salaires et Misères de femmes*, par le comte d'Haussonville, spécialement consacré aux ouvrières de l'aiguille, mais très incomplet.

autres, celles qui ont été éliminées définitivenemt, leur nombre dépassait *sept mille*.

Naguère un concours avait été ouvert par l'administration des Postes et des Télégraphes. Le chiffre des admissions était par avance limité à deux cents. Il y eut cinq mille demandes.

On sait que les grands établissements financiers recrutent de préférence, aujourd'hui, un personnel féminin. Ainsi font le Crédit Lyonnais, le Comptoir National d'Escompte, la Société Générale, la Banque de France, qui réalisent ainsi des économies sur les salaires.

Les Compagnies de chemins de fer, suivent autant que possible, la marche progressive de la substitution de l'employée à l'employé. Les postulantes se présentent par milliers. Les nominations se font par série de 8 ou 10 afin de ne pas brusquer la transition.

### Le travail de nuit.

Vous savez que le travail de nuit, dans les ateliers de couture à Paris et dans les grandes villes, c'est ce qu'on appelle la veillée, c'est-à-dire un travail qui commence après sept heures et demie du soir, et se continue jusqu'à onze heures, minuit, une heure du matin... A sept heures ou sept heures et demie, au moment où les ouvrières vont quitter l'atelier, on annonce qu'il y aura veillée ; on n'a pas été prévenu auparavant ; très souvent on a déjà le chapeau sur la tête. On a un quart d'heure pour prendre un petit repas, ce qu'on appelle le goûter, et pour le prendre à l'atelier !

Une des ouvrières descend, va acheter du chocolat, du pain, ou de la charcuterie, et hâtivement, quelquefois tout en travaillant, on mange ce goûter qu'on a payé de sa poche, puis on travaille jusqu'à onze heures, onze heures et demie, minuit. Alors il faut s'en aller... S'en aller, comment ? pour aller où ? Les ouvrières demeurent à trois quarts d'heure, une heure de chemin, quelquefois plus... Il y en a qui préfèrent ne pas s'en aller du tout. Alors elles passent la nuit là. Y a-t-il des dortoirs, des matelas par terre. Non, elles sont libres de passer la nuit sur une chaise. Le lendemain le travail recommence à la même heure. Quand on arrive en retard — on a cinq minutes de grâce, quelquefois un peu plus — la porte est fermée et la demi-journée est perdue jusqu'à midi...

Pour celles qui partent, comment s'en vont-elles ? L'omnibus ne passe plus ; il faut prendre une voiture et la payer, car il est fort rare que la maison la paye. Quand on n'en trouve plus, il faut s'en aller à pied, faire une heure de chemin. Ce sont souvent des jeunes filles de dix-huit, dix-sept, de seize ans même.

Savez-vous ce qu'elles nous ont dit ? — Nous ne pouvons pas invoquer la protection des gardiens de la paix. Ils nous répondent que les filles honnêtes ne courent pas les rues à cette heure-là.

Pendant qu'on travaille, il a fallu se soutenir un peu ; on l'a fait avec du café noir, qui est sur la table, et dont on puise des cuillerées afin de se maintenir éveillé. Quand on rentre à la maison, le feu n'est pas allumé, ou il est éteint ; le dîner est froid ; la plupart du temps, il est arrivé ce que vous savez bien : la fatigue de l'estomac a fait passer l'appétit ; on aime mieux ne pas dîner.

Et pendant ce temps-là, pour celles qui sont mariées, que fait le mari ? Il s'est lassé d'attendre, il est allé au cabaret ; il y reste un peu d'abord, davantage ensuite ; peu à peu il en a pris l'habitude, il a déserté le foyer désert (1).

A ces paroles émouvantes et clairvoyantes, ajoutons des faits.

Jetons un coup d'œil chez nos voisins, et voyons si ces formes diverses d'exploitation, nuits, veillées, etc., sont particulières à la France.

En Autriche, la loi du 8 mars 1885 incorporée au règlement industriel de 1895 marque l'origine dans ce pays des lois de protection ouvrière.

Par rapport à l'occupation des ouvriers mineurs (le § 93 appelle ainsi les ouvriers au-dessous de 16 ans), le § 95 dit :

Il est défendu d'employer régulièrement, à des

(1) Discours de M. Albert de Mun à la Chambre des Députés, le 2 février 1891.

occupations industrielles, les ouvriers mineurs pendant la nuit, c'est-à-dire entre 8 heures du soir et 5 heures du matin.

Cependant le ministre du commerce, de concert avec le ministre de l'intérieur, est autorisé à accorder des permissions exceptionnelles à certaines catégories d'industries ; pour des raisons de climat ou autres circonstances importantes, il peut changer, par la voie administrative, les limites fixées plus haut pour le travail de nuit, et même autoriser, d'une façon générale, le travail de nuit des ouvriers mineurs.

Or, veut-on savoir dans combien de cas cette autorisation peut être accordée aux industriels ?

Parmi les industries réclamant le travail de nuit pour des raisons techniques, dit le docteur Nicolas Kuzmany, de Graz, il faudrait compter les suivantes : hauts fourneaux, fabrication d'acier Bessemer et Martin, fours à puddler et laminoirs, fabriques de chaux, de ciment et de plâtre, de magnésie, en tant qu'il s'agit de la calcination et du tirage des matières brutes, le service des fourneaux dans les tuileries, l'industrie de la poterie et la production des pointes de charbon pour l'éclairage électrique ; les forges, les hauts-fourneaux des cuivreries, des fabriques de laiton blanc et d'émail ; les fabriques de fibres de bois, de papier et de cellulose ; les moulins à blé, les malteries et les brasseries, les fabriques de sucre, de raisin et de mélasse, les sécheries de chicorée, de betteraves, de fruits, les fabriques de conserves, les fabriques de levain ; les fabriques de glace artificielle, les fromageries, et en été aussi, quelques boucheries ; les fabriques de produits chimiques, les fabriques d'engrais artificiels et les raffineries d'huiles minérales ; les entreprises de construction surtout lorsqu'il y a lieu de redouter des inondations ; les centres de force motrice d'éclairage et de chauffage...

C'est dans l'industrie de la confection et des articles de modes, dans l'industrie du livre, dans la fabrication des cartonnages, dans la fabrication des sucreries et dans les industries du commerce, que le travail de nuit *de saison* joue un rôle très considérable... (1).

Veut-on savoir maintenant les industries dans lesquelles on emploie la femme ? On va voir que la plupart sont les mêmes que les précédentes, c'est-à-dire celles où le travail de nuit apparait comme une nécessité économique.

Dans la métallurgie, on trouve actuellement des ouvrières et des manœuvres : pointières (fabrication de la fonte et du fer), tréfileuses (aciérie), tailleuses de limes (souvent à domicile, comme dans le Tarn, où une aciérie de 700

(1) *Le travail de nuit en Autriche*, rapport présenté par le Dr Kusmany au Congrès international pour la protection légale des travailleurs (25 au 28 juillet 1900).

chevaux-vapeur fait travailler 43 tailleuses de limes à domicile) ; des ouvrières employées à l'étamage, à la galvanisation, au plombage (fabrication de tôles et fers-blancs) ; des ouvrières travaillant à la transformation du plomb et de l'étain (comme dans une usine de l'Yonne où on compte 125 de ces ouvrières, 23 garçons et 15 fillettes sur un personnel de 266 salariés) ; des laveuses de cendres (fonderie de minerais de plomb argentifère) ; les étameuses, les boulonneuses, les botteleuses, les emballeuses et les refrappeuses des forges ; les ouvrières de la visserie ; les conductrices de machines-outils (celles, par exemples, d'une fabrique de scies d'acier laminé du Doubs au nombre de 130), les taraudeuses de la boulonnerie ; les gratteuses des fabriques de faux ; les ouvrières de la clouterie mécanique : chaînetières, cloutières, démêleuses ; les ouvrières des fabriques d'épingles et d'aiguilles ; celles de l'acier poli ; les ouvrières de la serrurerie : moireuses, fendeuses, polisseuses, découpeuses emballeuses ; les ouvrières des fabriques de bouclerie et de cuivrerie ; celles de la quincaillerie (une usine du Haut-Rhin en comptait 112 sur un personnel de 203 salariés) ; les conductrices de machines-outils dans la grosse quincaillerie ; les ouvrières des fabriques de coutellerie (monteuses, émouleuses, mancheuses, viroleuses, etc.) ; les lingères des constructions navales ; les ouvrières et les manœuvres des grandes fonderies de fer (mouleuses, râpeuses, fileuses de foin, emballeuses, etc.) ; les femmes manœuvres des grandes constructions de machines-outils (une seule usine de la Côte-d'Or en compte 48) ; les ouvrières de la sellerie et de la peinture appartenant aux constructions du matériel de chemins de fer, les femmes manœuvres des fabriques de roues et fraises pour horlogerie (88 sur un personnel de 115 dans une usine de la Haute-Savoie) ; les ouvrières des fonderies de cuivre ; les ouvrières de la quincaillerie en cuivre et du laminage en laiton ; les récureuses et les polisseuses de la chaudronnerie ; les tourneuses, les guillocheuses, les enchaîneuses et les enfileuses des fabriques d'objets religieux ; les ouvrières des fabriques de jouets en métal ; les ouvrières des fabriques d'instruments d'optique, les lunetières ; les conductrices de machines-outils des fabriques d'horlogerie ; les ouvrières de la tréfilerie d'or, de la bijouterie ; les brunisseuses d'or et d'argent.

Ajoutons à cette énumération concernant la métallurgie, les ouvrières des pierres précieuses : les polisseuses et tailleuses de diamants ; les polisseuses de la marbrerie.

On voit donc l'importance de la main-d'œuvre féminine dans la seule métallurgie et combien le travail de nuit peut les atteindre.

Nous interrompons cette énumération, bien qu'elle présente un haut intérêt social. Ajoutons néanmoins quelques industries importantes où la femme concurrence l'homme : les fabriques de bouteilles et, en général, la verrerie, la cristallerie, la glacerie, la gobeletterie (guillocheuses, biseauteuses, polisseuses, tailleuses, etc.), les graveuses sur verre fin ; les fabriques d'émaux sur cuivre ; la verrerie d'art (coupeuses, fletteuses, rebrûleuses, brunisseuses, graveuses) ; la minoterie, la confiserie, etc., etc. Or, un grand nombre de ces industries sont signalées comme faisant du travail de nuit (1).

Dans les filatures de laine peignée, l'interdiction d'introduire des filles et femmes mineures dans les équipes de nuit a provoqué des plaintes assez vives de la part des fabricants.

Le rapport de l'Inspection centrale du travail de 1895 (en Autriche) caractérisait de la manière suivante les difficultés rencontrées par

(1) La femme est aussi utilisée dans les industries suivantes : la fabrication des jouets, la ganterie, la pelleterie, la chapellerie, les usines de produits chimiques, les raffineries d'huile et de matières grasses, la maroquinerie et le cartonnage, les fabriques d'ouate et de paillassons, les fabriques d'écorce, le découpage sur bois, le nettoyage des duvets, la photographie, la lithographie, les fabriques de colle et de gélatine, etc., etc.

les industriels dans l'application de cette mesure :

C'est particulièrement aux opérations préparatoires de la filature que sont employées les femmes protégées, dont une faible proportion seulement ont atteint l'âge de 18 ans.

Lorsque des commandes importantes, exécutées en vue de l'exportation, nécessitent une activité plus grande dans l'usine, on est forcé d'abord de mettre en marche, le jour seulement, des machines dites de préparation, tenues en réserve ; mais quand les offres sont plus considérables et les acheteurs plus pressés, il faut parfois continuer le travail, la nuit, avec le personnel féminin attaché à ces machines. Or, dans la situation actuelle, le nombre des ouvrières âgées de plus de 21 ans est absolument insuffisant dans l'arrondissement de Verviers pour les périodes de forte production. Il en résulte donc qu'à certains moments pour permettre à la production de suivre les commandes, il faudrait pouvoir employer la nuit quelques filles ou femmes de 18 à 51 ans. Cet emploi peut, il est vrai, être autorisé temporairement par le gouverneur, mais les autorisations sont obtenues difficilement.

La conséquence de cette sévérité a été que, pour permettre à des filles ou femmes de 18 à 21 ans de travailler toujours pendant le jour, des femmes mariées travaillent constamment pendant la nuit, au lieu de travailler alternativement une semaine le jour, l'autre semaine la nuit.

Et l'Inspection concluait en appuyant une pétition des industriels de la région tendant à ce que l'âge d'admission des femmes au travail de nuit fût abaissé à 18 ans.

Autant dire que fillettes et enfants continuaient de travailler la nuit.

Quant à l'application des dispositions légales relatives au travail de nuit, on sait qu'elles ne peuvent guère inquiéter les industriels et les fabricants. Ils ont intérêt à payer des contraventions plutôt que de se passer du travail nocturne.

En Autriche, les derniers rapports des inspecteurs du travail, pour l'année 1899, comptent 91 cas d'emploi illégal pour le travail de nuit, d'enfants, de jeunes ouvrières et de femmes ; le chiffre, dit M. Kusmany, très probablement ne comprend pas toutes les contraventions de ce genre, s'étendant à une totalité de 95 personnes du sexe masculin et 558 personnes du sexe féminin. Le nombre des personnes employées illégalement pour le travail de nuit dans les diverses industries, est indiqué par le tableau de la page suivante :

On voit la proportion énorme des femmes employées illégalement la nuit.

L'enquête autrichienne de 1896, sur le travail de nuit, rapporte que des brodeuses, des couseuses de chapeaux, des plumassières, etc.,

PERSONNES EMPLOYÉES ILLÉGALEMENT POUR LE TRAVAIL DE NUIT (AUTRICHE)

| GENRES D'INDUSTRIES | JEUNES OUVRIERS employés dans des établissements n'ayant pas caractère de fabrique | | JEUNES OUVRIERS et Femmes employés dans des établissements ayant caractère de fabrique | |
|---|---|---|---|---|
| | Masculin | Féminin | Masculin | Féminin |
| Pierres, terres, argiles, verre......... | » | » | » | 14 |
| Travail des métaux. | » | » | » | 4 |
| Fabrication de machines, appareils, instruments et moyens de transports............. | » | » | 1 | » |
| Bois et produits sculptés.............. | » | » | 2 | 9 |
| Cuirs, peaux, poils et plumes ........ | » | 3 | » | » |
| Textile............ | » | » | 14 | 82 |
| Vêtements et modes | 18 | » | » | » |
| Papiers............. | » | » | » | 403 |
| Alimentation ....... | 51 | » | » | » |
| Hôtelleries ......... | 2 | » | » | » |
| Industries chimiques | » | » | » | 37 |
| Industries graphiques ............ | » | » | » | 6 |
| Industries commerciales ............ | 7 | » | » | » |
| Total........ | 78 | 3 | 17 | 555 |

travaillent jusqu'à 2 et 3 heures du matin. Les femmes travaillant dans la fourrure, les passementières, les blanchisseuses, les ouvrières en parapluies et ombrelles, les gantières, les cravatières, les chemisières subissent le même sort. Toutes ont affirmé qu'en conséquence de la fatigue, le travail de nuit ne leur rapporte que les trois quarts ou les quatre cinquièmes du salaire qu'elles obtiennent le jour. Les fleuristes, les monteuses de guirlandes de fleurs et les cartonnières souffrent aussi d'un travail de nuit très étendu pendant la saison.

Tous ces exemples pris intentionnellement à l'étranger prouvent que, dans leur ensemble, les conditions du travail ne sont pas moins meurtrières au delà des Alpes qu'en deçà. La forme du gouvernement ne change pas les conditions d'exploitation. L'empire d'Autriche et celui d'Allemagne, le royaume d'Angleterre et la République française sont identiques au point de vue de l'exploitation de la femme par l'homme et de l'homme par l'homme.

En France, la loi du 2 novembre 1892 interdit, *en principe*, le travail de nuit aux enfants et aux femmes, mais cette mesure est si difficilement applicable que l'article 4 de la même loi fait une restriction qui équivaut à l'autorisation : elle a exceptionnellement autorisé le travail de nuit entre 4 heures du matin et 10 heures du soir, quand il est réparti entre deux postes d'ouvriers ne travaillant pas chacun plus de neuf heures coupées par une heure de repos (1).

(1) D'après la loi du 30 mars 1900, l'organisation du

L'article 4, § 4, permet d'occuper les femmes et les filles âgées de plus de 18 ans jusqu'à 11 heures du soir, pendant soixante jours par an, à condition que la durée de la journée ne dépasse pas douze heures

Certains établissements sont autorisés à déroger d'une façon permanente à l'interdiction du travail de nuit.

Les femmes et les enfants sont occupés dans les usines à feu continu et par conséquent y travaillent la nuit.

Les industries où les contraventions ont été le plus nombreuses sont, par ordre de fréquence : modes, confections, couture, lingerie, fabriques de fécule, tissages de coton, moulinages de soie, confiseries, fabriques de chocolat, imprimeries, verreries et cristalleries, blanchisseries.

Le droit d'octroyer diverses tolérances et de lever certaines interdictions concernant le travail de nuit, la durée du travail et le repos hebdomadaire a été concédé à l'inspecteur divisionnaire du travail. Les industries où les autorisations ont été les plus nombreuses sont : les confections, la couture, la lingerie pour

travail *par relais* est interdite sauf pour les usines à feu continu et les *établissements qui seront déterminés par un règlement d'administration publique*.

femmes et enfants, la blanchisserie de linge fin, les fabriques de conserves, les imprimeries, c'est-à-dire des industries où les femmes sont nombreuses ou en majorité.

Dans le département de la Seine, l'enquête de l'Office du travail a révélé 16 établissements où la production est continue (jours et nuit). Ces établissements appartiennent à la catégorie des produits alimentaires, des industries chimiques, du travail des pierres et terres à feu, où la proportion des femmes est considérable.

L'enquête a révélé 19 établissements où se pratique le travail de nuit sans que la production soit continue, et 70 établissements où le travail de nuit est occasionné par des heures supplémentaires. Ces derniers se répartissent ainsi :

| | | | |
|---|---|---|---|
| Produits alimentaires | 10 | Ferronnerie, etc | 2 |
| Industries du livre | 3 | Cuirs et peaux | 2 |
| Tissus et étoffes | 9 | Caoutchouc, papier | 1 |
| Chaudronnerie, fonderie en fer, construction mécanique | 16 | Gros ouvrages en bois | 3 |
| Métaux divers | 4 | Ebénisterie, tabletterie | 4 |
| Métaux nobles | 6 | Canalisation, construction en pierre | 5 |
| Travail des pierres et terres au feu | 3 | Manutention et transport | 1 |

On remarquera que la plupart de ces industries comprennent encore une proportion considérable de femmes, sauf les quatre dernières.

Ces heures supplémentaires se prolongent au

delà de neuf heures du soir, ou sont faites avant cinq heures du matin. On l'a observé pour 15 0/0 des établissements, dont l'effectif moyen est de 150 ouvriers pour l'ensemble des établissements visités.

Il est à remarquer que, dans la plupart des cas, le travail de nuit n'est pas mieux payé que le travail de jour.

Sur l'ensemble des établissements, dit l'enquêteur, où est pratiqué le système des heures supplémentaires, 67, c'est-à-dire 18 0/0 seulement, en payent tout ou partie à un taux supérieur à celui des heures ordinaires. En fait, le taux n'est généralement plus élevé qu'à partir d'une certaine heure du jour.

Voilà pour le département de la Seine.

En province, les usines à marche continue sont proportionnellement plus nombreuses. Elles se rencontrent surtout dans les groupes suivants : mines, produits alimentaires, industries chimiques, métallurgie et verrerie, où la proportion des femmes est considérable.

Sur l'ensemble des établissements visités, on a dénombré 441 usines et fabriques où l'on travaille jour et nuit (95 établissements de produits alimentaires, 85 industries chimiques, 53 fabriques de caoutchouc et papier, 61 mines, combustibles, métallurgiques et diverses, 46 usines de terres et pierres au feu, etc.). On a dénombré 57 établissements où l'on travaille la nuit complète, tout ou partie du temps de production, sans que la production soit continue. Enfin a on dénombré 93 établissements (7 de l'Etat) où le travail de nuit est occasionné par des heures supplémentaires.

On devine que ces chiffres sont des approximations par défaut. En réalité les fabriques où l'on travaille la nuit d'une manière intermittente sont beaucoup plus nombreuses. Et il va sans dire que les ouvrières forment une partie très grande de ce personnel nocturne.

Quant aux heures supplémentaires, on a observé 324 établissements (94 de l'État) où l'on en fait à des époques régulières ; l'effectif s'élevait à 86.186 salariés.

On a relevé 624 établissements (51 de l'État) où l'on fait des heures supplémentaires à toute époque, suivant les besoins ; l'effectif s'élevait à 146.864 salariés.

Le nombre d'établissements où la durée maxima du travail journalier, y compris les heures supplémentaires, a dépassé 12 heures, sans excéder 14 heures, s'est élevé à 229 ; celui où il a dépassé 14 heures, 47.

Au sujet de la veillée, le rapport de la Commission du travail de 1897 dit que cette question vise plus particulièrement la couture et la confection pour dames (317 contraventions en 1898 pour cette industrie seule, sur 687 constatées pour l'ensemble des industries sur tout le territoire).

M. Laporte, inspecteur divisionnaire, déclarait au Congrès pour la protection des travailleurs (1900), que les couturières et les modistes ne sont pas libres de travailler à leur heure. Elles ne peuvent pas choisir leur moment. Elles attendent les commandes que fait la clientèle. Or, cette clientèle est implacable :

Quand une femme commande une robe ou un chapeau, elle veut l'avoir le lendemain ou le surlendemain. Il n'y a qu'une ressource, c'est de passer la nuit. Grâce au subterfuge du travail de nuit toléré jusqu'à 11 heures, on travaille jusqu'au lendemain. A la veille du Grand Prix, le travail se poursuit nuit et jour, sans interruption.

Dans certains cas, le travail de nuit paraît être un avantage pour l'ouvrière :

Ceux qui demandent l'interdiction du travail de nuit des femmes, déclarait Mlle Schirmacher au Congrès précité, sont très souvent des ouvriers qui ne visent qu'un but, supprimer une concurrence qui les gêne.

C'est pour cela sans doute que le Congrès international des Œuvres et Institutions féminines (réuni à Paris du 18 au 23 juin 1900) a demandé la suppression de toute mesure d'exception à l'égard de la femme en matière de travail, c'est-à-dire réclamé pour la femme la liberté du travail la nuit.

Ce n'est pas seulement dans la mode, la couture et la typographie que le travail de nuit des femmes est une loi de la production, c'est aussi dans l'industrie textile :

Pour la filature, dit M. Motte, député du Nord, on peut supprimer le travail de nuit presque sans exception.

Pour le peignage, j'ai surtout en vue le peignage de la laine, il serait au contraire impossible de faire ainsi.

Le travail de nuit est pour ainsi dire une nécessité organique de cette industrie. Elle emploie un matériel d'un prix énorme et ne fait qu'un chiffre d'affaires très petit. De là la nécessité de recourir au travail de nuit. Le peignage de laine ne pourra s'affranchir du travail de nuit que si celui-ci est supprimé en Belgique et en Allemagne. Peu importe à cet égard, en effet, la pratique de l'Angleterre.

On voit donc que le travail de nuit des femmes et des enfants est dans la plupart des cas une nécessité du régime capitaliste.

Il est à prévoir que le travail de nuit ira s'intensifiant dans certaines industries par suite de l'application (1er avril 1902) de la loi du 30 mars

1900, réduisant uniformément à dix heures la journée de travail dans les manufactures.

M. D. Chedville a soumis à la chambre de commerce d'Elbeuf un mémoire, où il insiste sur les procédés qu'on a imaginés en Allemagne pour permettre aux industriels de regagner le temps perdu à la suite d'événements naturels ou de cas accidentels :

Pendant 40 jours par an, en Allemagne, on obtient aisément l'autorisation de faire travailler les ouvrières au-dessus de 16 ans jusqu'à 10 heures du soir, à la condition que le travail quotidien n'excède pas 3 heures. On peut juger dans quel degré d'infériorité nos industriels se trouvent placés, lorsqu'ayant à accepter des commissions avec livraison à courts jours, ils se voient forcés de les laisser porter à l'étranger, privant ainsi, de par la loi trop rigoureuse, nos ouvriers de salaires rémunérateurs. Ainsi, pendant que les enfants sont protégés chez nous jusqu'à 18 ans, ailleurs, l'âge est abaissé à 16 ans et même à 14 et 15 ans. Aussi arrive t-on plus aisément à former des apprentis et à avoir constamment dans les usines un personnel expérimenté et dans la vigueur de l'âge (1).

Tel est l'argument invoqué par certains fabricants.

(1) Cité par la *Réforme Economique* de M. Domergue (novemb. 1901).

Il ne s'agit pas de la santé, de l'hygiène et du repos de l'enfant. Il s'agit de former des apprentis avant tout ; de préparer de la chair à travail.

Comme nous l'avons dit au début de cette étude, la puissance capitaliste est aveugle : sa loi unique paraît être d'accroître sa puissance en utilisant toutes les forces dont elle dispose : hommes, femmes et enfants.

Nous venons de voir que le développement de la machinerie, la division du travail et la spécialisation des fonctions, la moindre éducation professionnelle et la concurrence des fabricants à l'intérieur et à l'extérieur avaient provoqué le travail des femmes dans l'industrie. Et nous savons, en outre, que c'est la surabondance des bras inoccupés qui a fait baisser les salaires aux taux incroyables où nous les voyons dans certaines industries féminines.

Il nous reste à exposer les conséquences de ce phénomène important. C'est l'objet de l'étude suivante.

---

## CONSÉQUENCES DU TRAVAIL FÉMININ

Nous avons montré, dans la précédente étude, que l'extension et le perfectionnement du machinisme, stimulés par la concurrence intérieure et extérieure des producteurs, avaient accentué l'emploi de la main-d'œuvre féminine et infantile concurremment à la main-d'œuvre masculine.

Le bas prix des femmes et des enfants, facilité par l'armée (croissante) de réserve, encourage donc le capital à rejeter de plus en plus l'homme de l'usine et de l'atelier.

Il nous reste à montrer les conséquences individuelles et sociales de ce phénomène. On pourra comprendre, alors, une foule de faits en apparence bizarres ou « immoraux » et qui demeurent souvent inexplicables sans la connaissance des causes que nous mettons en lumière.

On sait que la proportion des malades a augmenté malgré les progrès de l'hygiène et les « conquêtes de la science ». En ce qui concerne les femmes, la progression peut s'expliquer, en partie, par son travail industriel qui la met en contact avec une foule de matières toxiques, par inhalation, par frottement, par transpiration, etc. Voici des preuves nombreuses de ces intoxications :

*Empoisonnements professionnels.* — La femme comme l'homme subit les atteintes lentes ou rapides des matières toxiques employées dans l'industrie.

Parmi ces matières, le plomb est une de celles qui fait le plus de ravages. L'intoxication saturnine se produit chez :

*Les blanchisseuses.* — Par la production de poussières ou de crasses (céruse, minium, mine orange), se détachant de linges souillés (indépendamment de la phtisie qui sévit durement dans cette profession pénible).

*Les couturières.* — Par l'emploi de fils dits chargés, manipulation d'étoffes, gazes, tarlatanes, chargées au plomb (acétate et sulfure de plomb. Litharge).

*Les dentellières ; blanchisseuses de dentelles.* — Par le saupoudrage au blanc de plomb et battage des fleurs dites *en application* (céruse).

*Les ouvrières en fleurs artificielles.* — Par l'inhalation de poussières toxiques provenant du saupoudrage ou détachées des fleurs, particulièrement dans l'opération du diamantage avec cristal pulvérisé (minium et oxydes de plomb dans les bagues) (1).

*Les ouvrières de tréfilerie.* — Par la production des buées et de matières toxiques dans la fonte de l'alliage plombifère et la confection des fils de laiton.

*Les piqueuses de bottines.* — Par l'affilage avec les lèvres de fils chargés de sel de plomb et le machonnage des bouts coupés (lithurge, céruse, sulfure de plomb).

*Les ouvrières de la miroiterie.* — Dans le

(1) Plusieurs couturières, après s'être servi de *soie*, ont présenté des accidents d'intoxication saturnine ; l'une d'elles ayant remarqué que chaque fois qu'elle mouillait ses doigts ou qu'elle passait le fil de soie dans sa bouche pour resserrer les brins, elle éprouvait une saveur légèrement sucrée. Chevallier fit acheter de la soie dans un grand nombre de fabriques ; cinquante échantillons, tous trempés séparément dans une petite quantité d'eau abandonnèrent une grande partie de leur poids La matière pesante fut reconnue pour de l'acétate de plomb, 20 0/0 de ce poison étaient mêlés à la soie. On avait pris un brevet d'invention pour ce mélange. Enlenberg ayant fait l'analyse d'une soie rouge ainsi chargée, a trouvé 17 grammes 71 de plomb dans 100 grammes de soie.

« Les accidents saturnins, résultant de l'usage de telles soies sont rendus plus fréquents encore chez les couturières, par l'habitude qu'elles ont d'amincir l'extrémité du fil en le passant dans leur bouche. En outre, elles cassent la plupart du temps ce fil avec leurs dents et gardent quelquefois la partie rompue dans leur bouche. »

Dr Proust, *Traité d'Hygiène.*

brossage et le ponçage ; le polissage au papier de verre (céruse, litharge).

*Les empaqueteuses de tabac, de chocolat, de thé.* — Dans la manipulation des feuilles d'étain plombifère (crasses toxiques sur les doigts et sur les ongles).

Signalons encore parmi les ouvrières exposées au saturnisme :

Les ouvrières employées à l'étamage, au plombage, à la chaudronnerie ; les tailleuses de limes : les ouvrières de la verrerie et de la vitrerie ; les cartonnières, les broyeuses de couleurs, les confectionneuses de papiers à cigarettes, les vernisseuses de laqués, les typographes, les tisseuses et les dévideuses (minium, chromate de plomb), les lamineuses de plomb, les ouvrières des fabriques de céruse, de papiers moirés, d'épingles, de tôle émaillée, de crayons colorés, de papiers peints (sulfure, acétate de plomb).

*Les ouvrières de filatures* sont particulièrement atteintes par le chromate de plomb. Dans le coton teint *en flotte* venant des teintureries de Lyon, Roubaix et Rouen, on a trouvé 10 0/0 de chromate de plomb ; dans la bourre qui se détache au cours de la manipulation 18 0/0, et dans la poussière lourde ramassée sur le sol de l'atelier, 44 0/0 (1).

(1) *Les poisons industriels*, 1901 (Office du Travail).

Le Dr Proust signale aussi des accidents plombiques chez des tisseuses de coton par suite de l'addition de céruse aux apprêts pour augmenter le poids du tissu.

Le Dr Robert Smith a constaté une véritable épidémie d'intoxication saturnine dans une filature de coton où l'on fabriquait une étoffe de couleur rouge, au moyen de fils teints au bichromate de plomb. Il se dégageait une épaisse poussière jaune pendant la manœuvre des métiers (1), etc., etc (2).

Nous donnons page suivante un tableau concernant la population ouvrière occupée à des travaux qui comportent des manipulations du plomb dans les fabriques de faïence et de porcelaine du district de North-Stafford en 1898 (Report on the employment of lead in manufactures, etc., by Professor Thorpe and Professeur Thom Oliver, Londres, 1899, Livre bleu C. — 9.207).

Nous voyons que la proportion des cas est de 4,9 0/0 chez les ouvriers et de 12,4 0/0 chez les ouvrières.

Dans le même district et pendant les années 1896, 1897, 1898, il y a eu 1.085 cas de plom-

(1) *The British medical Journal*, 7 janvier 1882.

(2) Extrait d'un tableau dressé par le docteur Layet, *Hygiène industrielle*.

bisme, 478 du sexe masculin, 607 du sexe féminin. Et sur ce nombre on compte 135 enfants au-dessous de 18 ans, 57 garçons, 78 fillettes.

EMPOISONNEMENT PAR LE PLOMB

| TRAVAUX | NOMBRE d'ouvriers: sexe masculin | NOMBRE d'ouvriers: sexe féminin | de cas de plombisme: ouvriers | p. 100 | ouvrières | p. 100 |
|---|---|---|---|---|---|---|
| Trempage | 495 | 81 | 41 | 8,2 | 7 | 8,6 |
| Service des trempeurs | 518 | 107 | 20 | 3,9 | 19 | 17,8 |
| Nettoyage des céramiques | 105 | 458 | 1 | 1,0 | 58 | 12,7 |
| Pose des couvertes | 1.805 | 46 | 48 | 2,6 | 1 | 2,0 |
| Décoration majolique | » | 295 | » | » | 31 | 10,5 |
| Pose des fonds de couleur | 89 | 382 | 10 | 11,3 | 45 | 11,8 |
| Poudrage en couleur et lithocéramique | 16 | 154 | 10 | 62,5 | 32 | 20,8 |
| Travaux divers | 95 | 57 | 22 | 23,5 | 3 | 5,3 |
| | 3.123 | 1.580 | 152 | 4,9 | 196 | 12,4 |

On peut être assuré que la proportion est la même en France et ailleurs. Et il ne s'agit que de la faïence et de la porcelaine. Qu'on juge de la destructivité organique causée par le seul plomb !

On sait que la proportion des femmes dans l'imprimerie a augmenté d'une manière extraordinaire. Or « on est en droit de considérer l'absorption plombique comme un facteur important dans la fréquence et la gravité des maladies de poitrine, de la phtisie, en particulier, et des affections nerveuses, chez ces ouvriers. »

L'analyse des poussières de l'air dans les imprimeries de Berlin a donné les résultats suivants : dans l'imprimerie de l'Etat, l'échantillon prélevé à une hauteur de 10 centimètres au-dessus du plancher a donné 0,89 0/0 de plomb ; sur le composteur à 52 centimètres au-dessus du plancher, il y en avait 1,73 0/0, sur un autre meuble à 2 m. 25 du plancher 0,62 0/0. En moyenne la poussière d'imprimerie contient 1,6 0/0 de plomb (1).

Le Dr Choquet signale chez les typographes au bout d'un temps assez long, un affaiblissement de la sensibilité digitale quelquefois accompagné de tremblements musculaires limités aux parties agissantes et qui s'exagèrent par la fatigue à la fin de la journée. A un degré plus avancé, surviennent des fourmillements dans les doigts, précurseurs de la paralysie des extenseurs.

(1) Annales d'Hygiène publ. 1898, p. 495.

INTOXICATION MERCURIELLE : TRAVAUX FÉMININS (1)

| PROFESSIONS | TRAVAIL ou genre d'opération exposant plus particulièrement à l'intoxication | MODE de véhiculation ou de pénétration du poison | NATURE de la substance toxique |
|---|---|---|---|
| Ouvrières des fabriques de produits chimiques. | Emploi des sels de mercure dans la préparation des couleurs d'aniline. Rouges de mercure. | Enduits, éclaboussures et crasses toxiques. | Azotate de mercure. Sublimé corrosif. Iodure et sulfure de mercure, etc. |
| Ouvrières des fabriques de jouets coloriés | Manipulation de rouge de mercure. | Crasses et poussières toxiques | Cinabre. Vermillon, etc. |
| Étameuses de glaces et polisseuses de miroirs. | Transports des bains. Mise en tain des glaces. Révivification de l'étain contenu dans les regratures et avivures, etc. | Crasses, poussières ; vapeurs émises à basses et hautes températures. | Mercure divisé ou volatisé. Amalgames d'étain. |
| Coloristes de fleurs artificielles. | Manipulation des couleurs à base de mercure. | Crasses, poussières. | Bisulfure, biiodure et bichromate de mercure. |
| Ouvrières de la bijouterie et de l'orfèvrerie | Traitement à chaud des amalgames d'or pour révivifier ce métal. | Vapeurs émises à haute température. | Mercure volatilisé et condensé par absorption. |
| Ouvrières teinturières. Etc., etc. | Emploi du sublimé corrosif comme mordant dans la teinture des plumes. Trempage dans les bains de préparation. | Crasses, poussières et éclaboussures toxiques. | Bichlorure de mercure. |

(1) Extrait d'un tableau dressé par le docteur Layet ;

Laissons le saturnisme, que nous sommes loin d'avoir épuisé, pour parler des effets de :

*L'Hydrargyrisme* : Il atteint plus les femmes que les hommes, dit le Dr Proust : « Sur 100 ouvriers, 80 souffrent d'accidents, et on remarque que les jeunes femmes sont emportées en plus grand nombre que les jeunes gens. »

Au nombre des professions (nombreuses) où le travailleur se trouve exposé à l'intoxication mercurielle, citons celles-ci qui comprennent un grand nombre de femmes : Ajoutons que le rachitisme (Kusmaül) et la phtisie (Stickler) ont été considérés comme des dégénérescences auxquelles conduit soit directement chez les ouvriers eux-mêmes, soit indirectement chez leurs descendants, l'intoxication mercurielle professionnelle.

D'après le Dr Proust les phénomènes nerveux qui accompagnent l'hydrargyrisme se présentent sous les trois formes suivantes :

1° Le tremblement mercuriel proprement dit;

2° Le tremblement mercuriel avec convulsions et douleurs; c'est cet ensemble de troubles, phénomènes convulsifs, douleurs plus ou

Encycl. d'Hygiène et de Médecine tome VI. Il va sans dire que les ouvriers sont également exposés dans toutes ces professions à une foule d'autres que nous passons sous silence.

moins vives, qui constitue un des caractères principaux de l'état que l'on appelle, en Espagne, *calambres* ;

3° La paralysie mercurielle avec altération de l'intelligence.

L'un des métiers où l'intoxication mercurielle est la plus violente est celui des *coupeurs de poils de lapin* dans la chapellerie. Or les femmes sont assez nombreuses dans cette profession. Celles qui sont occupées au *secrétage*, au *brossage* et au *coupage*. L'immersion constante des mains dans la solution de nitrate acide de mercure et les vapeurs qui s'échappent de l'étuve sont des causes puissantes d'intoxication. Outre les excoriations des mains et les altérations de la peau, parfois rebelles, que produit le contact prolongé de la solution, ces ouvrières sont souvent atteintes d'un tremblement pouvant acquérir une violence étonnante (1).

En même temps que les accidents nerveux, les troubles nutritifs s'accentuent et aboutissent à une déchéance de tout l'organisme constituant la *cachexie mercurielle*. La face est pâle, terreuse, bouffie ; il y a de l'œdème des extrémités, une inappétence absolue, une soif ardente, des vomissements, de la diarrhée

(1) *Les poisons industriels* (Office du Travail).

dysentériforme. Dans ces conditions la malade ne tarde pas à succomber, soit au progrès de l'anémie et de l'affaiblissement, soit à une infection secondaire, soit à la tuberculose qui la guette. On a même décrit une phtisie hydrargyrique. Ce qu'il y a de certain, c'est que la phtisie est plus fréquente chez les ouvriers hydrargyrisés. D'après Kussmaül, à Arlangen, la proportion des phtisiques aurait été chez eux de 71 0/0, tandis qu'elle n'était que de 22 0/0 chez les autres malades (1).

*Arsenicisme.* — Les travaux féminins dans lesquels la manipulation de l'arsenic ou de ses composés, entre en proportion considérable sont très nombreux.

Les docteurs Gubler et Napias se sont occupés de la toxicité de cette substance et ont relevé les professions atteintes.

A son tour, le docteur Layet a repris le travail en 1894.

Du tableau qu'il a dressé nous extrayons les professions suivantes qui concernent le travail féminin : fabrique de papiers peints, dans le broyage et l'étendage des couleurs ; le fonçage, le satinage, le découpage des papiers, et enfin le veloutage des papiers dits de Tontisse. Empoisonnement par action cutanée, par l'inha-

(1) *Ibid.*, *loc. cit.*.

lation des poussières toxiques, par l'absorption buccale (Arsénites et arséniates).

Feuillagistes et fabricants de feuilles artificielles, par le trempage et le poudrage des herbes desséchées ; par l'apprêtage des étoffes, le découpage des feuilles et le montage des bouquets artificiels. Empoisonnement par les modes précédemment décrits (Arsénite de cuivre et fuchsine arséniée) (10).

Fabrication d'abats-jour, de vert de cartes à jouer, de cartons peints, de capsules en papier pour flacons dans le maniement et le découpage des papiers. Empoisonnement par les poussières toxiques de l'arsénite de cuivre (vert de Scheele).

Couturières, dans le façonnage d'étoffes arsenifères (tarlatane et gaze verte). Action des solutions, enduits et poussières toxiques de l'arsénite de cuivre (1).

Teinturières et apprêteuses d'étoffes dans

(1) On a signalé des accidents d'arsenicisme chez des couturières travaillant à des robes de tarlatane colorée avec des produits arsenicaux qui n'étaient appliqués qu'au moyen d'amidon.

Ces faits ont été observés en Allemagne, il y a déjà un certain temps. — Le professeur Hoffmann a analysé des tarlatanes vertes qui contenaient un treizième de leur poids de teinture arsenicale. Vingt mètres d'étoffes nécessaires pour la confection d'une robe de bal contenait 54 grammes d'arsenic.

l'étendage et l'application du mélange colorant, par le contact avec les mélanges et dissolutions toxiques (Arsénite de cuivre).

Bijoutiers, dans le décapage des bijoux avec des acides impurs et par l'inhalation de gaz toxique (hydrogène arsénié).

Fabricants de crayons colorés dans le délayage de la couleur toxique, dans la solution gommée de l'absorption des poussières et mélanges toxiques (Arsénite de cuivre).

D'après le Docteur Proust, la forme chronique de l'empoisonnement est caractérisée « par de l'inappétence, de la céphalalgie, des nausées, quelquefois des vomissements, des selles diarrhéiques, parfois sanguinolentes, des douleurs erratiques, de l'affaiblissement, de la pâleur ; la fièvre s'allume et ces symptômes peuvent acquérir une gravité réelle si la cause n'est éloignée sans retard... Souvent aussi il se produit des irritations des yeux ; les fosses nasales sont habituellement altérées : elles sont le siège d'hémorragies ; les orifices des narines présentent des excoriations crouteuses, et la perforation de la cloison a été constatée. Quelquefois aussi les bronches sont irritées, il y a de l'enrouement et une toux sèche. Enfin on a observé des vertiges, des douleurs généralisées, une paralysie incomplète du mouvement affectant surtout la forme paraplégique, une teinte terreuse de la peau et de l'amaigrissement » (*Traité d'hygiène*, p. 281) (1).

*Phosphorisme.* — La fabrication des allumettes chimiques comprend, en dehors des opérations préalables qui ont pour but la mise ou montage en cadres des billes d'allumettes, et leur soufrage :

1° La préparation de la pâte phosphorée ;

2° Le trempage des allumettes ou *chimicage* ;

3° Le séchage ;

4° Le dégarnissage des cadres ou dépressage ;

5° Le triage, la mise en boîtes et l'empaquetage.

« Toutes ces opérations, dit Layet, donnent lieu à un dégagement plus ou moins notable de vapeurs phosphérées. La manipulation directe de la substance nuisible, avant, pendant ou

(1) Les professeurs Hofmann et Ludwig ont cité un cas d'empoisonnement très grave chez deux femmes, la mère et la fille, occupées depuis six ans à la confection de couronnes mortuaires en mousse artificielle parsemée de fleurs rouges. Elles teignaient elles-mêmes les matériaux nécessaires et ne se servaient que de fuchsine et de vert d'iode. La première atteinte fut méconnue ; la seconde emporta la mère. L'autopsie révéla les lésions caractéristiques de l'empoisonnement par l'arsenic. A la suite de cet empoisonnement, on préleva chez les marchands de Vienne, six échantillons de la plus fine qualité de fuchsine : cinq présentèrent une proportion d'acide arsénieux variant entre 1 et 3 0/0 (*Revue d'hygiène*, 1879, n° 79.)

après la fabrication proprement dite, rend cette industrie singulièrement dangereuse pour les ouvriers, pour les ouvrières surtout, qui forment dans les fabriques la majeure partie du personnel employé » (*Encyclopédie d'hygiène*, t. VI, p. 509).

Les ouvrières des fabriques d'allumettes sont particulièrement exposées à la nécrose phosphorée. En Allemagne, où les femmes sont en très grande majorité, c'est parmi elles qu'on observe le plus grand nombre de cas.

Ainsi, de Bibra et Geist, sur 53 cas qu'ils ont rassemblés et empruntés aux auteurs allemands, ont trouvé 48 femmes et seulement 5 hommes ; tandis que M. Trélat réunissant 71 cas, presque tous observés en France, moins 13, est arrivé à des rapports presque égaux entre les deux sexes, 36 femmes et 35 hommes.

Depuis quelques années, les nécroses sont beaucoup moins fréquentes qu'elles ne l'étaient il y a trente ans au moment où Lorinser et Strohl appelèrent les premiers, l'attention sur cette affection.

Nous devons noter que depuis le 1er octobre 1898, on n'emploie plus le phosphore blanc dans les fabriques d'allumettes.

Le médecin attaché à ces manufactures prétend que tout danger d'intoxication a disparu. Le phosphore blanc des anciennes allumettes a été remplacé par le sesquisulfure de phosphore. Néanmoins, quoique faible, la toxicité de ce produit est réelle.

*Oxycarburisme.* — Les cuisinières, les teinturières, les fileuses, les étameuses, les repasseuses, les tailleuses (qui se servent de fers très chauds pour le rabattage des coutures, etc.) sont particulièrement exposées à l'oxycarburisme.

Voici, d'après le docteur Brouardel, les effets du gaz oxyde de carbone : « l'anémie, qui s'affirme de plus en plus, malgré une sorte d'assuétude apparente ; elle s'accompagne de cyanose de la face, de céphalalgie, de vertiges, de ralentissement du pouls et de la respiration, de l'abaissement de la température, de troubles gastro-intestinaux, et enfin de phénomènes nerveux (Layet).

Brouardel divise en deux groupes, selon que ces troubles suivent immédiatement l'intoxication ou qu'ils ne se présentent que plus tard, sans avoir été précédés par les premiers.

Dans le premier groupe, c'est-à-dire consécutivement à un coma plus ou moins prolongé, les patients peuvent présenter un état qui simule l'ivresse ou ses suites ; l'individu est hébété, il ne se souvient de rien, et cela quelquefois pendant un certain temps. Il peut y avoir aussi des troubles de la motilité.

Au congrès d'hygiène de Turin, le docteur de Beauvais a insisté sur la longue durée de la perte de la mémoire et sur la persistance de l'insomnie, malgré les narcotiques.

Le deuxième groupe est constitué par les paralysies. L'intelligence peut être très profondément affectée, au point de constituer un véritable état de démence.

*La dermatite des dévideuses ou fileuses de cocons de vers à soie.* — L'immersion fréquente des mains dans une eau chaude qui ne tarde pas à se charger de substances organiques et de la matière agglutinante des cocons provoque chez les ouvrières une affection spéciale bien décrite par Potton (1853) sous le nom de *mal de vers ou de bassine.*

L'action de l'eau chaude, dit le docteur Layet, surtout savonneuse, en ramollissant l'épiderme, en congestionnant et en irritant le derme des mains, prédispose sans aucun doute aux effets de la matière organique infectieuse à laquelle doivent être attribuées les manifestations éruptives les plus graves.

Voici d'après Potton les symptômes des trois degrés :

*Premier degré* : Teinte érythémateuse plus marquée entre les doigts ; tuméfaction, douleur cuisante, chaleur âcre ; marbrures, plaques brunâtres à la peau, soulèvement de l'épiderme ;

vésicules miliaires, quelquefois bulles remplies de sérosité claire s'épaississant, se troublant, puis devenant visqueuses : tous les mouvements sont pénibles.

Les ouvrières continuant leur travail, les vésicules se crèvent, et un soulagement momentané, d'autrefois permanent en résulte. Les symptômes s'amendent, l'inflammation et la douleur disparaissent.

Durée, sept à huit jours.

*Deuxième degré* ou période pustuleuse : Les vésicules se changeant en pustules, ou bien de véritables pustules se montrent primitivement. Elles peuvent s'étendre sur tous les doigts ; mais c'est surtout entre le médius, l'indicateur et le pouce de la main droite qu'elles sont disséminées. Elles se répandent aussi sur le dos et sur la face interne. Tout mouvement des doigts occasionne des souffrances aiguës ; il est impossible de les plier complètement. Au bout de cinq à six jours, les pustules arrivent à terme. Dès ce moment toute souffrance cesse, l'évacuation du pus et la dessication commencent. Mais, le plus souvent, par l'imprudence et l'insouciance des divideuses, la maladie n'est point ordinairement guérie ; il survient d'autres boutons qui prolongent la durée de tous les accidents.

Durée : quinze à dix-sept jours.

*Troisième degré* : Chez quelques personnes, le mal de vers prend un caractère très fâcheux. L'apparition des pustules s'accompagne d'inflammations plus profondes ; le tissu sous-cutané est envahi ; gonflement énorme et déformation des doigts, de la main ; tuméfaction œdémateuse jusqu'au bras ; engorgement et endolorissement.

Nous bornons ici ce tableau très abrégé des empoisonnements qui résultent d'un nombre considérable de professions exercées par la femme. Il faudrait citer encore le *sulphydrisme* (dans les savonneries, les raffineries — noir animal —, les produits chimiques, les tanneries, etc.), l'intoxication par *l'acide carbonique* (par exemple chez les fabricants de papier, dans les ateliers de fermentation de la colle où les ouvrières sont atteintes de céphalalgie et des troubles des sens, etc., etc.). On verrait que les ravages causés par le travail sont effroyables et que la plupart des usines sont des antichambres d'hôpitaux.

Morbidité. Avortements. Dégénérescence. — En ce qui concerne le sexe, quel que soit son âge, dit le docteur Poincaré, la femme ne doit pas être soumise au même régime industriel que l'homme, car elle offre beaucoup moins de résistance que lui et donne plus facilement prise à tous les germes morbides. Il faut surtout songer qu'avec elle la propagation de l'espèce et la valeur des générations futures se trouvent plus particulièrement compromises, et que par conséquent ce n'est pas seulement l'intérêt individuel qui est mis en jeu mais encore l'intérêt national. En effet, l'intoxication industrielle détermine spécialement l'avortement, les accouchements prématurés ainsi que la fréquence des mort-nés, et devient ainsi une des grandes causes de la dépopulation. En tout cas les survivants viennent apporter en eux, à une plus haute puissance, la détérioration paternelle, contribuant ainsi pour une large part à la déchéance de l'espèce humaine et à l'affaiblissement de la force nationale (1).

En voici des preuves éloquentes :

*Nicotisme.* — C'est partiellement par les poussières dégagées pendant la manipulation du tabac que l'intoxication nicotinique se produit chez les ouvrières des manufactures.

Les manufactures de tabac en France occupaient en 1898 16.660 ouvriers (dont 1.550 hommes et 15.100 femmes).

Dans une communication à la Société de médecine publique, M. le Dr Delaunay a communiqué les résultats de l'enquête qu'il avait

(1) *Traité d'hygiène industrielle.*

faite chez plusieurs sages-femmes du quartier du Gros-Caillou, qui assistaient beaucoup d'ouvrières de la manufacture de tabac de la rue Jean-Nicot. D'après la première, « le tabac a la réputation de provoquer des fausses couches persistantes ». Cette opinion est tellement accréditée dans la manufacture, que quelques ouvrières qui peuvent suspendre leur travail, cessent d'aller à l'atelier dès qu'elles deviennent enceintes. La sage-femme en question a soigné trois femmes qui faisaient des fausses couches quand elles étaient à la manufacture et qui n'en font plus depuis qu'elles l'ont quittée. L'une de ces femmes, qui avait déjà fait deux fausses couches, alors qu'elle était à la manufacture, étant devenue enceinte pour la troisième fois, a cessé de fréquenter l'atelier au cinquième mois de sa grossesse ; l'enfant est venu à terme, mais est mort peu de temps après sa naissance.

La même femme ayant changé de profession a eu depuis un quatrième enfant qui est très bien portant (*Revue d'hygiène* 1880, p. 217).

Les deux autres sages-femmes ont insisté sur ce que les ouvrières avaient des grossesses difficiles.

De son côté M. le docteur Gaston Decaisne a indiqué qu'en recherchant la cause des fausses couches, soignées au service d'accouchement de la Charité, il avait bien des fois constaté qu'il s'agissait d'ouvrières de la manufacture des tabacs du Gros-Caillou (*Revue d'hygiène* 1880, p. 228).

Quant aux ouvrières des manufactures de tabac, dit M. Goyard, « on ne saurait méconnaître que la plupart sont plus ou moins influencées pendant leurs grossesses par les émanations toxiques qu'elles respirent. Il y en a qui ne parviennent jamais à mettre au monde un enfant vivant » (*Revue d'hygiène*, 1880, p. 225).

M. Quinquand, médecin des hôpitaux, a constaté que les ouvrières de la manufacture de tabac de la rue Jean-Nicot étaient sujettes aux fausses couches. Il a cité l'observation d'une femme qui a fait trois fausses couches pendant son séjour à la manufacture et qui, depuis qu'elle est sortie de cet établissement, a eu trois enfants tous bien portants (*Revue d'hygiène*, 1880, p. 900).

Dans un mémoire lu au Congrès d'hygiène de Turin, M. le docteur Jacquemart, de Paris, dit avoir trouvé une moyenne de 45 avortements sur 100 grossesses relevées chez des ouvrières du tabac (*Revue d'hygiène*, 1880, p. 36).

La disposition aux avortements ne serait pas le seul méfait de la nicotine et son action pernicieuse frapperait les nouveaux-nés des cigarières de débilité congénitale. Dans son travail déjà ancien (1868), M. Kostial avait fait remarquer que la mortalité des enfants des cigarières était, pendant la première année, le double de la mortalité ordinaire. Cette opinion ancienne relative à la faiblesse des enfants mis au monde par les ouvrières en tabac, a été affirmée à la Société de médecine publique (*Revue d'hygiène* 1880, p. 221). Deux sages-femmes du bureau de bienfaisance du quartier du Gros-Caillou ont déclaré au docteur Delaunay que ces enfants ne s'élevaient pas bien et mouraient en grand nombre ; mêmes renseignements lui ont été donnés à la crèche.

M. le docteur Thévenot tient d'une sage-femme du bureau de bienfaisance, interrogée au cours d'une enquête faite avec M. Napias, que le nombre des enfants qui meurent dans la première année est beaucoup plus grand chez les femmes de la manufacture que chez les autres femmes (*Revue d'hygiène*, 1880, p. 225).

Le docteur Sarré a constaté que les enfants des cigarières meurent en grand nombre. M. le docteur Quinquand a remarqué que ces enfants sont maigres.

D'après M. Goyard, les nouveaux-nés des ouvrières des manufactures de tabac présentent tous sans exception, mais à des degrés divers, des signes qui, même aux yeux les moins exercés, les différencient aisément de la majorité des autres enfants : « Ils sont chétifs, d'une pâleur blême, irritables, difficiles à élever. » Dans les épidémies ce sont les premiers frappés, ils supportent très mal les épreuves de la dentition, ils sont sujets plus que les autres à contracter les maladies de leur âge, et une fois atteints, ils n'offrent aucune résistance ; et l'on peut attribuer à la grande dépression de leur système nerveux, la fréquence des convulsions soit idiopathiques, soit symptomatiques, qui les atteignent. Ils meurent en grand nombre (*Revue d'hygiène* 1880, p. 226).

M. le docteur Etienne, de Nancy, a constaté que la mortalité des enfants des ouvrières en tabacs est supérieure au double de la mortalité infantile dans l'ensemble de la mortalité ouvrière (*Annales d'hygiène*), 1897, tome Ier, p. 526).

Mais l'action de la nicotine s'étendrait plus loin, et sa présence (?) dans le lait aurait la plus pernicieuse influence sur la santé des nourrissons.

Les sages-femmes interviewées par M. le docteur Delaunay lui ont dit que le tabac tarit le lait des nourrices qui est clair et moins riche qu'à l'état normal. Le docteur Sarré, qui est attaché au bureau de bienfaisance du quartier du Gros-Caillou depuis vingt-six ans, conseille aux mères de sevrer leurs enfants (*Revue d'hygiène* 1880, p. 37).

D'après M. Quinquand, les enfants des « tabatières » ont, après chaque tétée, des colliques et même de petits accidents nerveux.

Les mères des enfants qui sont soignés à la rue de Grenelle-Saint-Germain et les gardiennes de la même crèche sont unanimes à dire, qu'après avoir tété, les enfant ont des coliques. De plus, leurs selles sont couleur vert-de-gris. A la manufacture de la rue Jean-Nicot, il est de notoriété que « le tabac ôte le lait » et que « les tabatières ont moins de lait que les autres femmes ».

Au dire des sœurs de la crèche de Bercy, les enfants des « tabatières » que leurs mères viennent allaiter à midi, ne s'endorment pas après la tétée, comme les autres enfants et ont des coliques et mêmes de petites convulsions (*Revue d'hygiène* 1880, p. 225).

M. le docteur Jacquemart a constaté que les enfants des ouvrières des manufactures de tabac nourris par leurs mères ont présenté une mortalité de 10 p. 100 plus élevée que ceux nourris au biberon (*Revue d'hygiène* 1880, p. 900).

D'après le docteur Etienne, de Nancy, le pronostic est effrayant pour les enfants qui continuent à être allaités au sein maternel lorsque la mère est rentrée à la manufacture ; au contraire, il est très favorable pour ceux qui sont élevés au sein maternel sans que la mère ait repris son travail. La mortalité est notablement moindre chez les enfants nourris au sein maternel jusqu'au moment de la rentrée de la mère, puis, à partir de ce moment, élevés simultanément au sein maternel et au biberon, ou bien au biberon exclusif (*Annales d'hygiène* 1897, tome 1er, p. 526) (1).

Un nombre considérable de maladies des femmes, dans la classe ouvrière, résulte de l'absence de soins et de repos après l'accouchement. Dans les Facultés de médecine on enseigne que :

La femme accouchée doit être alimentée comme à l'ordinaire; pendant les 24 ou 48 heures qui suivent l'accouchement on lui fait prendre des grogs

(1) Malgré ces faits précis et caractéristiques, ces témoignages autorisés et probants, l'Enquêteur de l'Office du travail (*Poisons industriels*) a essayé de contester l'influence de la toxicité du tabac sur la grossesse et l'économie générale du corps. Il invoque les affirmations incertaines de quelques docteurs (préoccupés de sauvegarder le bon renom de l'Etat), appelle *incriminations* ces faits irrécusables et fait remarquer « la forme vague qu'elles affectent le plus souvent et leur indigence en observations directes, précises et suffisamment étendues ». C'est ainsi que l'on juge les observations et les travaux des docteurs Sarré, Etienne, Jacquemart, etc. L'enquêteur semble visiblement préoccupé d'atténuer. « Amica veritas, sed magis quam amicus *minister*. »

légers, et on lui donne à boire en quantité suffisante pour la désaltérer. Combien doit durer ce séjour (au lit) ? Ce n'est en moyenne que du dix-huitième au vingt-cinquième jour, lorsqu'elle ne perd plus de sang et lorsque l'utérus est devenu organe pelvien, que la femme peut se lever sans grand inconvénient. Sans doute ce n'est qu'à une époque plus tardive que l'involution utérine est complète. Lorsque la femme commence à se lever, il faut au moins que pendant une huitaine, elle prenne des précautions, ne reste pas trop longtemps debout, et qu'à plusieurs reprises dans la journée elle garde la situation horizontale. Au bout de vingt-huit ou trente jours, on peut l'autoriser à sortir et à reprendre ses occupations » (1).

La femme ouvrière, surtout si elle est veuve (ou isolée), si elle est fille-mère, ce qui est de plus en plus fréquent, en d'autres termes, si elle n'a pas un *associé* (mari, amant ou protecteur), capable de l'aider matériellement, — doit forcément renoncer à observer ces prescriptions médicales.

Nous savons d'après les documents statistiques relevés dans les Hôpitaux et les Maternités, que la plupart des ouvrières accouchées retournent à leurs travaux entre le septième et le douzième jour qui suit leur délivrance. Quelques-

(1) *Précis d'Obstétrique* par Ribemont-Dessaignes et Lepage.

unes retournent plus tôt, entre le troisième et le cinquième jour.

La nécessité du travail l'exige. Il est si facile de perdre sa *place* quand il y a tant d'inoccupées ! Et c'est là une cause importante d'infirmités, anémie, maladies de l'utérus, etc., et finalement de dégénérescence.

Le comte Albert de Mun (en 1890) avait déposé à la Chambre des députés, une proposition ainsi conçue :

« Les femmes ne peuvent être admises au travail que quatre semaines après leur accouchement ». Cette proposition si naturelle par rapport à la femme considérée comme individu libre, était absolument anormale par rapport à la femme-ouvrière. Aussi souleva-t-elle des objections sérieuses, et le comte de Mun fut obligé lui-même de la retirer.

« Savez-vous à quels résultats vous allez arriver avec votre loi ? déclarait M. Desprès. C'est que les filles-mères employées dans les fabriques se feront avorter pour ne pas perdre quatre semaines de travail. »

Rien de plus juste, en effet. Mais le député qui répondait cela, comprenait-il toute la gravité de ses paroles ? Voyait-il tout le sens de cette antinomie ? L'ouvrière-mère se trouve donc dans cette alternative : éviter l'infirmité en gardant le lit, mais en perdant son travail, ou se faire avorter pour conserver son travail, afin de se soustraire à une loi qui la protégerait en ne la protégeant pas !

M. Constantin Paul a constaté que les ouvrières qui manient les composés plombiques ont de fréquentes métrorrhagies qu'il considère comme cause des avortements.

Sur 27 grossesses, survenues chez 5 femmes, intoxiquées par le plomb, M. Constantin Paul signale 22 avortements, 4 enfants morts, 1 seul vivant.

Sur 43 grossesses dans le même cas, 32 fausses-couches, 3 mort-nés, 2 vivants mais chétifs. Une femme qui avait fait 5 fausses-couches quitta sa profession et eut un bel enfant. Selon que les femmes quittaient ou reprenaient alternativement leur état, les enfants vivaient ou mourraient.

Sur 141 grossesses par pères saturnins : 82 avortements, 4 avant-termes, 5 mort-nés. Sur les 50 vivants : 20 morts de 1 jour à 1 an, 15 de 1 an à 3 ans.

14 vivaient, mais 4 seulement avaient passé 3 ans, époque à laquelle les enfants peuvent être regardés comme ayant échappé à cette cause de mort (1).

M. Roque, dans une série d'observations

(1) Cité par le Dr Proust dans son Traité d'Hygiène.

puisés à la Salpêtrière et à Bicêtre a constaté des cas nombreux d'idiotie, d'imbécillité, d'épilepsie des enfants nés de parents saturnins non alcooliques. Ces parents ayant changé d'état et s'étant guéris de leur intoxication plombique, ont eu plus tard, d'après cet auteur, des enfants sains et bien portants.

« L'intoxication mercurielle, dit M. Proust, comme l'intoxication saturnine exerce une influence fâcheuse sur le produit de la conception. »

Goëtz relate le fait d'un enfant atteint d'un tremblement congénital. Il est né lorsque sa mère était affectée de ce tremblement. Aldinger a cité des cas qui montrent que plusieurs membres d'une famille, tous dans de bonnes conditions de santé, unis à des femmes également bien portantes ont mis au monde des enfants sains et vigoureux ; tandis que les autres membres de cette famille, ayant épousé des sujets merculiarisés, ont procréé des enfants malingres et chétifs.

En outre, des enfants, de naissance antérieure à ce travail des parents, étaient bien portants, et ceux qui étaient nés depuis le travail au mercure, étaient dans de mauvaises conditions.

Il résulte des recherches de M. Lizé, du Mans, que l'influence du mercure, transmise par le père à l'enfant est aussi réelle que lorsque c'est la mère qui a été exposée à ces émanations (1). En outre, l'influence est encore plus fatale aux produits quand le père et la mère ont éprouvé simultanément l'influence du mercure. Kussmaül et Keller ont constaté des avortements chez les femmes maniant le mercure, et leurs enfants, frappés de faiblesse congénitale, souvent atteints de rachitisme, succombaient très promptement (Cité par le Dr Proust) (2).

*Tuberculose d'origine professionnelle.* — Il est de mode aujourd'hui de guerroyer contre la tuberculose. Mais sait-on que les conditions du travail sont une des principales causes de cette maladie ? Sans doute, les philanthropes et les moralistes l'ignorent, car ils comprendraient tout de suite l'inanité de leur *campagne.*

Le sexe, dit le Dr Jayet, n'a aucune influence par lui-même. Si, dans certaines statistiques, il y a plus d'ouvriers atteints que d'ouvrières, c'est que les professions comportent plus des uns

(1) M. Lizé du Mans a observé chez des ouvrières employées au *secrétage*, des avortements, des accouchements prématurés ou de mort-nés. Enfin les enfants mouraient en bas-âge. Il considère ces faits comme le résultat de l'influence mercurielle.

(2) D'après Hermann, les vaches qui paissent dans le voisinage des fourneaux d'Idria et sous le vent qui en vient avortent, et les veaux venus à terme périssent bientôt.

que des autres. Mais, quand les occupations professionnelles soumettent les femmes à la vie confinée, à la sédentarité, aux attitudes de travail défectueuses, à la prosmicuité morbide, elles conduisent à la consomption pulmonaire, plus rapidement peut-être que dans les professions masculines. Les couturières, les dentellières et brodeuses, les compositrices d'imprimerie, les ouvrières des manufactures de tabac, etc., offrent, suivant les conditions professionnelles de milieu et de fréquentation suspecte, un chiffre proportionnel de phtisiques plus ou moins élevé.

Mélier avait prétendu que le séjour dans une fabrique de tabac arrêtait le développement de la tuberculose. C'est là une opinion absolument erronée. Certains observateurs (Poisson, Merkel, etc.) considèrent, au contraire, la tuberculose comme la maladie la plus fréquente des ouvriers en tabac; or cela est vrai surtout pour les ouvrières (Eulenberg).

Les employés de bureau, les garçons et filles de magasin présentent, à cet égard, les plus grandes chances de contamination.

M. Marfan (1889) a relaté une épidémie de tuberculose chez des employés de bureau dans une grande administration de Paris. Cette épidémie eut pour point de départ un premier malade qui, pendant trois ans, avait travaillé dans le bureau. Sur vingt deux employés appelés à séjourner avec lui ou après lui dans le même local, quatorze ont également succombé à la phtisie en l'espace de dix ans. Ces employés avaient au moins deux ans, plusieurs sept et vingt ans de présence dans le bureau. La maladie se communiquait par les poussières virulentes fournies par les crachats que le balayage du matin, pratiqué souvent en présence des employés, venait remuer et soulever autour d'eux.

La mauvaise hygiène privée, la misère domestique, le surmenage, les excès de tout genre sont autant de facteurs dont il faut tenir compte, mais qui ne sont pas le fait de la profession elle-même.

L'intempérance, l'alcoolisme jouent aussi un rôle important, en tant qu'agents de déchéance organique et causes prédisposantes. C'est ainsi que la phtisie est très fréquente chez les bouchers (en Angleterre comme en Suisse), non pas dès le début, mais à partir de trente à trente-cinq ans, par le fait même de leur intempérance et de la dégénérescence constitutionnelle qui en résulte. Il en est de même pour les boulangers.

Les intoxications professionnelles sont, elles aussi, une cause de prédisposition ou d'aggravation dans les cas d'imminence morbide. Leudet, de Rouen, a signalé, en 1879, le développement rapide de la tuberculose chez les ouvriers saturnins chroniques, en même temps que son évolution rapide vers une terminaison funeste.

Kerchenmeister, en 1875, a constaté la très grande fréquence de la tuberculose pulmonaire chez les ouvriers des industries de Furth (un cas sur cinq ou six ouvriers) : aussi bien chez les ouvriers des fabriques de papiers peints, soumis à l'intoxication arsenicale, que chez les ouvriers des fabriques de glaces, soumis à l'intoxication mercurielle, que chez les ouvriers fabricants de bronze employés à la pulvérisation du métal, soumis à l'intoxication saturnine. W. Ogle a également signalé les ravages que fait la phtisie chez les ouvriers employés dans les mines d'étain, de cuivre et de plomb dans la Cornouaille, alors que cette affection est rare chez les mineurs de fer, plus rare encore chez les mineurs de charbon (1).

Voici un extrait d'un tableau relevé par Hirt sur la fréquence de la phtisie dans certaines professions (Nous avons pris celles où la main-d'œuvre est considérable) :

(1) Cité par le Dr Layet, dans l'*Encyclopédie d'hygiène et de médecine publique*, tome VI, page 609.

| Professions | Proportion p. 100 de cas de phtisie | Nombre de malades relevé | Proportion p. 100 de maladies de poitrine |
|---|---|---|---|
| Empointeurs d'aiguilles. | 69,6 | ? | ? |
| Fabricants de limes . . | 62,2 | 29 | 91,8 |
| Lithographes . . . . . | 48,5 | 36 | 75,4 |
| Ebarbeurs. . . . . . . . | 36,9 | 38 | 86,8 |
| Ouvriers en tabac . . . | 36,9 | 114 | 60,7 |
| Polisseurs de verre. . . | 35 | ? | 70 |
| Vernisseurs . . . . . . | 25 | 68 | 67 |
| Etc. . . . . . . . . . . | | | |

Presque toutes les piqueuses qui travaillent tous les jours à la machine souffrent de tintements d'oreilles, de coliques, de palpitations de cœur, ou bien sont atteintes de maladies de reins ou de poumons, quelquefois de phtisie.

Les comptes rendus de la Caisse berlinoise (caisse de secours en cas de maladie) pour les tailleurs, hommes et femmes, en fournissent la preuve : de 1885 à 1893, 56,34 0/0 des membres succombèrent à la phtisie. Dans la même période la Caisse de secours des tailleurs comptait 53,3 0/0 de ses membres morts de phtisie, et la Caisse de secours des couturières en comptait 58,24 0/0 (1).

(1) Ergebnisse der Ermittlung über die Lohnverhæltnisse in der Waesche-Fabrication und der Konfektion Branche, etc. Stenographischen Bericht überdie Verhandlungen des Reichstags. VII, Legislat., Period ; I Session 1887. Band X 3, Anlage Band I, Art. 83 s. 698.

*Insuffisance de l'alimentation.* — Les bas salaires — principalement les salaires féminins — ont pour conséquence la restriction de tous les besoins essentiels de l'organisme.

A la destructivité du travail qui est, nous venons de le voir, une des principales causes des progrès de la phtisie, il convient d'ajouter l'insuffisance et la mauvaise qualité des aliments dont les classes ouvrières font usage. « L'alimentation insuffisante, ou de mauvaise qualité, est une cause fréquente de la tuberculose, d'autant plus puissante qu'elle vient souvent frapper l'ouvrier soumis à de rudes labeurs, chez lequel il y a dépense exagérée de forces et réparation incomplète du corps. Ce triste résultat de l'alimentation insuffisante s'observe souvent chez des individus tombés brusquement, à l'âge moyen de la vie, dans des revers de fortune, et contraints à des privations de toutes sortes qui, en affaiblissant la force plastique, favorisent, surtout à cet âge, les altérations de la nutrition et le développement des produits morbides » (Hérard et Cornil).

(Interpellation sur les salaires dans l'industrie du blanchiment et dans la confection. — Compte rendu sténographique des séances du Reichstag.

Lire sur la tuberculose professionnelle un travail très documenté du docteur Thiercelin publié par le *Mouvement socialiste*.

M. Léon de Seilhac a relevé le budget d'une ouvrière isolée gagnant 4 fr. 50 par jour et travaillant en moyenne 250 jours par an. C'est le cas d'une infime minorité (nous avons vu que le plus grand nombre ne travaille que 150 à 200 jours par an). Elle reçoit 1.125 francs et dépense 1.106 francs (1).

| | | | |
|---|---|---|---|
| Soupe du matin | | 0.15 | |
| Déjeuner | pain | 0.10 | 0.75 à 0.90 |
| | viande | 0.25 à 0.40 | |
| | vin 1/4 | 0.15 | |
| | légumes | 0.15 | |
| | dessert | 0.10 | |
| Dîner | soupe | 0.15 | 0.70 |
| | pain | 0.10 | |
| | légumes | 0.20 | |
| | vin 1/4 | 0.15 | |
| | fromage, dessert | 0.10 | |

soit par jour 1 fr. 60 à 1 fr. 75.

On peut prendre pour moyenne 1 fr. 70.

366 jours à 1 fr. 70 donne 620 francs.

| | |
|---|---|
| Moyenne minimum | 600 fr. |
| Lumière (0.70 par semaine) | 35 |
| Chauffage | 35 |
| | 670 |

(1) *L'industrie de la couture et de la confection à Paris*, par Léon de Seilhac.

| | |
|---|---:|
| Report . . . . . . | 670 |
| Blanchissage . . . . . . | 62 |
| Loyer (une chambre) . . | 180 |
| 1 manteau . . . . . . . | 30 |
| 2 robes à 20 fr . . . . . | 40 |
| 4 paires chaussures à 8 fr. | 32 |
| 2 chapeaux à 4 fr . . . | 8 |
| Linge. . . . . . . . . . | 40 |
| Parapluies . . . . . . . | 4 |
| Divers . . . . . . . . . | 20 |
| Du logement . . . . . . | 20 |
| | 1.106 |

Sans compter les achats de meubles, les omnibus, le journal, etc.

On voit donc que cette ouvrière *privilégiée* arrive à peine, à la condition de ne connaître ni le chômage, ni la maladie.

« Une de celles que nous avons questionnées, dit M. de Soilhac, nous a avoué qu'elle portait quelques économies amassées sou à sou, en se privant tantôt d'un plat tantôt d'une paire de chaussures. Sur la question que nous lui posâmes : « Combien avez-vous en ce moment à la caisse d'épargne ? » elle parut fort étonnée et nous répondit simplement : « Absolument rien. Ce que nous pouvons mettre à la caisse pendant la saison, nous allons le chercher pendant les périodes de chômage et c'est avec cela que nous existons alors. »

On vient de voir un budget exceptionnel. Voici maintenant des budgets très fréquents relevés par M. Charles Benoist :

1re *ouvrière* ayant gagné 3 fr. 75 par jour ; elle a eu 45 jours de chômage, 60 jours de fêtes et dimanches, en tout 105 jours de chômage réel ; il reste donc 260 jours de travail à 3 fr. 75 soit 975 francs par an.

DÉPENSES

| | | |
|---|---|---|
| Nourriture par an. . . . . . | 670 | fr. |
| Loyer. . . . . . . . . . . | 150 | |
| Vêtements, robes, chapeaux . | 110 | |
| Linge. . . . . . . . . . . | 33 | 60 |
| Souliers (3 paires). . . . . | 29 | |
| Chauffage, éclairage. . . . | 12 | 65 |
| Blanchissage . . . . . . . | 60 | |
| Petits frais . . . . . . . . | 50 | |
| | 1.115 | 25 |

Ce budget est en déficit de 140 fr. 25.

2e *ouvrière* gagnant 3 francs par jour ; elle a eu 5 mois de chômage (150 jours) plus, 60 jours de fêtes et dimanches, en tout 210 jours chômés ; il reste 155 jours de travail qui donnent 465 francs.

DÉPENSES

| | | |
|---|---|---|
| Nourriture . . . . . . . . . . | 511 | francs |
| Loyer. . . . . . . . . . | 120 | — |
| Vêtements, robes, chapeaux . | 55 | — |
| Linge. . . . . . . . . . | 33 | — |
| Souliers (3 paires). . . . . . | 30 | — |
| Chauffage, éclairage . . . . | 25 | — |
| Blanchissage . . . . . . . | 48 | — |
| Petits frais . . . . . . . . . | 40 | — |
| | 862 | francs |

Ce budget est en déficit de 397 francs.

L'auteur cite une ouvrière chemisière gagnant 2 francs par jour dont le budget est en équilibre. Mais il est à remarquer qu'elle limite son alimentation jusqu'à ne dépenser que 0,90 centimes par jour !

Si l'ouvrière ne trouve pas une *liaison* généreuse, elle est forcément vouée à la débilité et plus tard à la tuberculose.

Nous avons pu interroger quelques ouvrières qui nous connaissaient assez pour ne pas mentir et ne rien dissimuler. Leurs réponses se ressemblent beaucoup. Nous les résumons :

— Comment prenez-vous vos repas pendant la morte-saison ? — Chez le crémier ou chez moi. — Etes-vous seule dans cette nécessité ? — Non pas, nous sommes nombreuses ; chez le crémier on peut se passer de viande, se nourrir de chocolat, de riz ou de café au lait. — Prenez-vous de la charcuterie ? — Trop souvent, cela fatigue. Il nous arrive aussi d'acheter des cornets de frites et d'aller aux Tuileries ou au Palais-Royal pour les manger, cela fait une promenade. — Quels moyens avez-vous de tromper la faim ? — On achète un journal et on reste couché, cela économise les forces. — Avez-vous essayé l'alcool ? — Quelquefois, cela chasse les idées noires. Mais nous prenons de l'eau-de-vie pour nous tenir éveillées au travail, pricipalement l'été, car on étouffe dans les ateliers. — Qu'est-ce qui vous chagrine le plus dans votre existence ? — De ne pas nous amuser, d'être privées de plaisir, d'être seules, de nous ennuyer.

L'une d'elles écrit : Lorsque je jette un regard sur l'année déjà passée, j'ai le cœur comme serré. Si je n'étais pas profondément pieuse, je vivais de l'espoir de l'être un jour. Puis la roue du temps a tourné bien vite, emportant ma foi, mes espérances, me laissant en revanche le cœur vide, le même dégoût du monde et le regret de cette foi envolée, peut-être pour longtemps. Pleurer devient banal. Prier, je ne sais plus, et cependant je donnerais tout ce que j'ai de plus cher au monde pour reconquérir cette foi partie, ou plutôt, pour faire le premier pas qui me coûte le plus. » Lettre d'une ouvrière à M. d'Haussonville.

### INSALUBRITÉ DES LOGEMENTS

La modicité des salaires féminins a aussi sa répercussion sur l'état des logements, leur exiguité et leur insalubrité. On connaît l'enquête instructive ouverte à Paris par les docteurs Du Menil et Mangenot dont j'ai parlé dans mon chapitre sur l'antialcoolisme (voir *Superstitions politiques* et *Phénomènes sociaux*). On devra se référer à cet ouvrage pour avoir une idée approximative de la situation lamentable des ménages ouvriers, principalement dans les quartiers de la périphérie. Nous n'insisterons donc pas sur cette question en ce qui concerne Paris, mais nous mettrons sous les yeux du lecteur un document très significatif emprunté à l'Autriche :

« L'enquête provoquée au sujet du travail à domicile dans le vêtement et la lingerie, au point de vue de l'hygiène, par le Conseil supérieur du travail autrichien (séance du 20 mars 1899) a porté sur 409 logements ouvriers, occupés, au total, par 347 chefs de famille travaillant dans la confection et 62 dans la lingerie. Les visites sur place ont pris 47 jours, à raison d'une journée en moyenne par 4 à 5 maisons. Les informations relatives au taux des salaires ont été recueillies auprès des intéressés mêmes et n'ont pu être contrôlées.

On trouvera ci-après les conclusions des enquêteurs sur les points essentiels de leurs recherches :

## I. Logements

### *a*) RÉPARTITION PAR ÉTAGE :

| | |
|---|---|
| Dans les sous-sols . . . | 0,4 0/0 |
| Au rez-de-chaussée . . . | 32,8 — |
| A l'entre-sol. . . . . . . | 2,7 — |
| Au 1er étage. . . . . . | 27,4 — |
| Au 2e — . . . . . . . | 19,8 — |
| Au 3e — . . . . . . . | 14,2 — |
| Au 4e — . . . . . . . | 2,7 — |

### *b*) HUMIDITÉ ET SALUBRITÉ :

| | |
|---|---|
| A l'égard de l'humidité, 70 logements insalubres sur 409 visités, soit. . . . . . | 17,1 0/0 |
| 111 pièces malsaines pour d'autres causes sur 1.038 compris dans les 409 logements, soit . . . . . . . . . . . . . . | 10 — |

### *c*) AFFECTATION DES PIÈCES DES LOGEMENTS VISITÉS :

Pièces utilisées à la fois :

| | |
|---|---|
| Comme ateliers, chambres à coucher et cuisines. . . . . . . . . . . . . . . | 26,4 0/0 |
| Comme ateliers et cuisines . . . . . . . | 18,1 — |
| Comme chambres à coucher. . . . . . . | 12,1 — |
| Comme ateliers et chambres à coucher . . | 11,7 — |

Comme cuisines et vestibules . . . . . . 7,2 —
Comme cuisines et chambres à coucher. . 5,5 —
Comme ateliers sans autre affectation . . 3,8 —

*d*) DENSITÉ DES LOCATAIRES :

Rapport du nombre des maisons au nombre des logements . . . . . . . . . 1 : 2,5
Rapport du nombre des maisons au nombre des habitants . . . . . . . . . . . 1 : 6,1
Rapport du nombre des logements au nombre des habitations . . . . . . . . . 1 : 2,4

Ainsi, grande agglomération, si l'on considère, en outre, que les calculs ci-dessus ne comprennent pas le personnel passant seulement la journée chez les ouvriers à domicile.

D'ailleurs, à l'égard de la densité pendant le jour et pendant la nuit, il a été établi que, respectivement, les trois quarts et les quatre cinquièmes des 409 habitations examinées n'ont pas la surface requise par l'hygiène la moins exigeante. Le volume d'air est insuffisant aussi pour les cinq sixièmes et les six septièmes des logements.

*e*) ÉTAT MATÉRIEL DES HABITATIONS.

Ventilation par les fenêtres, défectueuses dans . . . . . . . . . . . . . . 114 cas
Eclairage insuffisant dans . . . . . . . 103 cas
Pas de cabinets d'aisance dans . . . . 11 cas

En général, service des eaux (arrivée et écoulement) établi dans des conditions antihygiéniques.

## II. Les différentes pièces des logements

### a) AFFECTATION

Les 1.038 pièces qui comprennent les 409 habitations visitées se décomposent comme suit :

53 ateliers.
264 chambres à coucher.
317 chambres à coucher-ateliers.
221 cuisines.
22 cuisines-ateliers.
108 cuisines-chambres à coucher.
58 cuisines-ateliers-chambres à coucher.

### b) ATELIERS

Des 43 ateliers relevés à un titre quelconque dans le décompte ci-dessus :

| | | | |
|---|---|---|---|
| 76 | étaient occupés par | 4 | personnes. |
| 34 | — | 5 | — |
| 22 | — | 6 | — |
| 15 | — | 7 | — |
| 8 | — | 8 | — |
| 2 | — | 9 | — |
| 7 | — | 10 | — |

Enfin, plus de 10 ouvriers et ouvrières, par pièce, ont été rencontrés dans 8 de ces locaux, la plupart d'une exiguïté extrême. A signaler, en particulier, un réduit mesurant 25 mq 8 avec un cube d'air de 85 mc 5 où se tenaient 25 lingères (dont 15 avec une machine à coudre), sorte que chaque personne avait simplement à sa disposition une surface de 1 mq 03 et 3 mc 42 d'air respirable.

### c) CHAMBRES A COUCHER

Au nombre de 742, d'après le tableau précédent. 2.493 personnes y couchaient, d'où une moyenne de 3, 4 personnes par pièce. En fait, on a compté :

| | | | |
|---|---|---|---|
| 136 | chambres à coucher avec | 1 | personne. |
| 157 | — | 2 | — |
| 151 | — | 3 | — |
| 99 | — | 4 | — |
| 90 | — | 5 | — |
| 61 | — | 6 | — |
| 25 | — | 7 | — |
| 13 | — | 8 | — |
| 6 | — | 9 | — |
| 7 | — | 10 | — |
| 2 | — | 11 | — |
| 1 | — | 13 | — |

L'exiguïté est encore ici le défaut essentiel à souligner et, en outre, l'état souvent frustre des lits véritables ou improvisés : dans les villes, de simples bancs ; à la campagne, des sacs de paille sur des sièges ou par terre, voire le tout petit espace nu derrière la vaste cheminée ou le four, d'ordinaire réservé aux berceaux des enfants en bas âge.

### III. Etat civil et situation pécuniaire des ouvriers observés

La plupart sont mariés et avaient, lors de l'enquête, au total, 1.090 enfants, dont 82,20/0, presque les 9/10, entièrement à charge aux parents.

Quant aux salaires hebdomadaires de cette catégorie de travailleurs, ils ressortent en moyenne (sous la réserve indiquée au début du présent compte rendu), à :

5 fr. 25 pour 3,9 0/0 des personnes envisagées.
10 fr. 50 — 19,5 — —
21 fr. 00 — 32,1 — —
31 fr. 50 — 23,5 — —
42 fr. 00 — 12,1 — —
52 fr. 50 — 5,2 — —

et à plus de 52 fr. 50 pour 3,7 0/0 des personnes envisagées.

Il se trouva, au surplus, 9 ouvriers et ouvrières à domicile, gagnant moins de 5 fr. 25 par semaine ; par exemple : 3 fr. 85, 3 fr. 45, 3 fr. 15, 2 fr. 85 et même, dans un seul cas, 1 fr. 70. A remarquer, à la vérité, que la lingerie, surtout, est entreprise par beaucoup d'ouvrières à titre de gagne-pain complémentaire.

D'ailleurs, auprès de ces taux infimes, il en est de plus élevés, qui dépassent grandement 52 fr. 50 ; par exemple : de 63 francs à 105 francs et même 147 francs (maximum). Ajoutons enfin, pour permettre de se former une idée la plus exacte possible de la situation matérielle desdits ouvriers, qu'un bon nombre (128 sur 409) parviennent à augmenter leurs gains en habitant avec des parents qui les aident plus ou moins du produit de leur travail, ou encore en prenant des pensionnaires étrangers (1).

*Immoralité du travail.* — On connaît les lieux communs des moralistes à l'endroit du travail : le travail, « c'est la liberté » ; le travail, « c'est la moralité » ; le travail, « c'est la dignité », « l'indépendance », « le relèvement ». Or, l'observation et l'étude nous montrent que le travail du salarié au xix^e^ et au xx^e^ siècle est précisément le contraire de tout cela.

Les dames patronnesses des *Cercles catholiques d'ouvriers* (qui pensaient comme tout le monde sur ce point) ont dû modifier leur opinion

(1) Extrait des Wohnungs-und Gesundheits — Verhaltnisse der Heimer — beiter in der Kleider — u. Wasche-confection. Service de la statistique du travail ; Ministère du commerce, Vienne 1901.

après la très instructive enquête sur l'ouvrière qu'elles firent en 1888.

Après avoir examiné attentivement, les salaires, la durée du travail quotidien, le chômage, etc., voici ce que disent les dames patronnesses des Cercles catholiques :

*Les porteuses de pain.* — La femme ne peut remplir ni ses devoirs de mère de famille, ni ses devoirs religieux ; elle est considérée comme une bête de somme, avec cette différence, à son détriment que, du moins, la bête de somme devait être nourrie même pendant les mois de chômage.

*Les ouvrières de la chapellerie.* — Quelle anomalie ! Dans ce métier, comme dans tant d'autres, il n'y a aucun secours à espérer dans la maladie ni dans la vieillesse.

*Blanchisseuses de fin.* — Journée de 12 heures : salaire 2 fr 50 à 3 fr.50, 3 à 4 mois de chômage. Le salaire passe chez le crémier ou le marchand de vin. Deux ans d'apprentissage. Aucune ressource dans le chômage. Travail le dimanche (ce qui afflige les dames patronnesses c'est moins la perte du repos que la perte des sentiments religieux).

*Blanchisseuses à neuf.* — L'usage du chlore rend l'ouvrière malade au bout de trois mois de travail.

*L'ouvrière des travaux de mode ou de luxe.*

— Il faut qu'elle soigne sa toilette, qu'elle soit bien mise, étant constamment en rapport avec nous (*les dames patronnesses*) dans d'élégants magasins. Ce cadre factice où elle passe ses journées contraste étrangement avec la misère de sa demeure : elle souffre de ce qu'elle n'a pas. Aussi l'immoralité est très générale dans ce milieu de jeunes ouvrières. Leur modique salaire assure à peine leur nourriture ; d'autres ressources leur sont offertes et, à l'heure de la sortie des ateliers chez les couturiers et les couturières à la mode, il est instructif pour un moraliste de voir comment les ouvrières sont attendues et escortées.

*Les couturières.* — La santé de ces jeunes filles est tellement compromise qu'une sœur de Saint-Vincent-de-Paul d'une des paroisses riches de Paris nous disait : « Lorsque j'apprends le mariage de l'une d'elles je suis à peu près certaine qu'elle ne vivra pas deux ans. » Malades, elles n'ont qu'une ressource, c'est l'hôpital ; vieilles, l'obole de la bienfaisance.

*Polisseuses de bijoux.* — La grande fatigue dans ce métier est pour la vue, qui s'y use vite. Dans ce métier comme dans tous les autres, la misère et l'hôpital pour avenir.

*Bijouterie en faux.* — Même absence de ressources dans le chômage, la maladie et la vieillesse ; toujours l'abandon et la misère.

C'est terrible (disent les *dames patronnesses des Cercles catholiques*) de trouver ce refrain comme conclusion à toutes nos enquêtes ; cela fait mal à constater.

*Fabrique d'enveloppes en papier.* — 12 heures de travail journalier ; de 7 heures à 7 heures du soir. 1 heure de chemin pour venir à la fabrique, ce qui fait que l'ouvrière est hors de chez elle depuis 6 heures du matin jusqu'à 8 heures du soir ; elle fait 14 heures d'absence. Elle n'a donc à elle et pour son ménage que 10 heures sur 24. Malade ou vieillie, la société n'a que faire de cette femme ; d'autres sollicitent son modique salaire (1 fr. 75 ou 2 francs aux pièces) et sont bientôt hors d'état de le gagner, car la santé ne saurait résister à de tels abus. La roue de la production tourne toujours, entassant ses victimes.

*Fabriques de papier.* — Existence précaire, travail instable et longues journées, depuis 6 heures du matin jusqu'à 8 heures du soir. Salaire 20 centimes l'heure. Quel temps reste-t-il à l'ouvrière pour élever ses enfants, préparer leurs repas, raccommoder et blanchir son linge et le leur ?

*Filature à Clichy.* — Travail : 6 heures du matin à 7 h. 1/2 du soir. L'ouvrière est debout toute la journée. Le dimanche on travaille jusqu'à midi, il est donc impossible de remplir ses devoirs de religion. Décidément, il n'y a plus, de notre temps, que les riches pouvant aller à l'église, et ce sera bientôt un luxe de pouvoir remplir ses devoirs stricts de chrétien (Ici *les dames patronnesses* donnent une explication très sensée de la disparition du sentiment religieux. Mieux que les francs-maçons, les lois et la propagande anti-religieuse, le capital et le travail abolissent ou plutôt transposent le sentiment religieux. Par exemple au lieu de Dieu, ce sera la Justice, la Vérité, la Patrie, que l'esclave devra honorer).

*Raffineries de sucre.* — En été de six heures du matin jusqu'à 10 ou 11 heures du soir. Ce genre de travail se fait dans une atmosphère brûlante ; mais celui qui est l'objet de cette enquête consiste à remplir des caisses de 10 kilos avec des morceaux de sucre cassés à la mécanique. Le salaire est de 5 centimes par cinq caisses — 100 kilos, 10 centimes. L'ouvrière est debout toute la journée ; elle ne peut pas arriver à gagner plus de 2 francs par jour, car pour cela il faut qu'elle remplisse 200 caisses. A quel excès de fatigue doit-elle arriver ! fatigue physique et anéantissement moral. Peut-elle seulement songer à ses devoirs ? Quant à les remplir, quand ? Comment ? à quelle heure ? il y a peu de chômages ; mais quand il y en a l'ouvrière devient ce qu'elle peut.

*La manufacture de tabacs.* — Des jeunes filles de 13 à 14 ans sont admises à travailler à la manufacture ; mais c'est pour elles une école d'immoralité. Le titre de cigarieres, est, à peu d'exceptions près, un brevet d'inconduite. Ce travail a aussi des inconvénients graves pour la santé ; beaucoup de tempéraments ne peuvent s'y faire, et la nicotine rend la maternité très difficile en causant un empoisonnement des enfants dans le sein de leurs mères, aussi meurent-ils peu après leur naissance.

Voilà quelques extraits d'une enquête qu'on ne peut pas suspecter de mensonge ou d'aggravation. Le caractère « immoral » du travail moderne y apparaît clairement. A qui la faute? dira-t-on ; singulière question ! L'employeur et le patron sont responsables aux yeux de l'ouvrier et de l'ouvrière, cela va sans dire, car quel serait le recours de l'exploité s'il ne s'adressait ou ne s'attaquait à l'exploiteur ? Mais plaçons-nous à un point de vue plus élevé, et remontons encore la chaîne des causalités ; nous verrons que le patron lui-même dépend de forces qu'il n'a pas créées *en tant qu'individu*, principalement *la concurrence*. « Il n'y a pas deux mois que je causais avec l'un d'entre eux, sincèrement ému de ne payer à une ouvrière que *dix-huit centimes* de façon pour un pantalon de toile.

« Mais que voulez-vous ? disait-il, je ne puis pas faire autrement. Le jour où je payerais davantage, je n'aurais plus qu'à fermer boutique. La concurrence m'étranglerait ». C'est le mot propre. La concurrence étrangle l'ouvrière, et non seulement la concurrence entre patrons, mais celle que se font les ouvrières entre elles. J'insiste là-dessus : comme il n'est pas de limites à la misère, on trouve toujours une malheureuse qui travaillera à plus bas prix qu'une moins malheureuse qu'elle-même et l'on ne saurait, par conséquent, fixer un minimum pour le salaire, avant d'avoir au préalable, imposé une borne au besoin. Du reste, ce minimum, qui le fixerait ? L'État ? Alors, sans doute, cette étrangleuse, la concurrence, serait étranglée à son tour, mais le commerce et le travail même seraient pris dans le même lacet » (1).

Ainsi la *concurrence étrangle l'ouvrière ;* mais, sans concurrence pas de *commerce* et pas de *travail.* Le commerce et le travail exigent donc que l'ouvrière soit étranglée.

*Désorganisation de la famille.* — Nous avons montré par des faits irrécusables que la main-d'œuvre féminine se substitue de plus en plus à la main-d'œuvre masculine. Le perfectionnement de l'outillage et son extension à la plupart

(1) *Les ouvrières de l'aiguille à Paris.* Charles Benoist.

des branches de la production ont permis au fabricant d'utiliser la femme et l'enfant dans une proportion beaucoup plus grande que par le passé. Ce phénomène s'accentue sous l'empire de la concurrence industrielle qui oblige le patron ou la société anonyme à réduire, par tous les moyens, ses frais de production. Par exemple, la crise de l'industrie textile en France est causée par la concurrence des produits américains dont l'outillage plus parfait donne un rendement supérieur au nôtre. Lorsque la jeune fille française pourra faire ce que fait déjà la jeune fille américaine, c'est-à-dire conduire seule seize métiers, le producteur français pourra peut-être lutter à armes égales. Sans doute cette jeune fille sera usée complètement en quelques années, comme celle des Etats-Unis; sans doute le personnel féminin sera de plus en plus préféré, et la femme continuera de déserter le foyer, mais le capital ne s'inquiète guère de ces choses. Ce qu'il exige à présent, plus que jamais, c'est du travail de femme et du travail d'enfant, de la main-d'œuvre à bon marché. Voilà pourquoi la désorganisation de la famille ouvrière est un fait social normal du régime capitaliste, et que ce fait évident, constaté, prouvé, se réalise de plus en plus.

« Le nombre croissant des manufactures

n'est pas la seule cause de la destruction de la vie de famille ; *il en est la principale.*

Les manufactures contribuent de deux façons à produire ce triste résultat : en employant la plupart des femmes dans des ateliers où elles sont retenues loin de leur ménage et de leurs enfants pendant la journée entière, et en rendant pour les autres le travail isolé absolument improductif, ce qui les pousse à chercher des ressources dans l'inconduite » Jules Simon — (*L'ouvrière*). Mais le même auteur ajoute : « Il faut souhaiter que les femmes quittent les manufactures, mais il ne faut pas l'ordonner ». Cette *restriction mentale* est assez caractéristique de l'esprit libéral et jésuite. A un autre point de vue, elle est un bel aveu d'impuissance : il n'y a pas de remède (légal) contre la désorganisation de la famille. Il est vrai que Jules Simon et ses continuateurs préconisent un remède moral : *le retour à la vie de famille !*

Comme on le voit c'est très simple. Mais il serait difficile de pousser plus loin l'incohérence des idées.

D'après un rapport officiel, publié aux Etats-Unis en 1895, sur 1.067 établissements recensés, on a relevé à cette époque 70.921 femmes célibataires contre 7.775 femmes mariées, 2.011 veuves, 36 divorcées. Les célibataires formaient ainsi 88,57 0/0 du total, les femmes mariées

7,47 0/0 seulement, les veuves 2,51 0/0 et les divorcées moins d'un 0/0. *Eleventh annual report of the commissioner of labor, 1895*) (1).

PROFESSIONS EXERCÉES PAR LES FEMMES RECUEILLIES EN 1897 PAR LES REFUGES MUNICIPAUX, L'HOSPITALITÉ DE NUIT ET LA SOCIÉTÉ PHILANTHROPIQUE

| PROFESSIONS | NOMBRE d'Hospitalisées | PROFESSIONS | NOMBRE d'Hospitalisées | PROFESSIONS | NOMBRE d'Hospitalisées |
|---|---|---|---|---|---|
| Artistes ..... | 19 | Couturières et modistes..... | 721 | Marchandes ambulantes. | 135 |
| Bijoutiers .... | 9 | Cuisinières .... | 1.072 | Mécaniciennes | 91 |
| Blanchisseuses | 1 038 | Domestiques... | 4.647 | Nourrices .... | 20 |
| Bonnetières... | 7 | Empl. de commerce....... | 56 | Papetières.... | 4 |
| Brodeuses. ... | 9 | Fem. de chamb. | 68 | Passementièr. | 65 |
| Brunisseuses et vernisseus. | 41 | Fem. de ménage | 210 | Plumassières.. | 5 |
| Cordières et matelassières | 7 | Fleuristes ..... | 88 | Repasseuses.. | 23 |
| Cartonnières.. | 12 | Gantières..... | 3 | Tapissières ... | 26 |
| Chapelières... | 15 | Gardes malades et infirmières. | 93 | Tisseuses..... | 9 |
| Chemisières .. | 10 | Gouvernantes.. | 4 | Ouvr. diverses | 3.712 |
| Chiffonnières . | 15 | Institutrices ... | 32 | Sans profess désignée.... | 731 |
| Confectionneuses ....... | 10 | Journalières. . | 3.196 | Totaux.. | 16 470 |
| Corsetières ... | 5 | Lingères ...... | 212 | | |

(1) Le recensement de 1895 n'est pas une exception en ce qui concerne l'influence de l'industrialisation de la femme sur le mariage et le célibat. En effet, sur 17.427 ouvrières recensées en 1888, on constata que 15.387 étaient célibataires, 1.038 étaient veuves, 43 divorcées, 214 séparées, 745 seulement étaient mariées.

(*Fourth annual report of the Commissioner of labor*, 1888, p. 325).

*Vagabondage et prostitution.* — L'accession de la femme dans l'industrie a été si peu un commencement de libération, que le vagabondage et la prostitution féminine ont augmenté d'une façon évidente, malgré l'accroissement constaté du travail féminin. En consultant les registres des asiles de nuit et des divers foyers d'hospitalisation, on constate que presque toutes les professions d'ouvrières sont représentées largement. Ci-joint un tableau des professions exercées par les femmes recueillies, en 1897, par les refuges municipaux, l'Hospitalité de nuit et la société Philanthropique.

L'Office du travail a donné aussi une statistique au point de vue de l'âge des hospitalisés ; elle comprend 88.100 individus, c'est-à-dire 63 0/0 du nombre total des hospitalisés. Nous relevons en ce qui concerne les femmes

| | |
|---|---:|
| De 17 à 25 ans. . . . . . . . | 292 |
| De 25 à 40 ans. . . . . . . . | 1.300 |
| De 40 à 55 ans. . . . . . . . | 1.123 |
| De 55 à 60 ans. . . . . . . . | 597 |
| De 70 à 80 ans. . . . . . . . | 63 |
| Au-dessus de 80 ans . . . . . | » |
| | 3.375 |

Ces chiffres ont une signification importante : on remarque, en effet, que le plus grand nombre des femmes hospitalisées sont aptes au travail au point de vue de l'âge. Si elles ne travaillent pas, ce n'est point à cause d'infirmités ; nous savons aussi que ce n'est point par paresse ni par dégoût du travail (1).

Dans le rapport publié par le *Reichstag* en 1887, on avoue que les bas salaires poussent à la prostitution : « Quelquefois, les ouvrières de cette catégorie sont forcées par leur vie si dure de chercher un gagne-pain auquel elles répugnaient d'abord. » Le rapport de Posen : « On peut dire sans aucune restriction que le salaire minime et la vie sédentaire favorisent la prostitution, et que réellement ces ouvrières ne mangent que des pommes de terre, quand elles ne sont point des prostituées ».

Du reste, voici un témoignagne peu suspect sur la prostitution. Il répond aux risibles flétrissures des moralistes qui accusent souvent le *vice*, là où il ne faut voir que des fatalités économiques et des infortunes inconnues : « Nous ne croyons pas que la satisfaction des sens et le besoin d'avoir des rapports sexuels avec les hommes doivent être classés parmi les causes sérieuses de la prostitution. Nous avons inter-

(1) Voir le chapitre sur le chômage dans mon livre *Les Superstitions politiques et les Phénomènes sociaux* (Stock). 2e édition.

rogé des milliers de femmes sur ce sujet et il n'y en a qu'un très petit nombre qui nous aient dit avoir été poussées à la prostitution par une ardeur génésique qu'elles tenaient à satisfaire. Beaucoup, dira-t-on, n'ont pas voulu avouer ce motif? Bien que les filles qui se livrent à la prostitution manquent souvent de sincérité, nous croyons que, sur ce point, elles ne cherchent pas à tromper. Lorsqu'elles ont des besoins génésiques, elles ne s'en cachent pas; elles mettent au contraire un certain amour-propre à le constater; elles semblent trouver dans cette affirmation un motif suffisant pour expliquer la vie qu'elles mènent. Si l'infime minorité seulement avoue ce motif, c'est qu'il n'existe pas, pour le plus grand nombre. Avant nous, Parent-Duchatelet avait émis une opinion analogue, lorsqu'il dit : « Il y a des filles qui se livrent à la prostitution par suite d'un dévergondage qu'on ne peut expliquer chez elles que par l'action d'une maladie mentale qui diminue beaucoup la culpabilité aux yeux de celui qui les observe et qui les étudie de près; mais, en général, ces Messalines sont rares » (*La Prostitution clandestine à Paris*, par le Dr O. Commenge, médecin en chef du dispensaire de salubrité de la Préfecture de Police).

Dans l'ensemble des jeunes insoumises reconnues malades pendant la période de 1878 à 1884 nous avons trouvé 692 orphelines, dit le docteur Commenge ; il y avait en outre, 456 jeunes filles qui avaient perdu leur mère.

Voici deux exemples-types cités par M. Commenge :

Le 4 décembre 1878 la nommée M... Elvire, agée de vingt et un ans, née à Milan se présente à la préfecture de police pour être inscrite sur les registres de la prostitution, afin d'entrer dans une maison de tolérance. L'examen médical ayant démontré que cette jeune fille n'était pas déflorée, elle fut signalée par une note spéciale à l'administration : on insiste pour qu'elle ne donne pas suite à sa détermination, en lui faisant comprendre toute la tristesse de la vie qu'elle veut embrasser. Les observations restent sans effet et M.., qui était majeure, paraissant bien décidée à vivre de la prostitution, on ajourne l'inscription en décidant qu'elle passerait devant la commission d'inscription. Ce répit fait réfléchir la jeune fille qui, rentrant en elle-même modifie insensiblement ses dispositions et n'hésite plus à raconter son histoire. Elle avait perdu sa mère depuis quelques années et vivait avec son père en Italie ; mais à la mort de celui-ci, survenue récemment, elle a quitté Milan pour venir travailler à Paris comme couturière. Elle est à Paris depuis vingt-deux jours, sans avoir pu, malgré de nombreuses démarches, obtenir du travail ; après avoir épuisé le peu d'argent qu'elle possédait, se trouvant sans ressources et ne voulant pas mourir de faim, elle avait écouté des conseils qui lui avaient été donnés et avait la résolution d'entrer dans une maison publique pour vivre de la prostitution.

L'autre cas est celui-ci de C... Émilie, agée de seize ans et demi, née à Paris qui est orpheline.

Elle a une sœur mariée à un ouvrier, chez laquelle elle a habité pendant quelque temps et à qui elle remettait le peu qu'elle gagnait comme apprentie chapelière, c'est-à-dire 1 fr. 50 par jour.

Le beau-frère trouvant que la présence de cette jeune fille chez lui augmentait les charges du ménage, lui fit comprendre, qu'il ne pouvait la garder plus longtemps et qu'elle devait chercher une place. Elle quitte le domicile de sa sœur, fort triste, la bourse à peu près vide, ne sachant où aller se loger, ignorant où elle trouverait les ressources nécessaires pour se nourrir. Après quelques tentatives infructueuses pour avoir une place, elle fait la rencontre d'un monsieur qui lui offre 20 francs si elle consent à l'accompagner dans un hôtel. L'offre lui paraissant tentante, après une légère hésitation elle accepte la proposition qui lui est faite et bien qu'elle fût encore vierge, elle se livre à cet inconnu qui lui donne des ressources pour plusieurs jours. Elle n'avait jamais vu de pièce de 20 fr. ; aussi cette pièce d'or qu'elle touchait pour la première fois lui semblait-elle constituer une petite fortune ; elle s'empresse de louer un petit cabinet meublé dans un garni de la rue Royer-Collard, et vit pendant quelque temps avec sa pièce d'or. Quelques jours après elle s'en va, de nouveau, à la recherche d'une pièce de 20 francs ; mais cette fois elle éprouve une grande déception, la générosité du client n'allant pas au-dessus d'une pièce de 5 francs. Sa troisième tentative à la recherche d'un louis d'or est encore plus malheureuse que la seconde, puisqu'elle est arrêtée par les agents du service des mœurs au moment où elle conduisait un amateur dans un hôtel.

Dirigée sur le commissariat de police du quartier, puis emmenée à la préfecture de police, elle passe au dispensaire de salubrité le 8 mars 1894 (1).

Il est instructif de donner un aperçu des professions qui ne sauvent pas l'ouvrière du trafic de la chair :

Professions qui donnent le plus fort contingent à la prostitution clandestine.

(1) *La Prostitution Clandestine à Paris*, par O. Commenge.

## (1878-1887)

| | | | |
|---|---|---|---|
| Domestiques | 2.681 | Polisseuses | 54 |
| Couturières, lingères | 1.346 | Brocheuses | 66 |
| Blanchisseuses | 614 | Employées de commerce | 64 |
| Fleuristes | 207 | Giletières | 39 |
| Mécaniciennes | 218 | Doreuses | 32 |
| Passementières | 99 | Repasseuses | 27 |
| Cartonnières | 97 | Papetières | 27 |
| Modistes | 80 | Piqueuses de bottine | 20 |
| Plumassières | 81 | Journalières et sans profession | 307 |
| Brunisseuses | 78 | | |
| Boutonnières | 77 | | |

*Conclusions.* — Telle est la situation abrégée de la femme ouvrière dans la vie moderne. Travaux pénibles et repoussants, longueur démesurée de la journée de travail (accompagnée de chômages intenses), intoxication professionnelle, déformation corporelle, tuberculose chronique, insuffisance d'alimentation, sweating-system, exploitation sur toutes ses formes. Le sort de la femme est donc pire que celui de l'homme. C'est donc sa situation matérielle qui doit attirer surtout l'attention du sociologue, du penseur, du législateur et du philosophe.

Tout ce que l'on peut dire à côté est superflu : « corruption », « immoralité », « perfidie », « déchristianisation », etc., autant de mots vides de sens, autant de sombres asiles de l'ignorance ou de la mauvaise foi. La *moralité* d'un être ne peut scientifiquement s'expliquer que par l'examen attentif et approfondi des conditions matérielles de sa vie.

Et le reste est littérature.

Faut-il donc, en présence de l'anéantissement de toutes les forces et de toutes les joies de la femme ouvrière, recourir à la charité ?

Il existe en France, dispersés sur tous les points du territoire plus de deux mille ouvroirs tenus par des religieuses de différents ordres, dont la moitié travaillent aussi de leurs mains ; ces deux mille ouvroirs ont près de 80.000 élèves, qui toutes travaillent, « et si l'on veut admettre que nos religieuses qui sont au nombre de 100.000, travaillent de leurs mains, si l'on tient compte aussi de la multitude d'asiles et de pensionnats où le travail des doigts occupe plusieurs heures dans journée, et où les articles sont vendus, on pourra conclure, sans exagération, que la production industrielle qui sort de toutes ces institutions représente le travail d'environ 150.000 personnes » (1).

Ainsi, non seulement l'œuvre de la charité est impuissante, mais elle est nuisible et malfaisante. La femme indigente, recueillie par les bonnes âmes chrétiennes, concurrence la femme pauvre et fait baisser son salaire déjà si dérisoire ! « Presque tous les ouvroirs de pro-

(1) Leroy-Beaulieu. — *Travail des femmes*, p. 377.

vince, dit M. Monnier, s'adonnent à des travaux de confection assez simples, pour le compte d'entrepreneurs. La chemise y occupe la place principale » (1).

Jules Simon lui-même, quoique préoccupé d'atténuer l'importance de ces faits, écrivait :

« Tout en étant loyale (cette concurrence) elle est écrasante. Si nous prenons pour exemple la fabrication des chemises en gros, à l'heure qu'il est, sur cent douzaines de chemises qui entrent dans le commerce parisien, les couvents en ont cousu quatre-vingt douzaines » (2).

On sait que le mouvement s'est accentué. Aujourd'hui des centaines de couvents travaillent au rabais pour le *Louvre*, le *Bon-Marché*, etc., avilissent de plus en plus les salaires féminins, accroissant ainsi la prostitution. La *moralité* engendre *l'immoralité*. Phénomène bien caractéristique de ce temps si fertile en contradictions ! *Dieu* lui-même exploite les pauvres.

En résumé, il ne faut pas considérer l'état d'ouvrières (pas plus du reste que celui d'ouvriers) comme un progrès.

La femme industrialisée est un accident fatal

(1) Monnier. — *Organisation du travail manuel des jeunes filles.*
(2) Jules Simon. — *L'Ouvrière*, p. 172.

du régime capitaliste : il résulte de deux grandes causes principales : le bas prix de la main d'œuvre féminine et la transformation mécanique du travail moderne. La femme comme l'homme, et plus que l'homme, est encore dominée par des forces qui rendent illusoire la liberté.

---

## EXAMEN DE QUELQUES IDÉES FÉMINISTES

Le mouvement féministe est universel et prend une importance qu'il serait puéril et maladroit de nier. Des écrivains superficiels, — même parmi les romanciers, les auteurs dramatiques et les publicistes contemporains, — ont tourné la chose en raillerie, et forts des préjugés séculaires, ils ont cru être sensés en haussant les épaules et en disant : « la femme au foyer ». C'est pure ignorance.

D'un autre côté, les apôtres de l'émancipation féminine, soulevés par une foi sincère et terriblement optimiste, poussés par un zèle respectable mais peu clairvoyant, ont formulé des vœux contradictoires et réveillé des espérances décevantes. C'est pure illusion.

Référons-nous aux sources et consultons le recueil des rapports, discussions, vœux et discours élaborés aux Congrès de 1900 et réunis par les soins de la *Fronde.*

*La femme contre la protection de la femme.* —

Ce qui frappe surtout l'observateur dans le programme féministe, c'est l'insistance avec laquelle la femme s'oppose à toute protection particulière dans son travail. « Que toutes les lois d'exception qui régissent le travail des femmes soient abrogées » dit le vœu de la commission. D'où tolérance du travail supplémentaire, tolérance du travail de nuit. Pourquoi ? Parce que tout travail féminin limité trouve son dérivatif dans le travail masculin :

« Dans l'industrie de la dentelle (en Angleterre, à Nottingham), la femme à qui il est défendu par la loi de travailler la nuit, ou une partie de la nuit, perd, non seulement une partie de sa propre valeur industrielle au regard de son patron, mais la machine qu'elle dirige perd également une grande partie de sa valeur. Vous savez (dit Mme Montiflore) sans doute, que les feux qui font marcher les machines sont, pour des causes économiques, rarement éteints, et les machines marchent dans le cas que je vous cite 20 heures sur 24. — Pour les ouvriers, ces 20 heures sont divisées en deux parties ; une équipe d'ouvriers travaille 10 heures et fait place à une autre équipe qui travaille aussi 10 heures. — Dans le cas des ouvrières, qui ne peuvent de par la loi, que travailler les 10 heures de la journée (ce qui les empêche de travailler par équipe) leurs machines, pendant la nuit, ne sont d'aucune utilité pour le patron. Devons nous nous étonner si les gains des femmes dans cette industrie sont moitié moindres que les gains des hommes, et si le nombre des femmes employées diminue d'année en année ? Dans le cas que je cite maintenant, la femme possède *la même habileté* que l'homme à diriger la machine et, notez-bien, pas une *habileté supérieure*, comme dans l'industrie textile ; l'ouvrier est supérieur en nombre, les heures de l'atelier sont, par conséquent, réglées par l'ouvrier, ou, pour mieux dire, par l'association ouvrière à laquelle il appartient, et l'ouvrière, empêchée par la loi de suivre le même système d'heures, est peu à peu remplacée par l'ouvrier. En attendant, elle doit se contenter de la moitié du salaire de l'ouvrier, quoique, pendant les heures où il lui est permis de travailler, elle accomplisse la même quantité de travail que l'homme. » (Rapport de Mme Montifiore à Nottingham).

Ainsi la femme ne veut pas se trouver en infériorité de moyens vis à-vis de l'homme ; *elle est* devenue son concurrent sur le marché du travail et, réciproquement, *il reste* son concurrent. On aurait tort d'accuser la femme de ce nouvel état de choses (je dis nouveau à cause de son aggravation). Tout cela s'est fait — comme tant de choses importantes — en dehors de sa volonté et de la volonté humaine. La guerre des sexes — guerre étrange qui n'existe que pour leur union — est aggravée du conflit des intérêts. Cela est indéniable, en dépit des protestations sentimentales faites par les intéressés. Si la femme ne veut pas de lois restrictives du travail, c'est pour lutter à armes égales. Du reste, il faut le dire, toute pensée malveillante, à cet égard, est absente de son esprit, car elle demande, que ces lois d'exception « soient remplacées par l'application à toute la population ouvrière et sans distinction de sexe, d'un régime égal de protection » (Vœu adopté par le Congrès).

De sorte que l'article du programme féministe disparaît, confondu dans un article du programme socialiste, ou plutôt du programme des lois ouvrières, sans lesquelles aucune forme de gouvernement ne pourra se maintenir (l'Empire d'Allemagne, les Royaumes d'Angleterre et de Belgique, etc., élaborent des lois ouvrières).

On reproche à la femme ouvrière de faire baisser les salaires. Outre qu'elle n'est pas la seule cause de ce phénomène, comment peut-elle se dispenser de le faire ? Ne subit-elle pas comme l'ouvrier les conditions de l'offre ? N'est-elle pas affreusement exploitée dans les métiers exclusivement féminins ? Et n'est-il pas compréhensible qu'elle se pousse dans les métiers masculins ? On oublie que le nombre des femmes veuves ou célibataires s'élève à environ *cinq millions* (exactement 4.682.998). Or il y a peu de rentières et de riches dans le nombre. Qui assurera les moyens d'existence de ces femmes ?

Il est parfaitement établi aujourd'hui que l'ouvrière seule, avec son travail féminin, ne peut vivre de ses seules ressources. C'est la règle. Faut-il donc s'étonner que la femme pénètre dans les professions masculines ? Voilà ce que les féministes pourraient objecter aux bourgeois moralistes et aux ouvriers concurrencés.

Du reste, si la philanthropie s'émeut au spectacle de la femme exploitée, elle reste indifférente aux conditions de l'exploitation :

« Pour qu'un patron, avec la loi actuelle consente à employer des femmes ; pour qu'il se soumette aux vexations des enquêtes, à l'introduction à toutes heures, dans ses établissements, d'inspecteurs et d'inspectrices ; pour qu'il subisse le contrôle perpétuel sur les heures d'entrée, de sortie, de repos des ouvrières, sur leur hygiène ; pour qu'il subisse les dérangements occasionnés par les couches, les grossesses ; pour qu'il passe sur tout cela, en employant des femmes, il faut qu'il y trouve, quand même, son intérêt, et son intérêt est simplement la main d'œuvre à vil prix » (Rapport de Mme Bonnevial).

D'où il résulte que la femme est obligée de demander un salaire égal à celui de l'homme (à travail égal, salaire égal) ce qui entraîne forcément l'établissement du salaire minimum pour les deux sexes. Ici encore, nous aboutissons au socialisme étatiste, aux lois ouvrières. Le programme féministe est de nouveau absorbé. On remarquera qu'il s'agit des revendications principales : la durée du travail, la protection et le salaire. Le féminisme ne peut les résoudre.

« La sécurité de notre avenir est dans le travail ; l'honorabilité de notre vie est dans le travail ; l'indépendance de notre conscience est dans le travail » disait Mme Dora Montefiore exprimant la pensée des Congressistes. Pouvait-on trahir plus naïvement la méconnaissance de la vie économique de notre époque ? Qu'on relise seulement l'étude que j'ai consacrée moi-même au *Chômage*.

Que toutes les lois restrictives et protectrices du travail féminin soient abolies, déclarent les féministes ; mais, avec cette réserve que le mineur, garçon ou fille, sera protégé : « Je suis « pour le travail libre partout « dit Mme Pau« line de Grandpré, fondatrice de l'Œuvre des « libérés de Saint Lazare » soit à l'atelier, dans « les manufactures, au foyer domestique, dans « les couvents, dans les prisons et même dans « la rue. — Partout où on veut nous protéger, « on nous opprime, et la protection n'est sou« vent qu'une entrave sans compensation : Je « comprends qu'on réglemente le travail des « enfants mais pas celui des femmes ».

Les féministes oublient qu'une foule d'enfants et principalement de filles, sont ouvriers salariés ; une statistique officielle nous apprend qu'il y a dans l'industrie, le commerce, etc., 83.070 garçons et 77.807 filles de 13 à 16 ans et 73.076 garçons, et 73.923 filles de 16 à 18 ans ; enfin 1.092 garçons et 776 filles de 12 à 13 ans. — Ces chiffres, bien au-dessous de la vérité, donnent un total de près de 300.000 enfants ; un grand nombre sont salariés, — dérisoirement salariés. Parmi eux, il y a des ouvrières (coutures, vêtements, confection). — Les féministes admettent donc pour celles-là les lois restrictives et protectrices. — Comment résoudre cette contradiction ?

*L'hygiène obligatoire.* — Nous venons de voir que les féministes, conformément aux désiderata précis ou tacites des ouvrières, s'élèvent avec force contre toute mesure restrictive du travail, contre toute loi protectrice de la main-d'œuvre féminine. — Et nous savons que c'est dans le but de pouvoir lutter à armes égales avec l'homme sur le marché du travail. Mais si nous jetons un coup d'œil sur les autres vœux formulés par les congressistes, nous remarquons qu'il y en a de contradictoires, notamment celui-ci, qui contraste singulièrement avec le précédent :

« Que, soit dans les administrations ou manufactures de l'Etat, soit dans les établissements industriels, soit dans les maisons de commerce et, en général, dans toutes entreprises civiles ou autres, les femmes aient la faculté de prendre un repos de quinze jours avant l'époque présumée de leurs couches; que les établissements employeurs soient tenus de leur accorder un congé de 4 semaines après leur accouchement; que, pendant la durée de ce congé, la femme ait droit à une indemnité quotidienne de 2 francs au minimum, à la charge de l'Etat ».

Peut-on nier qu'il s'agit là d'*une loi d'exception*, une de ces lois que les féministes veulent voir absolument abolies. — On objectera que c'est une nécessité de nature et que vouloir y contredire, c'est faire preuve d'inhumanité. — Sans doute. Mais les heures supplémentaires, le travail de nuit, acceptés par les féministes, ne sont-ils pas aussi préjudiciables à la femme? Mais les maladies professionnelles, saturnismes, hydrargyrismes, arsénicismes, oxycarburismes, phosphorismes, nicotismes, sulphocarbonismes, etc., ne sont-elles pas destructrices de l'organisme féminin, et ne retentissent-elles pas sur les organes de la génération?

« Dans certaines maisons de confection, à Mulhouse, dit une féministe, Mme Mieg-Baumgartner, les ouvrières à l'âge de 18 ans travaillent de 6 heures du matin à midi et de midi et demie à 3 ou 4 heures du matin, et ce, presque toute l'année. Dans l'industrie textile, la journée est de 10 h. 1/2 à 11 heures (les jeunes filles de 16 ans sont soumises aux mêmes conditions que les femmes) ; l'ouvrière est debout du matin au soir, ce qui occasionne des déformations du bassin, des varices ou des maladies de matrice. L'air des filatures, chargé de poussières, dispose aux maladies de poitrine. La jeune ouvrière travaille souvent pendant sa grossesse, jusqu'au jour de l'accouchement, surtout si elle n'est pas mariée, ce qui est souvent le cas. Si elle épouse un ouvrier bien payé, elle peut soigner et nourrir elle-même ses deux ou trois premiers enfants, mais après le quatrième, souvent le salaire du père devient insuffisant pour la famille, et la mère doit reprendre du travail. En cas d'accident ou de maladie, les caisses de maladies accordent à l'ouvrier les soins et remèdes gratuits et 1 fr. 25 par jour pendant un maximum de treize semaines ; ce qui est, cela va sans dire, tout à fait insuffisant pour entretenir le malade et sa famille.

La femme enceinte ou relevant de couches va donc en journées ou à l'usine sans pouvoir se donner les soins qu'exige son état. Aussi, voit-on nos ouvrières vieillir avant l'âge, perdre les cheveux et les dents, et prendre un aspect repoussant. La femme qui travaille 10 à 12 heures par jour n'a pas même une nuit tranquille si elle a un mari ivrogne et brutal, ou de petits enfants qui dorment avec elle dans son lit ; elle doit souvent consacrer son dimanche à la lessive ou au raccommodage des habits, heureuse quand elle est assez adroite pour coudre elle-même ceux de ses enfants. En résumé, nos femmes du peuple sont victimes d'un vrai surmenage physique qui ne leur laisse ni loisir ni envie de cultiver leur esprit. Quelles sont les suites de ce surmenage, de cette nourriture débilitante, de ces logements insalubres? C'est l'anémie, la phtisie (ces maladies des pauvres) qui déciment notre population mulhousienne... »

En Autriche, nous apprend Mme Fickert, les employées de l'épargne postale sont tellement surchargées de travail que souvent les malheureuses jeunes filles sont prises d'évanouissement et de crampes au cœur ; elles gagnent 20 heller par heure et travaillent souvent de 8 heures du matin à 6 et 7 heures du soir, n'ayant qu'une demi-heure de repos à midi. Dans la Commission générale de la statistique et dans différents autres emplois de l'Etat, les conditions des employées sont encore plus déplorables...

On pourrait multiplier les attestations en citant seulement les rapports des féministes.

J'ai déjà parlé des cas d'avortement, de stérilité, de tuberculose héréditaire, causés par les occupations et les métiers féminins. —

Je n'y revions pas. — On voit dans quel cercle vicieux tournent les réformateurs les mieux intentionnés.

La bonté elle-même veut s'imposer et devenir obligatoire :

« Qu'un séjour d'un mois au minimum, dit le vœu des congressistes, dans les hôpitaux spéciaux ou les maisons de convalescence soit imposé à la mère qui après son accouchement ne pourra justifier de moyens d'existence pour elle et son enfant. — Cette mesure ayant pour but de supprimer tous les secours d'argent distribués par l'Assistance Publique qui profitent trop rarement à la mère et à l'enfant ».

Ainsi, obligation du secours et obligation du travail, lequel par sa nature est nuisible.

Du reste, si l'on réfléchit à la somme d'argent qu'il faudrait pour assister la femme ouvrière et la femme pauvre, avant, pendant et après ses couches, c'est-à-dire au minimum deux mois, à raison seulement de deux francs par jour, on comprend bien que le budget de l'Etat serait colossalement obéré rien que de ce fait. Les impôts, déjà croissants, s'élèveraient encore pour faire face à ces nouvelles dépenses, en supposant qu'il y ait un Parlement capable de voter des lois qui se retourneraient contre la majorité de ses Membres.

On voit que ce nouvel article du programme féministe, dicté par un sentiment de générosité, se brise contre la réalité, comme tant d'autres lois sociales dont l'application démontre la stérilité.

*Le suffrage politique.* — Les féministes demandent que « les droits civils, civiques et politiques soient égaux pour les deux sexes ». Mais ce serait une erreur de croire que cette revendication date de l'agitation féministe. Elle est antérieure. Il y a une trentaine d'années que les femmes anglaises ont acquis successivement le droit de suffrage pour les élections municipales, le droit de suffrage et d'éligibilité pour les comités de l'Assistance publique, le droit d'élection des membres des Conseils de Comité, etc. En 1881, l'île de Man accorda le droit de suffrage aux femmes *propriétaires* et, 11 ans plus tard, les deux chambres étendirent le droit de suffrage aux locataires.

En 1893, la Nouvelle Zélande a adopté le suffrage politique féminin. En 1894, l'Australie méridionale suivait son exemple et, en 1899, l'Australie occidentale faisait de même.

Dans les Etats-Unis, c'est le Wyoming qui a commencé à conférer le suffrage aux femmes ; en 1869, l'Utah l'a suivi, et pour la deuxième fois en 1885. — En 1893, le Colorado proclamait l'émancipation politique de la femme, et en 1895, l'Idaho faisait de même. « Eh bien les résultats, dans tous ces Etats, sont si excellents que tous les gouverneurs, les écrivains qui ont étudié ces conditions et les habitants mêmes en sont enchantés » dit Mme la doctoresse Eliza Ichenhaeuser, de Berlin. « Dans le Kansas, les femmes exercent le suffrage administratif ; dans quatre autres Etats, les femmes possèdent le vote dans certaines questions administratives ; dans vingt-cinq, elles ont le suffrage dans les questions scolaires ».

« Un des résultats du vote des femmes a été que certains sujets se rapportant à la législation sociale, sanitaire, domestique et industrielle, ont reçu plus d'attention. Nous avons constaté que la cause de la tempérance a gagné. Tout ce qui touche à l'hygiène et à la santé publique est l'objet d'une grande attention. — L'influence de la femme dans la politique se fait sentir par l'amélioration de la santé morale et physique du peuple entier. — Les femmes se sont appliquées surtout à rendre plus juste la législation sur l'héritage, car nos lois laissent encore beaucoup à désirer sur ce point. — Les questions industrielles et la législation dans les usines ont aussi été plus étudiées. Nous avons pu constater l'influence bienfaisante des femmes dans la politique ».

Ainsi s'exprime le Docteur Cockburn sur l'émancipation des femmes dans l'Australie du Sud.

On voit que l'accession progressive de la femme n'est pas un mouvement négligeable. Nous sommes en présence d'un fait social important.

Ce n'est plus comme au XVIIIe siècle, et dans la première moitié du XIXe, une idée de philosophe ou de sociologue. Condorcet, Olympe de Gouges, Fournier, Saint-Simon, Pierre Leroux, ont revendiqué pour la femme le droit de participer à la vie politique. Mais l'évolution du travail moderne, qui devait entraîner l'apparition de ce droit, n'avait pas atteint le degré nécessaire. Aujourd'hui — et c'est le point important, celui que les féministes négligent — la femme joue un rôle trop considérable dans la création de la richesse industrielle, pour être écartée de la vie administrative, civique et politique. Où la femme a-t-elle conquis le plus de droits politiques ? En Amérique. En quel pays participe-t-elle le plus au travail industriel ou agricole ? En Amérique.

Nous donnons un tableau significatif page suivante.

En réalité, ces chiffres sont au-dessous de la vérité : la proportion des femmes est beaucoup plus grande ; elle a augmenté dans tous les groupes professionnels depuis 1880, non seulement aux Etats-Unis mais dans tous les pays industrialisés.

POURCENTAGE DE L'UN ET L'AUTRE SEXE DANS QUELQUES GROUPES PROFESSIONNELS AUX ÉTATS-UNIS.

| | | En 1870 | En 1890 |
|---|---|---|---|
| Manufactures et industries mécaniques | Hommes | 85,56 0/0 | 72,82 0/0 |
| | Femmes | 14,44 — | 20,18 — |
| La proportion des hommes a diminué, celle des femmes augmenté. | | | |
| Commerce et transport.. | Hommes | 98,39 0/0 | 93,13 0/0 |
| | Femmes | 1,60 — | 6,87 — |
| Même remarque que précédemment. | | | |
| Ensemble de toutes les professions réunies | Hommes | 85,32 0/0 | 82,78 0/0 |
| | Femmes | 14,68 — | 17,22 — |

C'est ce rôle actif et considérable joué par la femme (et l'enfant) dans la production de la richesse qui détermine fatalement son accession progressive à la vie politique. Il est vain de le déplorer ou de s'en réjouir. Il y a là une nécessité historique dont nous connaissons quelques précédents. Ainsi que l'a rappelé habilement Mme Harriott, M. Ilquham, chez les anciens bretons les femmes dirigeaient les guerres à l'égal des hommes. — La loi saxonne autorise les femmes à siéger, aussi bien que les hommes, au Witenagemot (Parlement). Il était donc naturel, en présence du développement pris par le système féodal, que les *dames* propriétaires de manoirs présidassent les cours manoriales et que, à mesure que le gouvernement paroissial grandissait, tandis que le gouvernement manorial déclinait, les femmes, propriétaires foncières, prissent part au gouvernement paroissial. — Pendant des siècles, l'assemblée paroissiale (Vestry) était remplie de femmes, et cette assemblée avait le droit d'obliger les femmes à en faire partie si l'on avait besoin de leur concours.

Qui oserait expliquer ces faits curieux par la fantaisie ou l'engouement pré-féministe ? Quand la femme remplit de pareilles fonctions chez un peuple, c'est qu'elle participe directement à la défense ou à la gestion des biens, quelles que soient les circonstances qui aient provoqué cet état de choses. Si cette participation à la vie politique a été peu importante dans le passé, cela tient à l'insuffisance de sa participation à la vie guerrière et foncière. Aujourd'hui le capital s'est emparé de la femme et de l'enfant pour les utiliser comme main-d'œuvre à bon marché : la femme (représentée par une fraction cultivée) essaye de se redresser contre le capital. Les Etats s'émeuvent. Des concessions s'imposent ; et voilà pourquoi nous voyons le législateur se préoccuper des revendications persistantes de la femme ;

On sait que la Chambre des députés a, sur le rapport de M. Viviani, voté une loi permettant aux femmes licenciées en droit d'exercer la profession d'avocat.

Depuis 1881, les femmes peuvent, sans l'autorisation du mari, retirer de la Caisse d'Epargne les sommes qu'elles y ont déposées.

Depuis 1893, la pleine capacité civile a été reconnue aux femmes séparées de corps.

Depuis 1895 les femmes sont admises comme administratrices dans les bureaux de bienfaisance de la ville de Paris.

Depuis 1896, elles ont le droit, malgré le refus du mari, d'autoriser le mariage des enfants, si la séparation de corps ou le divorce a été prononcé à leur profit.

Depuis 1897, elles peuvent être témoins dans les actes de l'état-civil, naissances, mariages, décès, et témoins instrumentaires chez les notaires.

Depuis 1898, les femmes sont électeurs aux tribunaux de commerce.

Les hommes politiques les moins suspects d'idées extravagantes ou subversives sont obligés de céder à l'impulsion.

M. de Pontbriand n'a fait aucune difficulté pour reconnaître le droit des femmes exploitant pour leur compte, à être admises à participer à l'électorat dans les Chambres d'Agriculture, aux conditions énoncées pour les électeurs. M. Méline président de la Commission, favorable à l'électorat des femmes, fit la promesse formelle que les femmes chefs de famille seraient appelées, comme électeurs, à prendre part au vote.

En effet, le projet de loi (présenté par M. de Pontbriand) pour les électeurs appelés à élire les membres des Chambres d'agriculture, remanié et présenté à nouveau au Parlement par M. Méline, puis par M. Dupuis, comprend les femmes au nombre des électeurs.

La législation féminine se dessine donc nettement dans toutes les nations. C'est dire que le mouvement n'est pas superficiel. Au contraire, il trahit la participation croissante de la femme à la vie économique.

Mais l'illusion des féministes est de croire que l'obtention des droits politiques doit conférer à l'ouvrière l'émancipation et l'indépendance. On ne réfléchit pas à la situation actuelle de l'ouvrier qui jouit depuis un demi siècle du droit de suffrage, et qui néanmoins voit de jour en jour ses risques augmenter.

Il est vrai que l'optimisme inconcevable des chefs socialistes est de nature à nourrir ces illusions dangereuses. Il fut un temps où le socialisme reposait sur quelque fondement scientifique, ce qui lui permettait de comprendre la signification du suffrage universel, rouage nécessaire du capitalisme. Aujourd'hui, la doctrine est dégénérée : un vague et sentimental idéalisme a remplacé la dialectique sévère et objective de Marx. Le mirage des mots et des métaphores entretient cette équivoque funeste. Le féminisme s'en est fortement ressenti. Au lieu de considérer le bulletin de vote comme une arme insuffisante et provisoire, c'est-à-dire comme un pis-aller, les féministes lui confèrent une vertu *sui generis* qu'il n'a jamais eue : « Tant qu'au suffrage masculin ne viendra pas se joindre le suffrage féminin, tant que, se complétant l'un et l'autre, ils n'auront pas restitué à la société l'équilibre et l'harmonie, la société ira de tourments en tourments et d'abîmes en abîmes ».

Ainsi parlait M. Viviani au Congrès féministe de 1900. L'orateur socialiste oublie que le droit de suffrage conféré à la classe ouvrière n'a nullement amélioré la position des travailleurs. La *diminution des salaires* et l'*augmentation du chômage*, ces deux diagnostics oubliés par les représentants du peuple, constituent le témoignage éclatant de l'impuissance des Chambres, de la législation et du suffrage à l'égard des intérêts ouvriers. Il est dur de convenir de ces hautes vérités. Mais le devoir d'un historien qui se respecte est de ne rien cacher.

Sans doute, on pourra objecter que l'impuissance du suffrage universel pour améliorer le sort de la démocratie ouvrière et salariée, vient précisément de sa limitation à l'élément masculin et que la condition indispensable de son efficacité réside dans son application aux deux sexes.

A cela nous répondrons qu'il y a plus d'un million d'enfants qui participent à la production industrielle, au commerce et à l'agriculture et que, tant que le suffrage ne leur sera pas conféré, son fonctionnement ne sera ni complet ni normal. Si les représentants du féminisme étaient logiques, ils ne manqueraient pas de demander aussi le droit de vote pour l'enfant. L'*Infantilisme* a autant de raison d'être que le féminisme. L'enfant n'est il pas exploité, asservi, subjugué ? La femme se plaint — à bon droit — de l'homme. Mais l'enfant *industrialisé* a contre lui l'homme et la femme : et nul n'entend ses plaintes.

Mais en admettant qu'on accorde à la femme le droit de choisir ses maîtres et qu'à ce droit vienne s'ajouter celui de l'enfant, croit-on que cela suffira pour libérer l'un et l'autre de la servitude économique ?

Ce serait mal connaître le jeu compliqué des intérêts qui nous divisent.

Toute législation est créée par les classes les plus puissantes, aristocratiques ou argyrocratiques, féodales ou capitalistes. Conçoit-on le droit féodal élaboré en faveur du paysan ? Et conçoit-on le code moderne (même refondu et remanié), rédigé en faveur des non-propriétaires ? Cela n'a pas de sens. Tout au plus si l'on entrevoit la possibilité de quelques *concessions* : c'est la législation de façade, celle qui ne laisse que mécompte et désillusion.

En résumé, le féminisme a ses raisons dans la vie économique : c'est un symptôme de l'utilisation croissante de la main d'œuvre féminine (à cause du bas prix de cette main d'œuvre). Mais l'*ouvrière* n'est pas un progrès ; il faut la considérer comme un épisode de l'Histoire industrielle et marchande ; un instrument de la concurrence capitaliste. Quelle est sa valeur sociale ? Qu'est-ce qu'une émancipation qui se fait aux dépens du travail masculin, du salaire masculin, du budget familial, de la santé, de l'hygiène et de la vie libre ?

———

# LES ENFANTS « INDUSTRIALISÉS »

> Le revenu du capital s'achète au prix de la mort des enfants ; notre prospérité industrielle est basée sur l'infanticide.
>
> FIELDEN, *The Curse of factory system*.

## I

D'après les rapports des inspecteurs du travail, et de l'aveu de M. Millerand, ancien ministre du Commerce, il y a en France 333.636 enfants employés à la production. Ce fait qui nous semble naturel, parce qu'on s'accoutume à voir les choses les plus anormales, a des conséquences très graves au point de vue social. Partout où l'industrie s'est développée, le capital a recherché la main-d'œuvre à bon marché. « Prenez les enfants », avait dit William Pitt aux industriels qui se plaignaient des taxes écrasantes qui les frappaient. Les Anglais n'hésitèrent pas. L'exploitation des enfants fut telle que l'on songea à l'atténuer ; sans succès du reste. Le bill de 1802 fut proposé, d'après les termes formels de son titre, pour conserver le moral et la santé des jeunes travailleurs. Cet acte défend d'infliger aux jeunes ouvriers le travail de nuit après 9 heures du soir et jusqu'à 6 heures du matin ; dans la partie loisible du reste des 24 heures, il défend de faire travailler les apprentis plus de 12 heures effectives ; sur ces 12 heures, il prescrit de prélever chaque jour un temps suffisant pour l'instruction élémentaire, il veut qu'une heure spéciale soit prélevée chaque dimanche pour l'instruction religieuse...

Le premier soin des industriels anglais fut de chercher les moyens d'éluder la loi. On voulait bien prendre soin de l'âme des enfants et leur donner un peu d'instruction religieuse pour enseigner la soumission et la docilité, mais quant au corps et à la santé, cela n'avait pas beaucoup d'importance.

La loi, dit M. le baron Dupin, chargeait dans chaque district un juge de paix avec un ecclésiastique de surveiller gratuitement les filatures où l'on employait des enfants ; mais les grands filateurs, disséminés alors dans les campagnes, aux lieux où se trouvaient les eaux motrices, étaient devenus, par leur influence et leur richesse, la plupart juges de paix ; en conséquence, ils couvraient leurs habitations, c'est-à-dire leurs fabriques, par leur caractère de magistrat ; et les inspecteurs gratuits, bénévoles, se trouvaient de fait écartés des lieux qu'ils devaient inspecter. Il a fallu 30 années avant qu'on apportât remède à ce premier abus.

Au commencement, lorsque fut voté ce bill de 1802, les filatures anglaises avaient à leur service des enfants et des adolescents engagés pour 7 années, suivant la règle de l'apprentissage. L'acte de 1802, au lieu de parler d'adolescents ou d'enfants, désigne simplement les jeunes travailleurs sous la dénomination d'« apprentis. » Les filateurs sont partis de là pour ne plus payer de contrats d'apprentissage. Au lieu de prendre des adolescents ou des enfants pous 7 années, ils ne les ont plus engagés qu'à courts termes, par année d'abord, puis par mois, puis par semaine.

Lorsqu'ils employaient des apprentis à longs termes, dit le baron Dupin, ils avaient un avantage direct à ne pas les épuiser dans les premières années pour mieux en profiter dans les dernières, à ne pas les exténuer de prime abord jusqu'au point de les rendre malades, car on était réduit à les soigner, à les nourrir longtemps après, sans qu'ils travaillassent. Là se trouvait un contrepoids à l'intérêt de les exploiter à outrance. Mais aussitôt que les manufacturiers anglais eurent imaginé de recourir aux procureurs des paroisses (overseers) pour louer, acheter, dépayser les enfants pauvres, afin d'en délivrer la charité municipale, autre calculatrice acerbe, ces enfants transportés au loin sans père ni mère, sans parents ni tuteurs qui les suivissent et qui veillassent à leur bien-être, rien n'arrêtait plus l'excès du travail que les maîtres leur imposaient.

Ne quittons pas l'Angleterre, qui a précédé les autres nations dans la vie industrielle et qui résume, en partie, tout ce qui s'est fait ailleurs, même dans notre douce France.

En 1819, il y eut un nouvel acte qui était censé protéger tous les enfants employés dans les manufactures ; il ne fut admis qu'après une lutte et des retards qui durèrent quatre ans, et il fut réduit à ses moindres termes. Le vœu qu'avait, le premier, fait entendre le général Wilberforce n'était pas exaucé. La tendre enfance n'obtenait pas une plus grande proctection que l'adolescence avancée qui touche à la virilité. Douze heures de travail effectif pour tous les jours de la semaine, tel avait été le vote des Communes, telle était la journée définitive que l'enfance devait subir à neuf ans comme à seize.

Ce redoutable minimum, dit le baron Dupin, aurait dû satisfaire l'avidité des maîtres les plus exigents, il n'en fut rien. Ce fut un successeur de Fox à la représentation de Westminster, M. J. C.

Hobhouse qui, s'inspirant des sentiments généreux du grand orateur, attaqua, dès 1825, les excès de travail qu'exigeaient à nouveau les manufacturiers anglais. Il déclara dans la Chambre des Communes que les dispositions tutélaires des actes de 1802 et de 1819 étaient indignement foulées aux pieds.

L'impuissance de la législation était manifeste, comme elle l'est encore aujourd'hui. C'est dans la classe des indigents que les industriels recrutaient cette main-d'œuvre tendre et bon marché. La femme et l'enfant pauvres remplissaient de plus en plus les vastes et puissantes manufactures anglaises.

Qui fournissait ce lamentable contingent ? Il faut soulever ici un voile douloureux. Il n'aurait pas été facile — plus tard le cœur s'est endurci, nous devons le dire avec regret — il n'aurait peut-être pas été facile au premier abord d'arracher aux mères leurs enfants. Mais il y avait la *Maison des pauvres*, il y avait les *Work-houses*, il y avait ces institutions trop vantées par ceux qui ne les ont pas visitées, les prétendues institutions de charité qui soutiennent et qui énervent le pauvre anglais. De ces réceptables s'est échappée la légion d'enfants appelés à peupler les manufactures. Les « overseers », les procureurs de paroisses, administrateurs de maisons pauvres, louaient les enfants comme apprentis dans les diverses manufactures ; un fait pourra faire saisir la pensée qui les dirigeait et qui dirigeait aussi ceux qui devaient employer les enfants ; dans de nombreux contrats de cette époque, il était stipulé que sur vingt enfants le manufacturier se chargerait d'un idiot (1).

Mais qu'on ne croit pas que les anglais aient été seuls à commettre ces actes d'exploitation, dont les conséquences sont plus graves que celles du vol ou de l'assassinat. En décembre 1837, par exemple, le bureau des Manufactures au Ministère du Commerce français, présenta un rapport distribué aux trois Conseils généraux de l'Agriculture, des Manufactures et du Commerce. On y trouve les renseignements les plus décisifs et les plus douloureux. Dans quelques départements, on recevait même à six ans les enfants employés au travail des manufactures ; dans l'Ain, l'Aisne, la Marne, l'Indre, le Maine-et-Loire et les Vosges, on les recevait à sept ans.

Du reste, rien n'est plus curieux que les plaidoyers qui ont été imaginés pour justifier ces abus. A cet égard, il faut lire le passage très suggestif d'un discours prononcé par le Ministre du Commerce dans la séance du 12 janvier 1841 :

Il faut surtout ne pas perdre de vue que l'admission des enfants dans les fabriques dès l'âge de huit

(1) *Le travail des enfants dans les manufactures*, 1868, par Wolowski.

ans est, pour les parents, un moyen de surveillance ; pour les enfants, un commencement d'apprentissage ; pour la famille, une ressource. A cet âge, une occupation régulière et modérée favorise le développement des forces ; et lorsque cette occupation se concilie avec les heures nécessaires au repos et à l'instruction, on peut dire que la plus grande difficulté est résolue. D'un autre côté, l'habitude de l'ordre, de la discipline et du travail doit s'acquérir de bonne heure, et la plupart des mains-d'œuvre industrielles exigent une dextérité, une prestesse qui ne s'obtiennent que par une pratique assez longue et qui ne peut être commencée trop tôt. A ceux qui veulent retarder de deux ans l'âge d'admission des enfants dans les fabriques, nous demanderons qui garantit que ces deux années laissées à l'enfant hors de la surveillance de ses parents ouvriers profiteront à son instruction primaire et religieuse ? Qui ne voit là, au contraire, une occasion de démoralisation et de vagabondage, un apprentissage du vice ? L'école de la rue est la pire de toutes : elle enseigne la paresse et le désordre, ce n'est pas elle qui prépare les bons ouvriers. L'enfant entré à huit ans dans l'atelier, façonné au travail, ayant acquis l'habitude de l'obéissance, et possédant les premiers éléments de l'instruction primaire, arrivera à dix ans plus capable de supporter la fatigue, plus habile et plus instruit qu'un enfant du même âge élevé jusque-là dans l'oisiveté et prenant pour la première fois le tablier de travail.

Pour répondre aux arguments fameux de ce

ministre, le baron Dupin déclarait, dans la séance du 29 juin 1847, qu'il résulte des rapports officiels publiés au frais du gouvernement britannique qu'à Manchester, ville essentiellement industrielle, la moitié des individus qui meurent n'ont pas dix ans.

Voici des faits éloquents ; nous les empruntons aux *Mémoires des Instituteurs*, rédigés, en 1861, d'après des observations précises faites sur tous les points de la France ; on y trouve les renseignements les plus précis sur l'exploitation des enfants. Dans la Somme on mettait l'enfant au rouet à huit ans, au métier à dix.

Nous connaissons des pères de famille qui, pour le plus mince salaire qu'ils en retirent, attachent leurs enfants à un métier dès l'âge de neuf ans et les forcent à travailler plus de douze heures par jour, soit en fabrique, soit à la main.

Dans le Nord on les mettait en fabrique à huit ou neuf ans.

Il faut être placé comme nous, disent les enquêteurs, près du foyer du mal, pour juger de ses irrémédiables effets ; à dix ans, quelquefois même à neuf ou à huit, de tout chétifs enfants nous sont enlevés pour aller se perdre corps et âme dans la poussière et le désordre des fabriques, moyennant quelques sous par jour ! J'ai vu quinze petits garçons employés à une machine à dévider. Ils étaient assis sur des tabourets très élevés *pour les empêcher de descendre et tenir leur attention plus éveillée*. Chacun avait devant soi trois ou quatre bobines et en aspirait sans relâche les flocons. L'un deux, un peu moins jeune, tournait la roue et on voyait son pauvre corps se dévier et la sueur perler sur son visage à l'expression assombrie. Ces exemples sont nombreux.

Dans l'Aisne, disent les enquêteurs, il y a, dans les villages, des sucreries où de pauvres petits êtres de sept à huit ans, occupés pendant de longs jours à un travail abrutissant, s'étiolent dans un air lourd et sont exposés à la corruption la plus dépravée.

Dans l'Aube, on rencontre des enfants de dix à douze ans n'ayant de la vie que le souffle et tout contrefaits à la suite d'un travail pénible.

Nous abrégeons. Les rédacteurs de ces Mémoires accusent la cupidité des parents, oubliant que si les salaires avaient été suffisants, ils auraient pu se passer d'envoyer leurs enfants dans ces bagnes.

## II

Il est à remarquer que l'apprentissage s'en va dans la plupart des industries. Les patrons utilisent l'enfant au même titre que l'ouvrier. Celui-ci devient un simple rouage de la division du travail. Ainsi, certaines fabriques de chaussures n'emploient pas moins de 61 machines-outils pour la confection d'une paire de bottines. Et lorsqu'une montre sort achevée des ateliers de *Elgin national watels Company*, 351 machines ont concouru à sa fabrication. Tantôt c'est la mode ; tantôt les progrès de la science elle-même qui rend l'apprentissage superflu.

D'autre part, dans les métiers où l'apprentissage doit être de courte durée, celui qu'on nomme apprenti remplit aussi la fonction d'un ouvrier concurremment avec celle de domestique ou d'employé. Et les abus sont alors considérables.

Par exemple, dans la pâtisserie, il résulte de notre enquête personnelle que, dans les grosses maisons du centre de Paris, la durée moyenne de la journée est de douze ou treize heures. Mais, dans beaucoup de petites et moyennes pâtisseries, il n'est pas rare de voir des apprentis se lever à 4 ou 5 heures du matin et finir leur journée à 9 heures du soir, l'enfant accomplissant ainsi des journées de seize à dix-sept heures. Trop longue serait la liste des maisons qui se trouvent dans ce cas. En outre, beaucoup d'enfants travaillent les nuits du samedi au dimanche, ce dernier jour étant le meilleur pour la vente. Les patrons pourraient prendre des « extra », c'est-à-dire des ouvriers supplémentaires, mais ils n'en font rien, et préfèrent, par cupidité, faire passer la nuit à leur personnel, y compris les enfants, sans aucune rémunération supplémentaire. Dans le jour, l'apprenti est sans cesse occupé aux besognes les plus diverses : lavage de la boutique, des glaces, des devantures, etc. Le matin il va aux Halles et est astreint à porter sur la tête des fardeaux très lourds, ou à tirer des voitures à bras d'un poids souvent considérable, au point que des contraventions nombreuses ont été dressées à des patrons pâtissiers pour ces abus.

Il est à remarquer qu'un apprenti intelligent peut, au bout d'une année, remplacer un jeune ouvrier, surtout dans les travaux peu difficultueux, tels que préparation des moules, épluchages d'amandes, de fruits, etc., et pourtant la durée moyenne de l'apprentissage est de trois ans et l'on fait payer aux parents des sommes variant de 300 à 500 francs pour cette durée.

Les risques de maladie sont très fréquents dans la pâtisserie, d'abord à cause du travail, qui a lieu presque toujours dans des sous-sols humides et remplis de mauvaises odeurs ; ensuite à cause d'un couchage défectueux, car souvent les enfants sont couchés deux ensemble et surtout dans de mauvaises conditions. J'ai vu, m'a déclaré M. Alphonse Millet, délégué du Travail du Syndicat des Pâtissiers de la Seine, j'ai vu, de mes yeux, des draps qui n'avaient pas été changés depuis plus de deux ou trois mois... En plein hiver, certaines maisons laissent sortir leurs apprentis en veste blanche, et rares sont celles où on leur donne une pèlerine.

La proportion des apprentis est très forte dans cette profession ; l'enfant tenant lieu d'ouvrier, au détriment de celui-ci. « Beaucoup de petites maisons, me déclare M. Millet, n'occupent qu'un ou deux ouvriers et cinq ou six apprentis ».

On peut voir, par cet exemple choisi dans une industrie importante, le rôle considérable joué par l'enfant au point de vue de la production.

Si nous jetons un coup d'œil sur la typographie, nous voyons que ce rôle est également très important. Voici ce que nous lisons dans un rapport sur la réglementation de l'apprentissage, lu au Congrès de la Fédération française des travailleurs du Livre, en 1900 :

En ce dernier quart de siècle, ou plutôt depuis la proclamation de la liberté de l'imprimerie, qui donna naissance à une multitude de petites imprimeries, il se fait une si criante exploitation de la jeunesse, dans notre corporation, que l'apprentissage ne peut plus être considéré comme une chose rationnelle — destinée à faciliter le recrutement normal des ouvriers — mais bien comme un moyen de concurrence à l'égard de nos camarades.

D'autre part, les conditions de l'apprentissage chez certains patrons sont déplorables ; l'apprenti, livré à lui-même, sans surveillance, employé à faire des courses, aux machines ou aux nettoyages de l'atelier, ne peut acquérir, pendant les trois ou quatre années qu'il consacre à ce prétendu apprentissage, les notions nécessaires à l'exercice de son métier, et il est navrant de constater qu'arrivé à l'âge d'homme, au moment où il entre dans la mêlée sociale, il lui est impossible de faire face aux exigences matérielles de l'existence.

Ce déplorable système d'apprentissage et l'emploi exagéré des apprentis constituent un véritable danger, une cause permanente de chômage, l'instabilité dans les places, et, par répercussion, contribuent à l'avilissement des salaires et à la décadence de l'imprimerie.

Dans l'imprimerie, l'enfant est sujet aux maladies les plus connues de cette profession : les coliques saturnines, les paralysies, les maux de gorge dus au mauvais état des ateliers et à leur malpropreté.

En outre, nous a déclaré M. Keufer, secrétaire de la Fédération du Livre, tous les apprentis devenus ouvriers ne sont pas capables d'exercer leur métier dans sa plénitude ; c'est précisément ce point là qui constitue un des principaux griefs élevés contre les patrons, surtout les petits patrons, anciens ouvriers, qui ne font que des *leveurs*, c'est-à-dire des ouvriers qui ne composent que la ligne ordinaire, et ne connaissent rien des autres parties de la profession. Cette spécialité est surtout pratiquée par les ouvriers aux pièces, le plus détestable système de travail.

Ajoutons que ces jeunes gens, dressés à faire des margeurs, des pointeurs, des receveurs, etc., trop nombreux pour occuper plus tard les emplois d'ouvriers, doivent, en assez grand nombre, chercher un autre métier, lorsqu'ils veulent améliorer leur situation.

Du côté de l'orfèvrerie et de la bijouterie, la situation n'est pas meilleure. La division du travail et la spécialisation ouvrière qui en résultent ont modifié profondément cette profession et ont rendu précaire l'existence de ceux qui l'exercent. La durée de l'apprentissage nominatif est de quatre ans, mais, en réalité, il est infiniment moindre. Comme ailleurs, l'enfant est employé à toutes sortes d'occupations étrangères à son métier. Et le temps qu'il passe à l'apprentissage effectif est consacré aux travaux de préparation des petits accessoires « la carcasse ».

En réalité, nous a dit M. Garnery, secrétaire de la Chambre syndicale des bijoutiers, au bout d'un an, l'apprenti produit autant que l'ouvrier, à cause de la spécialisation, mais il reçoit un salaire dérisoire, qui varie de 0 fr. 50 à 2 francs. D'ailleurs, chez les artisans et les petits patrons, on n'emploie presque plus d'ouvriers, mais rien que des apprentis. L'exploitation ici est criante, et ne peut pas être dissimulée. Ces enfants, qu'on appelle du nom d'apprentis, sont des ouvriers spécialisés, qui travaillent pour 0 fr. 50, 1 franc, 1 fr. 50, sans espoir de gagner davantage et de connaître un métier. Il en est de même pour les travaux de réparation. Autrefois, c'était l'ouvrier qui en était chargé; aujourd'hui, c'est la femme et l'enfant, ce qui a fait baisser les salaires considérablement.

On voit que les mesures générales sont partout les mêmes et partout produisent les mêmes effets.

La situation de l'enfant et de l'adolescence est aussi très mauvaise dans les industries et les commerces de l'alimentation : Les salaires sont infimes et la durée de la journée considérable. Par exemple, dans la charcuterie, l'apprenti (qui est tantôt un jeune garçon, tantôt une jeune fille) est forcé de se lever à cinq ou six heures du matin et de rester debout jusqu'à neuf ou dix heures du soir. Les travaux de nettoyage sont pénibles et fréquents. On a souvent les pieds et les mains dans l'eau. Les jeunes laveuses sont obligées de tremper, tour à tour, leurs mains et leurs bras dans l'eau presque bouillante, puis dans l'eau froide, ce qui provoque la formation d'engelures et de crevasses très douloureuses. Durant cet apprentissage, on gagne vingt francs par mois. La chambre syndicale nous apprend qu'on ne trouve plus d'apprentis. Pour dix apprentis offerts, il y a deux cents demandes. Cette rareté ne s'explique pas seulement par la nature et la longueur du travail, qui rebutent l'apprenti, mais par la faiblesse du gain, qui éloigne les parents. L'existence devient difficile, et il faut que l'enfant « rapporte » au plus tôt.

L'exploitation des jeunes filles s'exerce d'une manière intense dans les métiers qui concernent la chapellerie, la lingerie, les modes, les fleurs et les plumes artificielles, dans les maisons-mères et surtout chez les « entrepreneurs et entrepreneuses ». D'où vient l'entrepreneur ?

Il y a plusieurs causes, déclare M. Desjardins, et en premier lieu, celle-ci : c'est que certaines maisons ne font travailler que ces gens-là ; il faudrait les en empêcher, ce serait assez facile ; ensuite, ce qui crée encore l'entrepreneur, c'est la misère, et de ce côté, nous ne pouvons rien ; c'est fatal ; et, enfin, l'entrepreneur n'est souvent qu'un intermédiaire, il a derrière lui de gros capitalistes, le gros exploiteur qui veut surtout faire de la production et pour le moins cher possible, et, dans ce dessein, d'une part, il rétribue à peine l'apprenti, et d'autre part le spécialise à outrance, et, par suite, ne lui apprend pas le métier ; pour combattre ces abus, il faudrait faire la guerre aux gros exploiteurs, comme on l'a faite autrefois aux marchandeurs. Si j'avais été présent à la dernière séance, j'aurais dit, à propos du contrat d'apprentissage, que chez nous (passementerie) les apprentis se formaient surtout par des cours professionnels ; que dans les ateliers les patrons sont comme des entrepreneurs, cherchant à s'enrichir du travail des enfants, et, pour cela, les mettent à des machines, et ne leur apprennent pas le métier (1).

Du côté des employés de commerce, voici la plainte des intéressés :

L'employé de commerce, âgé de trente ans, ne trouve plus à travailler lorsqu'il quitte une maison. Dans presque tous les magasins, on renvoie les hommes de trente-cinq à trente-six ans, parce qu'ils ont un salaire trop élevé, et on les remplace par des jeunes gens qui sont beaucoup moins payés.

## III

### L'exploitation des enfants dans les couvents

(1) Discussion au *Conseil du Travail* sur l'Apprentissage, séance du 13 mars 1902. — Voir *Apprentissage*, recueil de documents et enquête, 1902, *Office du Travail*.

et les ouvroirs est un fait connu de tous, et sur lequel il est superflu d'insister. Sous couleurs de charité et de philanthropie, les « bonnes sœurs » et les « bons pères » pratiquent l'industrie et le commerce dans les meilleures conditions. Il y a des maisons religieuses où on confectionne la lingerie fine, destinée aux plus notoires courtisanes, ou aux maisons de tolérance. Ces faits sont connus. Le monde de l'épiscopat ne les ignore point. Il a fallu les démêlés d'un évêque avec la supérieure d'une maison religieuse pour en obtenir l'aveu formel. Voici, en effet, ce que Mgr Turinaz, évêque de Nancy, écrivit au cardinal-préfet du Tribunal romain (lequel avait à juger un conflit entre ce prélat et les religieuses du *Bon-Pasteur* de Nancy) :

Au Bon-Pasteur, on ne donne rien aux jeunes filles, même après qu'elles ont gagné beaucoup d'argent à la maison pendant 5, 10, 15, 20 ans. On les met à la porte sans ressources, sans s'occuper de leur trouver une place, sans les engager à revenir voir leurs maîtresses (ce qui se fait dans toutes les maisons de ce genre). Ces jeunes filles, parmi lesquelles il en est qui n'ont point de parents ou qui ont des parents incapables de les aider ou de les diriger, sont livrées à tous les périls, à toutes les séductions, dès le moment de leur sortie et plus tard. Parmi les soixante jeunes filles que ces religieuses ont renvoyées depuis une année, toutes (à l'exception de deux ou trois auxquelles on a donné un peu d'argent, à cause de mes réclamations et de mes protestations) ont été renvoyées dans ces conditions. Il en est auxquelles j'ai pû donner des secours, et qui m'ont déclaré qu'on cherchait à les entraîner dans des maisons de prostitution.

Les religieuses n'ont d'autre but que de gagner de l'argent. En rendant la sortie de ces jeunes filles plus difficile, en ne leur donnant rien quand elles veulent sortir, elles peuvent garder plus longtemps, et même toujours, les plus habiles, et spéculer sur leur habileté et sur leur travail.

Parmi les travaux de broderie, il est des draps de lit et linges personnels, chemises, etc., qui sont d'un tel luxe et d'un tel prix, d'une telle facture et d'une telle forme, que, d'après des femmes très respectables, que j'ai interrogées, ces draps et ces linges ne peuvent servir qu'à des courtisanes. Aucune femme honnête, parmi les plus riches, les plus élégantes et les plus mondaines, ne se sert de draps de lit et de linge de ce genre.

Quelqu'un a fait à la Supérieure locale des observations sur ces travaux ; elle a répondu : « Ce sont les travaux sur lesquels nous gagnons le plus » et elle n'a tenu aucun compte de ces observations.

On fait travailler ces jeunes filles, ou du moins un très grand nombre d'entre elles, chaque jour plus longtemps que ne le permettent les lois civiles, et quand l'inspecteur du travail des enfants demande à visiter la maison, on fait disparaître des salles de travail les jeunes filles qui n'ont pas douze ans ; on demande à d'autres de sacrifier, pendant plusieurs mois de l'année, une partie de leurs récréations, sous prétexte que le travail est pressant, et on leur fait à cette occasion des promesses qu'on ne leur tient pas. Il suffirait de la dénonciation de quelque jeune fille sortie de la maison pour que l'autorité civile sévit contre les religieuses...

Je suis porté à croire que ce qui se passe ici, continue l'évêque de Nancy, se passe, dans une mesure plus ou moins large, dans un grand nombre de maisons de cette congrégation, peut-être dans toutes, car, si la maison de Nancy faisait exception, la Provinciale et la Supérieure générale auraient été indignées et auraient pris immédiatement, sans attendre mes réclamations, tous les moyens de rappeler à l'ordre la maison de Nancy. Si elles résistent à toutes les instances, c'est qu'elles approuvent ce qui se fait ici.

Cette lettre est inscrite au fascicule IV du *Romana Analecta*, recueil officiel où sont réunis les décrets pontificaux.

Notons que si la maison de Nancy a été supprimée par le gouvernement, il reste encore deux cents succursales du Bon-Pasteur où cette exploitation continue.

Rappelons, en passant, les procès de 1885 contre les orphelinats de Belleville et de Saint-Gratien, les procès de 1887, dont le souvenir est consigné dans un rapport d'Indre-et-Loire, contre la colonie de Mettray, tenue par des religieux, etc.

Au congrès de la Protection ouvrière, tenu à Zurich en 1897, un hygiéniste, le Dr F. Gehrig, de Berne, disait (1) :

Entre toutes les causes qui exercent un effet délétère sur l'organisme de l'enfant ou de l'adolescent, la plus importante est l'excès du travail. Tout corps qui travaille a besoin d'un certain temps de repos, pour pouvoir éliminer du sang les déchets toxiques produits par les contractions musculaires et les autres faits physiologiques, et pour remplacer les matériaux consommés. Lui refuse-t-on le repos nécessaire, des troubles se produisent dans le système nerveux et, par suite, dans la digestion et dans la nutrition. Chez l'enfant, les troubles sont d'autant plus graves, que son corps ne réclame pas seulement le remplacement des substances qui ont été consommées par le fait du travail, mais exige de nouveaux matériaux en vue de la formation de nouvelles cellules. Le processus d'assimilation et de désassimilation est plus intense chez lui que chez l'adulte, et son besoin de repos est, par suite, considérablement plus grand. Aussi, l'excès de fatigue se manifestera-t-il rapidement chez l'enfant par le ralentissement de la croissance, par la transformation du caractère, devenu chagrin, maussade, par la diminution de

(1) *Internationaler Kongress fur Arbeiterschutz in Zurich* 23 bis 28 August 1897. Zurich, 1898, p. 37 et sqq.

l'intelligence, etc. En dernier lieu, on verra parfois se produire de véritables psychoses ; certaines maladies mentales, qui se rencontrent le plus souvent chez les jeunes gens, ont été désignées, d'après leur origine, du nom de *psychoses d'épuisement*. Et ces psychoses ne se produisent pas seulement chez ceux qui ont souffert d'un surmenage physique. Que certains travaux corporels, qui exigent en même temps une attention forte et soutenue, doivent conduire très rapidement à la fatigue du cerveau, et, dans le cas d'un refus prolongé du repos nécessaire, aux conséquences signalées, c'est ce qui est évident si l'on pense que, selon une opinion aujourd'hui universellement admise, on ne peut pas se reposer du travail de l'esprit par le travail corporel, mais que dans les deux formes de travail, le corps entier est affecté par irradiation sympathique.

Les conséquences du surmenage peuvent se classer en deux groupes, suivant que l'enfant travaille assis ou debout. Dans le premier cas, de la gêne de la circulation résultent des stases dans les organes de l'abdomen, lesquelles conduisent à la constipation chronique, aux hémorrhoïdes ; chez les individus du sexe féminin, aux maladies du bas-ventre. La position courbée produit des scolioses et autres déviations de la colonne vertébrale, l'asymétrie du thorax, etc. ; l'empêchement de la respiration libre, féconde, peut favoriser le développement de la tuberculose. Des efforts excessifs de certains groupes de muscles, nous voyons naître les névroses fonctionnelles, dont la plus connue est la crampe des écrivains. Notons qu'il n'est nullement nécessaire que l'une ou l'autre de ces affections se manifeste ou éclate dès l'enfance ou l'adolescence ; souvent, pendant la jeunesse, le surmenage ne fait que poser le germe dont la maladie et l'infirmité sortira plus tard. Dans le travail debout, nous voyons se produire des troubles circulatoires, dont les varices sont la conséquence ; le port fréquent de lourdes charges peut amener chez les jeunes gens une dilatation cardiaque et des vices vasculaires, une incurvation des jambes, une déformation des pieds, des hernies, etc. Dans certains travaux, il peut se faire que la pression exercée sur des nerfs, ou le surmenage de certains muscles, ait pour résultat l'atrophie de ces muscles. Il nous reste à mentionner les troubles qui se rapportent aux organes des sens : la myopie, déterminée par les efforts faits pour fixer longtemps les mêmes objets ; la surdité, produite dans certaines industries par les bruits de l'usine ; enfin les affections de la moelle épinière et des nerfs périphériques, qui sont causées par des mouvements saccadés, comme ceux de la couturière, par exemple.

Nous n'avons considéré, jusqu'ici, que les effets produits par un travail excessif, quelque favorables que soient, d'ailleurs, les conditions dans lesquelles il est accompli. A ces effets s'associent ceux qui résultent des différentes espèces de poussières, dont les unes agissent d'une manière purement mécanique par les points et les arêtes de leurs particules, et dont les autres agissent chimiquement par le caractère délétère de leurs molécules... Disons seulement que l'organisme de l'enfant ou de l'adolescent résiste bien moins à l'action du poison que le corps de l'adulte, et que c'est principalement chez l'enfant que l'influence d'un air vicié crée des dyscrasies qui préparent le terrain à la scrofule et à la turberculose. Faisons en outre cette remarque, que, vu les êtres dont il s'agit ici, ces diverses influences nocives ne se trouvent pas supprimées, paralysées par l'effet d'une bonne alimentation et d'une demeure salubre, mais que, au contraire, elles se trouvent renforcées par l'insuffisance de l'alimentation et les tristes conditions hygiéniques du logis.

Ainsi, l'enfant « industrialisé » se débilite, contracte plus facilement toute espèce de maladie, et glisse peu à peu à la dégénérescence.

Et c'est la majeure partie des enfants qui se trouve dans ces conditions désastreuses. Or, on s'étonne qu'il existe des Ligues *contre* la repopulation !

---

# TROISIÈME PARTIE

## De la guerre sociale.

## EXAMEN DE LA GRÈVE GÉNÉRALE

La grève étant l'arme unique mais insuffisante des travailleurs salariés — arme prohibée dans la première moitié du siècle, et légalisée dans la seconde — il était fatal que la fréquence des échecs subis par les intéressés fît naître l'idée de la grève généralisée.

Avant d'être discutée publiquement, dans les réunions, les Congrès et les Bourses de travail, l'idée existait confusément dans la foule. M. Sidney Webb rapporte qu'elle avait hanté les ouvriers anglais vers le milieu du siècle dernier (1).

En 1888, eut lieu à Bordeaux un congrès tenu par la *Fédération nationale*, où l'on fit cette déclaration : « Que seule la grève générale,

(1) Il convient de citer le journal *l'Internationale*, du 27 mai 1869, qui disait déjà : « Lorsque les grèves s'étendent, se communiquent de proche en proche, c'est qu'elles sont bien près de devenir une grève générale, et une grève générale, avec les idées d'affranchissement qui règnent aujourd'hui, ne peut qu'aboutir à un grand cataclysme, qui ferait faire peau neuve à la société ».

Les illusions n'ont jamais manqué à ceux qui souffrent.

c'est-à-dire la cessation complète de tout travail ou la révolution, peut entraîner les travailleurs vers leur émancipation ». Ce vote émanait des guesdistes.

L'idée de grève générale se précisa au Congrès socialiste international de 1889, qui avait organisé la manifestation du 1er mai, manifestation très anodine dont les travailleurs ne tardèrent pas à se désintéresser.

En 1890, au congrès guesdiste de Lille, à la demande de Mme Aveling (fille de Karl Marx) on vota la résolution suivante, qui devait rester la *loi du parti* :

« Considérant que la grève générale proprement dite, c'est-à-dire le refus concerté et simultané du travail par la totalité des travailleurs, suppose et exige, pour aboutir, un état d'esprit socialiste et une organisation ouvrière auquel n'est pas arrivé le prolétariat ; que la seule grève qui ne soit pas illusoire ou prématurée est celle des mineurs de tous les pays, appuyés, dans leur sortie générale des fosses, par les ressources des autres corps de métier ; qu'elle a été soumise au Congrès de Jolimont et renvoyée à l'étude des intéressés... le congrès décide : les fédérations, groupes et membres du parti sont invités à appuyer de toutes leurs forces la grève internationale, au cas où elle serait votée par ces derniers ».

En 1892, au congrès *broussiste* de Tours, la tactique de la grève générale fut développée par M. Fernand Pelloutier, délégué des bourses du travail de la Loire-Inférieure.

La proposition fut prise en considération.

A la même époque, le congrès de Marseille (congrès national de la fédération des syndicats et groupes corporatifs ouvriers) votait dans le même sens. Néanmoins les guesdistes, qui tinrent leur congrès à trois jours d'intervalle, écartèrent carrément la proposition, et préconisèrent explicitement la *conquête des pouvoirs publics*.

En 1892, à Marseille, l'idée de la grève générale des travailleurs fut de nouveau mise à l'ordre du jour. C'est M. Briand, aujourd'hui député, qui s'en fit l'apôtre contre les politiques. Les corporations ouvrières étaient favorables, mais les guesdistes se montraient absolument hostiles à cette propagande « anarchiste ». Néanmoins, la grève générale fut votée au congrès des Bourses du travail, ainsi qu'au congrès de Nantes de 1894, dans lequel un débat très vif s'engagea entre M. Lavigne et M. Briand.

« Par le principe de la grève générale, déclarait M. Briand, on a détruit l'égoïsme chez l'ouvrier, qui considère la grève, non plus comme la lutte contre le patron, mais comme une arme sociale. La grève générale est un fusil. Vous en avez un, dites-vous, mais s'il rate, ayez en un autre tout prêt. Dans six ans va se faire l'Exposition universelle ; supposez que quatre mois auparavant vous mettiez le gouvernement en demeure de voter les lois sur les trois huit, la caisse des retraites, etc., vous le forceriez par la grève générale, car il serait bien embarrassé pour faire son exposition ».

M. Lavigne, délégué des guesdistes, riposta :

« Les grèves partielles ont un but précis : celui de résister aux exigences patronales, tandis que la grève générale n'a qu'un but vague ; elle ressemble à un voyage qu'on entreprend, sans connaître le but vers lequel on se dirige.

« La bourgeoisie n'a aucune peur de l'épée de Damoclès que l'on prétend suspendre sur sa tête. C'est une épée d'avocat, dont la bourgeoisie se rit.

« On ne peut pas prendre comme exemple de grève générale celle de Belgique. Les grévistes n'étaient pas seuls. Il s'agissait de réclamer le bulletin de vote, et les ouvriers avaient avec eux les partis politiques, les petits commerçants et les journaux. Et cela est un argument contre la thèse de M. Briand. Si l'on supprimait le droit de vote, il n'y aurait pas que l'ouvrier à réclamer, il y aurait la bourgeoisie, le petit commerce, qui se placeraient sur le même terrain et qui agiraient.

« On croit les guesdistes bien bêtes, en soutenant qu'ils rêvent d'arriver à la révolution par la république parlementaire ! Est-ce qu'on peut prévoir quand une révolution arrive ? Elle arrivera, et alors, si nous avons assez de députés à la Chambre, assez de conseils municipaux, nous pourrons la diriger. »

Néanmoins les guesdistes furent battus par 63 voix contre 36 (et 9 abstentions). Le principe fut adopté.

Admise au congrès de Limoges, en 1895, elle fut habilement écartée au congrès de Londres, 1896.

M. Allemane, qui fut député, écrivait dans son journal *Le Parti Ouvrier* : « A Londres vont se mesurer les hommes des Parlements, les *régents* et les partisans de l'action populaire par la grève générale, *les égalitaires* ».

Un rapport fut rédigé, d'où il ressortait que les grèves générales de corporation étaient admises, mais la grève générale de tous les métiers repoussée.

Au Congrès de Tours, M. Guérard lut un rapport où il s'exprimait ainsi : « On dit que cette question introduit de nouveau dans les syndicats la politique, c'est-à-dire la division. La grève générale est un conflit d'ordre économique. Quant à lui reprocher d'être révolutionnaire, c'est là un grief étrange de la part des travailleurs qui poursuivent leur émancipation intégrale. La grève générale peut être pacifique, elle peut être courte ; il se peut qu'elle n'amène que des améliorations insuffisantes, qu'elle laisse subsister le salariat. Elle peut être violente, et donner naissance au mouvement révolutionnaire qui secouera le joug capitaliste et transformera la société... ».

Néanmoins, à dater de cette époque, l'idée subit un recul. Les recettes de la caisse de grève s'élèvent à des sommes dérisoires. L'idée perd son caractère révolutionnaire et M. Pelloutier lui-même, l'un des premiers protagonistes, écrivait dans les *Temps Nouveaux* (6 juillet 1895) : « par organisation de cette grève, nous entendons exclusivement l'encadrement des travailleurs dans les syndicats impliquant l'abandon du parlementarisme ».

Au Congrès de Rennes tenu en septembre 1898, la question de la grève générale fut l'objet d'une discussion assez vive, bien qu'elle ne figurât pas à l'ordre du jour. On constata le peu d'enthousiasme que l'idée soulevait ; le trésor de résistance s'élevait à 264 fr. 21, et il faudrait des millions.

Emile Pouget reprocha à Guérard, président du syndicat des chemins de fer, d'avoir manqué à son devoir, d'avoir fait du *parlementarisme*, en consultant les syndicats (on avait envoyé des circulaires aux divers syndicats, pour sonder le terrain ; beaucoup de réponses furent négatives) au lieu de commencer l'action. D'ailleurs, M. Pouget faisait remarquer dans le *Père Peinard* (9 octobre 1898) que l'on parlait trop souvent de la grève générale, comme *on jacasse de la révolution,* sans que cela tire à conséquence.

Au Congrès de Rennes, M. Beausoleil présenta ces deux propositions : « une fois décidée, la grève générale ne pourra avoir pour objet que les revendications exclusivement ouvrières et économiques ; et elle devra être continuée jusqu'à satisfaction intégrale des revendications de tout le prolétariat.

« Enfin, en aucun cas, la Confédération ne devra engager la grève générale sur une question d'ordre politique ».

Le Congrès ne retint que la résolution suivante : « Le comité de la grève générale sera nommé par les organisations ouvrières, en dehors de la Confédération et sous son contrôle ; et il aura pour mission exclusive la propagande ».

Un certain nombre de délégués vinrent déclarer, au nom de leurs organisations, qu'ils ne se mêleraient à aucun mouvement ayant pour but la grève générale. Ce furent des délégués des organisations suivantes :

La Fédération du Livre ;

La Typographie parisienne ;
L'Union des syndicats de Brest ;
Les Conducteurs margeurs de Paris ;
Les Fondeurs typographes de Paris ;
La Bourse du travail du Havre ;
La Chambre syndicale des employés de Paris ;
La Fédération nationale des employés ;

(Il est à remarquer que ces organisations se réservèrent d'adhérer à la grève générale, au cas où le projet de loi Merlin-Trarieux aurait été voté par la Chambre. Aujourd'hui encore, la Fédération du Livre fait des réserves à propos des heures de travail).

En 1899, le comité de propagande de la grève générale, institué par le Congrès de Rennes, était formé par les organisations suivantes :

La Fédération de la métallurgie ; la Fédération du bâtiment ; la Fédération culinaire de France et des colonies, la Fédération de la chapellerie de France ; l'Union du bronze ; les Ferblantiers de la Seine ; le Syndicat des instruments de précision ; le Syndicat de la cordonnerie de France ; les Mouleurs en cuivre ; le Syndicat de la boulangerie ; l'Union des mécaniciens.

Le Comité de propagande lança une circulaire, dont il est nécessaire de connaître le texte pour comprendre parfaitement la genèse et le but idéal de la grève générale ; le voici :

Aux organisations ouvrières :

« Les grèves de bâtiment, qui, pendant plus d'un mois, en septembre et octobre 1898, ont mis notre gouvernement bourgeois dans la nécessité de transformer Paris en camp retranché, nous ont donné une preuve de ce que pourrait tenter le Prolétariat organisé, sur le territoire de la République. S'il voulait, un jour donné, user de la force qu'il possède et agir vite et énergiquement, la victoire serait à lui ! Ce dernier mouvement de grève doit cependant rester pour nous comme un enseignement dont nous devons profiter, et nous rappeler que nous aurions pu avoir, au lieu de victoires partielles ou éphémères, le triomphe que nous souhaitons.

« Il s'agit à présent de se mettre à l'œuvre, et de ne plus courir le risque d'être surpris par les événements.

« Le Comité de propagande de la grève générale a pour but, à la fois, de familiariser les travailleurs avec la seule arme économique qui soit à leur disposition, et de les grouper, afin que, le cas échéant, ils puissent s'en servir avec succès.

« Mais ce but, il ne pourra l'atteindre que si, dans chaque ville où il existe une organisation corporative, la Bourse du travail, ou l'union des Syndicats, constitue un *Sous-Comité* de propagande qui rappelle, à chaque instant, aux militants les dangers dont les syndicats sont menacés, et qui pousse à l'organisation pour la défense des libertés d'association.

« En second lieu, il importe qu'à l'exemple de toutes les grandes Fédérations, les Syndicats, les Bourses du travail, les organes, etc. s'habituent à prélever sur les secours qu'ils donnent aux grèves, les 5 0/0 fixés par tous les Congrès corporatifs (y compris celui de Rennes) qui se sont succédé depuis 1893. Si cette décision n'était pas respectée, on pourrait se demander à quoi servent les Congrès et, en tout cas, le Comité de propagande ne pourrait donner ce que les Congrès de travailleurs attendent de lui ».

La circulation annonçait ensuite la publication d'un journal : *la grève Générale*, et se terminait par cet appel :

« A l'œuvre donc ! Il importe qu'en 1900, devant le prolétariat international, réuni dans les Congrès corporatifs de Paris, nous puissions montrer qu'en France il existe une organisation sérieuse, capable de mener à bien cette transformation économique et sociale pour la grève générale. Vive l'action corporative ! »

Les diverses tentatives qui ont été faites jusqu'à présent ont échoué. A la suite de ces échecs, le conseil d'administration du syndicat des ouvriers et employés des chemins de fer fut complètement changé. Le programme des revendications perdit son caractère révolutionnaire, et ne comporta que deux articles : *Relèvement des petits salaires* et *Retraite pour tous proportionnelle*.

Tel est, brièvement résumé, l'historique du mouvement en faveur de la grève générale. Bien que l'organisation de cette grève ait échoué, l'idée subsiste, et nous la voyons se réaliser en partie dans des grèves de corporation, principalement dans celle des mineurs. Nous allons donc examiner les chances ou les risques de l'entreprise.

*
* *

Considérons le cas qui peut se présenter le plus souvent, celui sur lequel l'accord semble le plus facile : *la grève générale d'une corporation*. Naturellement, c'est la corporation des mineurs, laquelle comprend plus de 160.000 travailleurs, qui a été choisie, la houille étant la matière première, le *pain* de toute industrie. S'il s'agit d'une grève générale déterminée par des revendications partielles et définies (augmentation du salaire, ou diminution des heures de travail, etc.), le succès n'est pas certain, mais possible néanmoins : Les Compagnies font des concessions (quelquefois sur les représentations ou les instances du gouvernement), sachant qu'elles pourront, tôt ou tard, revenir en arrière, en prétextant d'une baisse des cours ou d'une crise quelconque sur le marché européen. Le fait s'est produit assez souvent pour qu'on nous dispense d'insister.

Mais si *la grève générale*, concertée et longuement préparée, a pour but de réduire le patronat « à merci », d'exproprier les capitalistes, et de préparer l'établissement du communisme économique, les difficultés surgissent en grand nombre.

D'abord il est à remarquer que cette grève *des bras croisés* devra être pacifique, de l'aveu même de ses principaux partisans, et surtout des hommes politiques (députés, conseillers, etc.) qui ne veulent pas être rendus responsables des actes de violence et qui s'opposent, en outre, à toute entreprise ouvrière où l'on pourrait se passer de leur concours.

A ce sujet, voici un extrait d'un Rapport très intéressant, présenté au Congrès antiparlementaire de 1900 par les Etudiants socialistes internationalistes (E. S. R. I.) :

« D'ailleurs, la grève générale eut très peu de succès auprès des politiciens. C'est une tactique pour laquelle on n'a aucun besoin d'eux, et qui réduit leur rôle à néant.

« Certains même ont pu penser qu'elle était dirigée contre eux (*Journal* : La grève générale du 1er avril 1899). De plus, elle contredit leur politique essentiellement démocratique, réformiste et électorale. C'est pourquoi les socialistes indépendants, c'est-à-dire les électeurs des socialistes indépendants, et pour la plupart petits bourgeois, ont tout d'abord abominé la grève générale. Et M. Gérault-Richard, il n'y a pas bien longtemps, déclarait « preuves en main » que les promoteurs de la grève générale étaient de connivence avec les royalistes. Il s'agissait alors de défendre les débuts du ministère Millerand contre les menaces d'une grève générale, et on ne craignait pas de se servir d'une calomnie policière. Ah ! les temps ont bien changé ! Et M. Gérault-Richard est actuellement un adepte de la grève générale, (oh ! en théorie) depuis que les guesdistes font une si terrible opposition au ministre socialiste et à tous ses partisans. Actuellement les socialistes indépendants, depuis qu'ils se sont consitués en organisation fédérale, ont accepté l'idée de la grève générale. Voici pourquoi :

« Il était de toute nécessité pour les socialistes indépendants, en se constituant en parti organisé, d'avoir, comme toute organisation socialiste qui se respecte, un programme révolutionnaire, que l'on sort les jours de réjouissance ou de manifestations solennelles, comme aux congrès par exemple ; mais cela ne tire pas à conséquence.

« C'est une sorte de symbole, dont la réalisation éloignée n'épouvante personne et est incapable d'éloigner du parti les éléments les plus modérés. Il est un leurre pour les camarades vraiment révolutionnaires, et en même temps il sert à flatter l'esprit frondeur des démocrates petits bourgeois. Ce révolutionnarisme est donc incapable de contredire la pratique purement réformiste et électorale des socialistes autrefois dits indépendants.

« Ce nouveau parti avait tout intérêt à choisir la grève générale comme étiquette révolutionnaire. S'opposant au P. O F. (parti ouvrier français-guesdiste), il était incliné à prendre le programme révolutionnaire excommunié par les guesdistes ; en soutenant ce programme, il s'attachait le P. O. S. R. (parti ouvrier socialiste révolutionnaire) ; il affirmait son respect pour les décisions des congrès corporatifs et sa sympathie pour le mouvement ouvrier, et il espérait attirer à lui syndicats et bourses de travail.

« En même temps, on a eu soin de ne pas trop préciser l'idée de grève générale. Elle peut, par suite, être interprétée par les uns comme moyen révolutionnaire, par les autres comme tactique pacifique restant dans la légalité. On ne fait pas de distinction entre la grève des bras croisés et la grève révolutionnaire ».

Ce document instructif, fourni par des jeunes gens studieux appartenant au prolétariat intellectuel, nous montre bien que la *grève générale*, aux yeux des politiques, doit être pacifique. D'ailleurs il est intéressant de noter que, sur ce point, nationalistes et socialistes parlementaires concordent parfaitement. M. Lasies plaide pour *la liberté du travail* ; M. Jaurès pour le *calme*. Ce qui revient à dire, dans l'un et l'autre cas, que les grévistes ne doivent pas s'opposer aux non-grévistes qui veulent prendre ou reprendre le travail. Car, comment pourrait-on empêcher les défections en gardant le calme et en laissant faire ? En outre comment pourrait-on subir les charges ou les coups de la troupe armée, en conservant le *calme* ?

L'existence même de l'armée et de ses puissants et rapides moyens de destruction rend toute grève générale de cette espèce absolument chimérique. Quel que soit le nombre des mineurs et leur dispersion, dans le Nord, le Pas-de-Calais, la Loire et le Gard, il y aura toujours assez de troupe pour assurer *la liberté du travail*, c'est-à-dire pour permettre aux non-grévistes et aux inoccupés de remplacer la main-d'œuvre absente. Que si les grévistes veulent s'opposer à l'embauchage, le conflit avec la troupe est inévitable, et *la grève générale* cesse d'être *pacifique*. Le gouvernement ne tarde pas en ce cas à intervenir. « Tout est alors employé pour intimider les ouvriers et les faire rentrer dans le devoir. On emprisonne les « meneurs », c'est-à-dire les camarades les plus énergiques ; on s'efforce d'atténuer l'action ouvrière par des atermoiements et de duper les grévistes par des arbitrages ; au besoin, les fusils sont utilisés pour ramener le calme. Mais le gouvernement ne s'en tient pas là. Il fournit aux patrons atteints par le chômage la main-d'œuvre nécessaire, au moins pour le plus pressé. Les soldats, les marins, les policiers deviennent boulangers, pilotes, débardeurs, camionneurs, chauffeurs, etc., c'est-à-dire des agents de production. Pour toutes ces raisons (ajoute le Rapport) une grève générale de corporation a peu de chances de réussir. Le peu de ressources des travailleurs ne leur permet pas de soutenir longtemps une grève un peu étendue. Si les patrons peuvent traîner les choses en longueur, la grève sera sûrement vaincue. Des exemples tout récents confirment cette manière de voir. La grève générale des mineurs belges (1899) et surtout la grève générale des mécaniciens anglais (1898), qui dura 7 mois et engloutit 27 millions, se terminèrent toutes deux par la défaite. Cependant les corporations en grève étaient parfaitement organisées et solidaires ; et en Angleterre, par exemple, l'action du gouvernement ne se manifesta pas d'une façon sensible. »

Les auteurs du Rapport, qui sont (on ne le croirait pas) des partisans de la grève générale (mais non pacifique), ajoutent que *la grève de corporation* ne peut « réussir sans la solidarité effective de tout le prolétariat ».

Mais pour cela il faudrait d'abord que le prolétariat fût organisé, c'est-à-dire que toute la classe ouvrière fût « encadrée » dans les syndicats. Or bien que l'action syndicale ait été très active, depuis vingt ans, les résultats jusqu'à présent sont assez minces :

Au Congrès de Tours, M. Maynier, de la Chambre syndicale des typographes, voulant prouver que les organisations syndicales ne réunissent pas la majorité des ouvriers et que, par conséquent, la grève générale, dans ces conditions, serait chimérique, lut une statistique d'un haut intérêt et dont l'authenticité ne fut pas contestée.

Ainsi la fraction organisée des travailleurs est insignifiante comparée à leur nombre tout entier. Et comme la grève générale, de l'aveu de tous, dépend de cette organisation, seule capable de permettre une solidarité effective, il en résulte que son but est loin d'être atteint.

| ORGANISATIONS SYNDICALES | NOMBRE d'ouvriers du corps de métier | SYNDIQUÉS | PAYANT leurs cotisations. |
|---|---|---|---|
| Chambre syndicale des employés. | 200.000 | 7.000 | 1.350 |
| Chambre syndicale des garçons de magasins, cochers, livreurs, etc. | 100.000 | 4.524 | 2.002 |
| Union des comptables | 95.000 | | |
| Union syndicale des ouvrières de la blanchisserie | 60.000 | 133 | 127 |
| Chambre syndicale de l'ébénisterie | 25.000 | 700<br>4.248 | 250<br>250 |
| Syndicat l'Avenir des peintres | 10.000 | 47 | » |
| Fédération générale française des mécaniciens-chauffeurs (industrie) | 5.500 | 800 | 300 |
| Plombiers-zingueurs | 18.000 | 2.000 | 750 |
| Union syndicale des peintres | 20.000 | 65 | 65 |
| Union de la bourrellerie | 2.000 | 65 | 65 |
| Travailleurs du livre | 17.000 | 8.100 | 7.500 |
| Totaux | 542.500 | 28.582 | 12.659 |

Et ceci est vrai, non seulement pour la grève générale d'une corporation, mais pour celle (encore plus difficile à pratiquer) de toutes les corporations, pour la cessation du travail dans toutes les branches de la production.

D'où vient la difficulté de grouper les travailleurs en syndicats ? D'où vient l'échec du *syndicalisme*, malgré les efforts constants et la ténacité des organisations? La cause est profonde et grave. Chose étrange, elle passe presque inaperçue! L'ouvrier se dégoûte du syndicat, parce que le syndicat cesse de répondre à ses fins, ou du moins, parce qu'il y répond d'une façon très insuffisante. Le placement de la main-d'œuvre devient de plus en plus difficile, et le temps de travail devient de plus en plus discontinu.

J'ai parlé souvent du chômage (1) et du développement prodigieux pris par le travail mécanique. C'est une question du plus haut intérêt, et sur laquelle il faudra revenir sans cesse, car elle touche même aux fondements de la société.

Dans les exploitations houillères bitumineuses de l'Amérique du Nord, l'outillage mécanique fait merveille au point de vue du rendement.

Un document officiel émanant du *Commissioner of Labor* de Washington, son XIIIe *Annual Report : Hand et Machine Labor* (Travail à la main et travail à la machine) permet de se rendre compte des changements. Il est à remarquer que le rapport date de 1898, et que les perfectionnements mécaniques n'ont cessé d'augmenter depuis cette époque.

(1) Voir *Superstitions politiques et Phénomènes sociaux* par Henri Dagan (Stock édit.).

PRODUCTION DE 100 TONS DE CHARBON BITUMINEUX

*(Premier groupe d'expérience)*

| | 1° à la main en 1895 | 2° à la machine en 1897 |
|---|---|---|
| Ouvriers employés (des animaux aussi) | 93 | 60 |
| Heures de travail (non compris les heures des animaux) | 387 heures 30 | 191 heures |
| Coût du travail (non compris celui des animaux) en dollars | $ 71,2154 | $ 42,3000 |

*Deuxième groupe*

| | 1° à la main en 1891 | 2° à la machine en 1897 |
|---|---|---|
| Ouvriers employés (des animaux aussi) | 42 | 32 |
| Heures de travail | 342 heur. 6 m. | 188 heur. 36 m. |
| Coût du travail en dollars | $ 77,6084 | $ 43,4003 |

D'où économie de main-d'œuvre, économie de temps et économie du prix de revient. Conçoit-on, à présent, la possibilité pour les propriétaires des exploitations d'échafauder en peu de temps des fortunes gigantesques ?

Ce qu'il y a d'extraordinaire, c'est l'entêtement de certains économistes à nier ces faits.

M. Ed. Lozé, qui a écrit un ouvrage technique sur les *Charbons Américains* (chez Dunod), après avoir énuméré les avantages de l'outillage mécanique, déclare que la main-d'œuvre n'en est pas touchée, *au contraire* ! Il s'étonne de la *défiance* et de *l'hostilité* des ouvriers : la machine, à son avis, non seulement ne remplaçant pas la main-d'œuvre, mais n'abaissant pas les salaires. Et, pourtant, il écrit : « Aujourd'hui, si on excepte quelques régions, notamment celle où la main-d'œuvre est, exceptionnellement, à très bon marché, la machine s'est imposée dans tous les Etats (américains) où l'exploitation houillière est un peu développée ». Qu'est-ce à dire, sinon que la machine a pour but (ce n'est pas le seul) de remédier aux salaires élevés, *puisqu'on se passe de la machine là où les salaires sont très bas ?* Cela est si vrai, que les chargeurs qui suivent ces machines ayant réclamé des salaires plus élevés, furent éconduits. « S'il avait été fait droit à ces prétentions, dit M. Parker (cité par M. Lozé lui-même), elles eusent absorbé les bénéfices résultant de l'emploi des machines, supprimé les avantages, c'est-à-dire la raison d'être de l'invention ». Voilà qui est net. Pour prouver que la main-d'œuvre n'est pas éliminée, on a recours à un grossier subterfuge, employé déjà par Edouard Georges, Carrol Wright et M. Levasseur. On allègue que la division du travail étant souvent plus grande à la machine qu'à la main, le personnel occupé augmente : ce qui semble vrai, en apparence ; ce qui est faux, en réalité. Voici un exemple : « La machine (il s'agit d'une haveuse) dit M. Lozé, manœuvrée par un homme et son aide, minait si rapidement le charbon, qu'elle occupait, sans interruption, un homme à piquer et à extraire, six autres à transporter le charbon. Neuf hommes étaient donc employés sur les emplacements n'en occupant antérieurement que six. » Sans doute, mais puisque la quantité de charbon extraite est infiniment plus considérable et se fait plus rapidement, il faut bien que *le temps de travail* général soit réduit (à moins de supposer la consommation du charbon illimitée, la vente ininterrompue, ce qui est absurde) ; et si le *temps de travail* est réduit, c'est forcément la main-d'œuvre qui en souffre : moins de travail, moins de salaire. Du reste, il est aisé de voir, par les lignes suivantes, que M. Lozé lui-même a une arrière-pensée sur cette question : « Il n'est pas contestable, dit-il, que la machine supprime la nécessité de recruter un grand nombre de mineurs de profession, de mineurs à la veine.

« Mais cette catégorie d'ouvriers d'élite n'y perd rien. Le piqueur est encore nécessaire pour certaines parties du travail et si, pour d'autres, il est remplacé par un mécanicien, cette profession s'ouvre aux plus intelligents... etc ». Tout cela n'est pas sérieux ; on voit bien que l'auteur se heurte à l'évidence : le piqueur devient inutile, voilà le fait brutal. Ce n'est pas tout ; la multiplicité des machines et leur puissance d'extraction est telle qu'on demeure émerveillé. Il y a des *rouilleuses*, qui creusent des rainures verticales ; des *haveuses*, qui creusent horizontalement ; des *perforatrices*, qui creusent les galeries avec le secours des matières explosives. Il y a aussi des machines, dites à *pic*, munies réellement d'un pic analogue à celui du mineur, mais qui est animé d'un mouvement alternatif d'avant en arrière, grâce à un piston sur la tige duquel il est monté : ce pic donne jusqu'à deux cents coups par minute, alors que le meilleur mineur n'en peut donner au minimum que cinquante. Il y a encore des machines à chaîne sans fin, armées de dents coupantes, qui creusent des rainures à une profondeur de 2 m. 20. Un mécanicien et un aide suffisent à déplacer la machine, au fur et à mesure qu'il faut attaquer plus loin le front de taille. Des wagonnets, traînés par une locomotive électrique, transportent cette houille au dehors de la mine, où ils sont culbutés toujours mécaniquement, sous la surveillance d'un seul homme, qui suffit à décharger ainsi 1.000 tonnes de houille par journée de 10 heures. On charge et on décharge ainsi, chaque jour, 9.000 tonnes, au prix de 23 centimes par tonne. Le fond des wagonnets peut s'ouvrir en laissant couler le charbon par des trémies jusque dans les flancs des bateaux, et l'on arrive à remplir en 24 heures un bateau de 6.000 tonnes. On comprend dès lors le contre-coup désastreux de ce perfectionnement de la technique sur la population des ouvriers des ports. En vain s'efforcera-t-on de contester l'état des choses : rien n'est brutal comme un fait économique.

Mais, dira-t-on, tout cela est le propre de l'Amérique, l'Europe n'en est pas encore là. Patience, on y arrive : nous citerons M. Wainford, ingénieur anglais, qui estime que les engins mécaniques peuvent s'appliquer dans 60 pour 100 des mines anglaises ; l'économie par tonne de charbon produite serait au minimum de 0 fr. 60, pour atteindre souvent jusqu'à 5 fr. 60. Cet ingénieur relate aussi que dans une mine de South Yorkshire où l'on exploite du charbon de mauvaise qualité (et où l'on a d'autant plus d'intérêt à diminuer les frais d'extraction) la machine a procuré des avantages énormes ; à la main, l'extraction, par homme, ne ressortait qu'à 3 tonnes 1/4 ; elle s'élève maintenant à 6 tonnes, grâce à l'usage des machines ; de plus, le prix de revient de la tonne était de 2 fr. 60, alors qu'il ne dépasse plus 1 fr. 60.

C'est toujours les mêmes effets : économie de main-d'œuvre, accroissement de la production, diminution des frais de production.

Comprend-on maintenant ce qu'il y a de réellement chimérique dans la grève générale? C'est là le véritable écueil : pourtant c'est celui qu'on passe sous silence. Attendre, les bras croisés, pacifiquement, que les propriétaires de houillerіes capitulent, c'est se leurrer grandement. Plus nous irons, plus l'impossibilité de la grève générale s'accentuera. En France, les premiers essais de haveuses américaines datent de 1900. L'année suivante, il y en avait 61,4 à Decazeville, 10 à la Grand Combe, 5 à Courrières, 7 à Graissesac, 3 à Carmaux, etc. Les mines de Narles en ont actuellement 15 en exploitation. Ce mouvement va s'accentuer, stimulé par les menaces de grève générale.

Il est à remarquer que ce merveilleux outillage stimule la concurrence, qui vient peser lourdement sur les marchés européens. Les transactions sur les charbons américains à Marseille n'ont pas cessé cette année ; le nombre des acheteurs dépasse celui de l'an dernier. D'autre part les richesses houillères en activité ou en réserve de l'Australie, de l'Inde, de l'Afrique du Sud, du Canada, et en général des colonies britanniques, tout en faisant concurrence au charbon de la métropole, rivaliseront avec celui des autres puissances. Néanmoins, jusqu'à présent, les Etats-Unis prévalent. En 1901 tandis que la production de l'Angleterre était de 222 millions de tonnes (et celle de ses colonies 20 millions), la Fédération américaine passait au premier rang avec 265 millions de tonnes. Mais l'avenir appartient à la production coloniale de l'empire britannique. Des géologues officiels, comme Pitman, Jack et Stirling ont évalué les seules richesses houillères du *Commonwealth* australien à 240 milliards de tonnes !

Qu'arrivera-t-il lorsque ces mines seront soumises à une extraction mécanique et méthodique ? La production sera si rapide et si abondante que les marchés européens seront débordés : des crises de surproduction, suivies de crises de chômage désastreuses, ne manqueront pas de se produire, l'offre sera toujours supérieure à la demande, les salaires baisseront fatalement puisque l'armée de réserve du travail grossira.

Dans ces conditions, n'est-il pas insensé de fonder des espérances d'affranchissement et de conquête sociale sur la grève générale ? Mais précisément nous y marchons à la grève générale, et à grands pas, seulement c'est la grève générale *forcée*, celle qui, au lieu de réduire le patronat « à merci », se place, au contraire, de plus en plus, sous sa dépendance économique ; c'est le chômage involontaire, grand phénomène historique du régime capitaliste, et, peut-être (simple hypothèse) grand dissolvant du capitalisme lui-même.

Ainsi, la grève générale est une utopie nouvelle : cela ressort de la structure économique de notre société marchande ; cela résulte de l'évolution permanente du mode de production actuel. Est-ce à dire que les maîtres de la production doivent se réjouir de cette perspective rassurante ? Non, certes, car la grève générale sera probablement l'objet de plusieurs expériences, et aucune tentative ne peut être pacifique (les événements récents nous l'ont bien fait voir). Des troubles se produiront, suivis de répressions et d'échecs. Mais quel sera le sentiment des foules ouvrières lorsqu'elles auront compris que leur dernière espérance de salut s'est évanouie ? Là est le point noir de l'horizon politique pour tout esprit clairvoyant et réfléchi.

---

## LA LOI PIOT ET LE CÉLIBAT

On n'a guère pris garde au projet de loi tendant à combattre la dépopulation en France, présenté par M. le sénateur Piot. Et pourtant la question est des plus intéressantes, puisque la loi vise une fraction énorme de la population : il y a, en effet, en France, d'après le dénombrement de 1896, plus de trois millions de célibataires au-dessus de vingt-cinq ans, plus de un million huit cent mille ménages sans enfants, et environ trois cent mille divorcés, veufs et veuves sans enfants (1).

Or, il s'agit d'appliquer à cette population une taxe particulière, soit pour l'inviter à contracter des unions légitimes, soit pour la punir de sa stérilité. Le législateur espère, de cette façon, atténuer le mouvement régressif de la natalité.

(1) Sur la proposition de M. le sénateur Bernard, le Sénat adopta (22 novembre) le projet de résolution d'une commission extraordinaire parlementaire à l'effet d'étudier la question de la dépopulation.

L'article I^er de la proposition présentée par M. Piot dit que « les célibataires des deux sexes âgés de trente ans révolus au moins, seront assujettis à une taxe égale au quinzième du principal des quatre contributions directes payées par eux.

Les époux mariés depuis cinq ans au moins payeront un vingtième, calculé de la même façon, s'ils n'ont aucun enfant vivant, et continueront de payer la taxe jusqu'à la naissance d'un enfant ».

Art. II : « Un crédit de vingt millions est ouvert au ministère de l'Intérieur sous ce titre : subventions, secours, encouragements aux familles nombreuses ».

Art. III : « Ce crédit sera distribué chaque année de la manière suivante, aux pères, et, à leur défaut, aux mères de famille ayant plus de quatre enfants vivants ».

Telle est la loi extraordinaire dont le projet de résolution a été déposé sur le bureau du Sénat.

La première question qu'un législateur intelligent doit se poser en présence des phénomènes de moindre nuptialité et de moindre natalité, est celle-ci : pourquoi se marie-t-on de moins en moins, et pourquoi les enfants sont-ils moins nombreux que par le passé ?

La réponse est facile. Tout le monde sait à

quoi s'en tenir, aussi bien le législateur que l'intéressé, mais chacun a des raisons particulières de garder le silence. D'une façon générale, nul n'ignore que la cause principale réside surtout dans les *difficultés croissantes de l'existence et la nature du travail.*

On objecte, il est vrai, que le pauvre a plus d'enfants que le riche, que le petit bourgeois, le cultivateur ou l'employé. Cela est souvent vrai, et l'on sait du reste pourquoi : « c'est leur seul plaisir » avoue M. Piot lui-même. Il aurait pu ajouter qu'il y a un degré de pauvreté où le présent est si redoutable que la crainte de l'avenir disparaît.

Mais les célibataires sont nombreux, pourtant, dans les classes moyennes, ainsi que dans les classes ouvrières ; nombreux aussi les mariages sans enfants.

En effet, le dénombrement de 1896 accuse en France :

| | |
|---|---|
| Célibataires au-dessus de 25 ans . | 3.861.599 |
| Ménages sans enfants . . . . | 1.808.838 |
| Divorcés, veufs et veuves sans enfants . . . . . . . . . . | 300.000 |
| Soit . . . . | 5.970.437 |

Qu'est-ce qui contrarie la procréation dans les classes ouvrières ? Il y a des causes diverses, étroitement solidaires.

En voici quelques-unes énoncées par un membre du Sénat :

« Cependant, les villes de la province se dépeuplent, les campagnes se vident, les laboureurs quittent le manche de la charrue qui leur donnait une vie modeste peut-être, mais assurée, pour se jeter dans l'implacable concurrence industrielle. C'est d'ailleurs à cette industrialisation, créée par le machinisme, que nous devons la prodigieuse extension du travail des femmes. Une femme peut-elle être à la fois mère et ouvrière ? Peut-elle, à la fois, soigner son travail et son enfant, son ménage ? De là, il faut bien le reconnaître, cette mortalité qui fauche les premiers âges dans les agglomérations industrielles que figurent les pics mortuaires des graphiques. Celle des enfants légitimes qui, pour leur première année, s'élève, pour toute la France, à une moyenne de 15 p. 100, atteint, dans les centres ouvriers, jusqu'à 28 et demi p. 100.

Quant à la mortalité des enfants naturels, dont le tiers en moyenne succombe, en France, avant d'avoir terminé la première année, il y a tels centres industriels, où elle atteint 50 et 60 pour 100.

Quant aux mort-nés, dont le nombre quoique relativement considérable — 42.249 en 1897 ; 39.805 en 1898 — ne dépasse pas une moyenne de 5 p. 100 des naissances, leur proportion atteint 12 p. 100 dans certaines agglomérations industrielles. Tel est, dans les classes ouvrières, l'ensemble des causes qui président au ralentissement du mouvement de notre population. Si, pour apprécier exactement, à cet égard, l'influence du labeur féminin, l'on songe que la femme a été appelée partout ailleurs, dans le monde du travail, non seulement dans l'instruction, mais dans les grandes administrations publiques ou privées, celle des chemins de fer comme celle des postes et télégraphes, dans la médecine, dans la littérature, dans les arts, comme au théâtre, on ne peut manquer de s'apercevoir encore combien ses fonctions économiques ont nui à ses fonctions maternelles, et comme, en devenant un agent de la production de la richesse, elle a dû cesser de produire des enfants ».

On ne saurait parler avec plus de précision et de vérité. Aussi le lecteur ne sera-t-il pas peu surpris en apprenant que l'auteur des lignes précédentes est M. Piot lui-même, qui veut faire expier aux victimes, par des taxes vexatoires et onéreuses, le mal dont elles souffrent.

On va voir que la *crainte de l'enfant*, dans les classes moyennes, s'explique par des causes tout aussi naturelles que celles de l'infécondité ou de la mortalité dans les classes ouvrières :

« Aujourd'hui, les carrières libérales sont encombrées : les nouveaux venus n'y respirent plus et la concurrence y sévit plus acharnée peut-être que partout ailleurs. Des milliers d'avocats s'arrachent la clientèle des plaideurs, des milliers de médecins, celle des malades. Une élite jalousée, enviée, détestée, réussit à se tailler de puissantes fortunes, d'autres arrivent à vivre, à nourrir leur famille tout simplement. La plupart végètent et constituent le déchet, ce prolétariat intellectuel, si bien décrit par M. Henry Bérenger, refuge des « fruits secs » et des réfractaires, des révoltés et des théoriciens professionnels de l'anarchie... Si l'on songe (continue M. Piot) aux dépenses que nécessitent l'éducation, l'instruction et l'établissement d'un enfant pour un résultat si problématique, à la baisse de l'intérêt, à la « crise du revenu », on comprend que les parents y regardent à deux fois, si j'ose dire, *avant de donner un otage au malheur*... L'enfant (ajoute M. Piot) c'est l'inconvénient du mariage, c'est une éducation à faire, une instruction à donner, un fils à caser, une fille à marier, une colonne de plus dans le budget du ménage, au chapitre des dépenses, une atteinte au crédit, une diminution du bien-être et du superflu (1) ».

(1) *La Question de la Dépopulation*, par Edme Piot, sénateur de la Côte-d'Or.

Voilà donc la fatalité économique qui cause le ralentissement général de la natalité, clairement expliquée par le législateur. Et ce législateur est le même qui réclame des mesures coercitives contre les célibataires et les mariés sans enfants : il traite les victimes comme des délinquants.

Pour corroborer les affirmations de M. Piot, voici deux tableaux significatifs, établis d'après les documents du ministère de la Justice. On va voir combien, dans la société moderne, le poids des enfants pèse sur la destinée des pères et des mères :

SUICIDES PAR AGE DES MARIÉS ET DES VEUFS (DÉPARTEMENTS FRANÇAIS, MOINS LA SEINE) NOMBRES ABSOLUS (1890-1891).

| | *Hommes* | | | |
|---|---|---|---|---|
| Age. | Mariés sans enfants. | Mariés avec enfants. | Veufs sans enfants. | Veufs avec enfants. |
| De 0 à 15 . . | 1,3 | 0,3 | 0,3 | » |
| — 15 à 20 . . | 0,3 | 0,6 | » | » |
| — 20 à 25 . . | 6,6 | 6,6 | 0,6 | » |
| — 25 à 30 . . | 33 | 34 | 2,6 | 3 |
| — 30 à 40 . . | 109 | 246 | 11,6 | 20,0 |
| — 40 à 50 . . | 137 | 367 | 28 | 48 |
| — 50 à 60 . . | 190 | 457 | 48 | 108 |
| — 60 à 70 . . | 164 | 385 | 90 | 173 |
| — 70 à 80 . . | 74 | 187 | 86 | 212 |
| — 80 et au delà. | 9 | 36 | 25 | 71 |

*Femmes.*

| Age | Mariées sans enfants. | Mariées avec enfants. | Veuves sans enfants. | Veuves avec enfants. |
|---|---|---|---|---|
| De 0 à 15 . . | » | » | » | » |
| — 15 à 20 . . | 2,3 | 0,3 | 0,3 | » |
| — 20 à 25 . . | 15 | 15 | 0,6 | 0,3 |
| — 25 à 30 . . | 23 | 31 | 2,6, | 2,3 |
| — 30 à 40 . . | 46 | 84 | 9 | 12,6 |
| — 40 à 50 . . | 55 | 98 | 17 | 19 |
| — 50 à 60 . . | 57 | 106 | 26 | 40 |
| — 60 à 70 . . | 35 | 67 | 47 | 67 |
| — 70 à 80 . . | 15 | 32 | 30 | 68 |
| — 80 et au delà. | 1,3 | 2,6 | 12 | 19 |

Un simple coup d'œil sur chacun de ces tableaux permet de constater que les suicides sont plus fréquents chez les mariés et les mariées avec enfants ainsi que chez les veufs et les veuves avec enfants.

Que l'on additionne ces chiffres et l'on verra que le nombre des pères suicidés qui avaient des enfants, dans la période de 1889-91, s'élève à 1718, tandis que le chiffre des hommes suicidés sans enfants atteint seulement 723. Les veufs sans enfants accusent 290 suicides, les veufs avec enfants accusent 635. En ce qui concerne les femmes, le mouvement est pareil : pour 249 suicides de mariées sans enfants, il y a 435 suicides de mariées avec enfants ; pour 144 veuves suicidées sans enfants, il y a 226 veuves suicidées avec enfants. Est-ce que ces chiffres ne détruisent pas toutes les fadaises et les inepties formulées à l'égard de « l'égoïsme » des ménages stériles ? Est-ce qu'ils ne répondont pas éloquemment à cette parole bizarre de M. Piot : « Ce qui nous manque, c'est le plus précieux des capitaux, le capital humain ». Mais non, dénombrez les orphelins, et ces fils de suicidés...

Ne l'oublions pas, aujourd'hui comme il y a deux mille ans, le célibat « avant d'être un dessein calculé a été une nécessité inconsciente » (Bocquet). Il ne constitue pas une calamité plus grande ou plus anormale que les autres au regard de l'observateur. Lui aussi n'est qu'un des multiples symptômes de la transformation des conditions d'existence de la foule. Il est, en effet, une conséquence, un prodome parmi vingt autres.

Et ici, nous sommes encore amenés à constater l'ignorance dangereuse et cruelle du législateur, du pédagogue, du sociologue et du publiciste. Chacun a son *dada* professionnel qui lui cache l'ensemble, et l'entraîne loin des réalités matérielles, communes, basses et familières, qui sont les causes primordiales de ces phénomènes universels.

C'est ainsi que M. Piot parle de l'exode des populations rurales vers les centres industriels, mais il ne dit rien de la crise agricole qui déloge le paysan de sa demeure et le chasse de ses terres hypothéquées ; c'est ainsi que M. Bertillon parle de l'*ambition des parents pour leurs enfants*, comme si cette ambition était nouvelle ! et comme si son accroissement n'était pas l'effet d'une nécessité qu'il faudrait expliquer par des faits et non pas des équivoques ; c'est ainsi que le docteur Legrain nous étale complaisamment et avec une satisfaction évidente les ravages de l'alcoolisme, comme si ce *fléau* n'avait pas lui-même une origine profonde que décèle *a priori* son universalité.

« La natalité est un effet et non une cause, écrit M. de Molinari. La production de l'homme, comme tous les autres, est déterminée non par les quantités offertes, mais par les quantités demandées. C'est la demande qui cause l'offre et non l'offre la demande. Quand le nombre des emplois disponibles qui, dans une société civilisée, constituent le débouché de la population, vient à s'augmenter, quand la demande du personnel nécessaire pour les remplir s'accroît en conséquence, l'offre tend à se proportionner à la demande, presque toujours à la dépasser ; le taux de la natalité s'élève jusqu'à ce que l'avilissement du prix du travail résultant de la surabondance, détermine soit une diminution de la production et de l'offre, soit la recherche d'un nouveau débouché » (*La Viriculture*).

Ce qui signifie que la natalité ne dépend guère de la volonté individuelle, et que des phénomènes économiques dominent les fluctuations de la population. Dès lors qui ne voit tout de suite l'iniquité des mesures fiscales et coercitives à l'égard des ménages stériles ?

On veut encourager les naissances ; or, la France perd chaque année plus du sixième des naissances vivantes : cent cinquante mille enfants périssent avant d'avoir atteint un an. Depuis 1880, il n'y a jamais eu moins de 40.000 mort-nés. Est-ce que M. Piot et ses collègues sont pressés d'augmenter le budget de la mort ?

Quand on réfléchit aux contradictions stupéfiantes des propositions ou des vœux formulés par les économistes et les législateurs de notre époque, on se demande si quelque vent de folie ne souffle pas dans ces graves cervelles. On prêche sans cesse au peuple l'économie et la prévoyance quand il manque souvent du nécessaire, et, d'un autre côté, on voudrait le forcer à augmenter ses charges en faisant des enfants ! Ce point a été spirituellement relevé par un membre de la *Société d'Économie politique* :

« Ce sont, en France, les classes où sévit l'insouciance qui *pratiquent l'accroissement* ; ce sont au contraire les autres qui *pratiquent le décroissement*. La conclusion est donc celle-ci : ou nous avons tort de prêcher les vertus bourgeoises aux ouvriers, et alors nous devons cesser de le faire ; ou nous avons raison, et, dans ce cas, nous devons nous résigner à la stagnation de la population, puis à son décroissement qui en sont la conséquence forcée (1). »

De son côté, M. Quesnel écrivait dans *le Monde économique* :

« Mais n'y aurait-il pas lieu aussi d'examiner les conditions du travail manufacturier qui font vivre la femme à l'usine et non plus chez elle ? Croit-on que celle-là aussi soit soucieuse d'augmenter le nombre de ses grossesses qui représentent une perte de salaires et une augmentation de charges ? On pourra lui faire les plus beaux discours du monde sur ce qu'il y a de vilain à restreindre le nombre de ses enfants. Elle vous répondra que c'est encore plus vilain de ne pas pouvoir nourrir ceux qu'on a déjà. Qu'est-ce qui pourra la convaincre cette malheureuse ? »

Et il est à remarquer que ce n'est pas tant la cité que le *travail industriel* qui est une cause de dépopulation. En effet la mortalité infantile s'élève à 27 p. 100 dans la Seine-Inférieure, à 26 p. 100 dans l'Eure Elle est de 24 p. 100 dans l'Ardèche où le travail de la soie emploie 15.000 femmes (1883). Nous avons dit, déjà,

(1) Limousin, Discussion à la Société d'Économie politique, 5 janvier 1897.

qu'elle atteint jusqu'à 28 1/2 p. 100 dans certains centres industriels.

On doit donc se demander quelle est l'arrière-pensée du législateur, en proposant cette loi bizarre, renouvelée des époques de décadence.

Cette arrière-pensée est la même qui a inspiré César, Auguste et la Papauté : la loi contre le célibat est une loi *fiscale*. Son but véritable est de trouver une source nouvelle d'impôts pour le trésor public.

« Nous croyons devoir demander un crédit de 20 millions de francs, dit M. Piot (crédit pour secourir les familles nombreuses) étant bien entendu que ce crédit *sera inférieur au produit de l'impôt.* » On le croit sans peine, car, ajoute le législateur : « Si le célibataire ne payait aucune contribution, ce qui sera fort rare (quelle erreur !), une taxe consistant en un droit fixe pourrait être établie. » En outre « les unions stériles acquitteront l'impôt après la cinquième année révolue depuis la célébration du mariage ». Et il va sans dire « que les veufs et les veuves sans enfants payeraient l'impôt ».

Or, voici le dénombrement de ces diverses catégories de personnes qui deviendraient contribuables :

| | |
|---|---:|
| Célibataires au-dessus de trente ans. | 2.787.315 |
| Ménages sans enfants . . . . . . | 1.808.838 |
| Veufs ou veuves sans enfants . . | 300.000 |
| | 4.896.153 |

M. Piot a estimé qu'un impôt de 30 francs par tête ou par ménage sans enfant, semble des plus applicables : il donnerait une recette totale de 144.484.590 francs. Or, les crédits alloués aux familles nombreuses s'élevant à 20 millions, il s'ensuit que l'Etat empocherait 124 millions en chiffres ronds. Ce serait une opération assez fructueuse. Mais le législateur qui pressent les protestations que pourra soulever cette aggravation de charges pour les contribuables, ajoute l'inévitable couplet : « Ceux qui payeraient l'impôt n'ignoreraient pas que les bénéficiaires de la loi sont de braves citoyens voués à des charges familiales qui sont presque des charges patriotiques et sociales. »

Or, il faut noter que la plupart des célibataires appartenant aux classes moyennes, ouvrières, ou aux classes... déclassées (un grand nombre de familles vivant en concubinat) au lieu de bénéficier des secours de la loi seront obligés de payer l'impôt. Et l'on verra d'innombrables familles *illégales* avec enfants, payer l'impôt du célibataire !

C'est que le législateur parle au nom de l'*in-*

*térêt national* comme autrefois Macédonicus au nom des *intérêts de la République*, comme César et Auguste au nom de la *Patrie*.

En réalité, il s'agit encore, comme autrefois, de restaurer, par tous les moyens, les finances obérées. Et, comme autrefois, c'est le pauvre et le moins riche qui payeront. L'indemnité insignifiante que devront recevoir les familles de quatre enfants, sera prise dans la bourse de l'employé, ou prélevée sur le salaire, déjà incertain, de l'ouvrier. Le surplus ira s'engloutir dans les caisses du Trésor ou entretenir le célibat..... ecclésiastique.

---

# QUATRIÈME PARTIE

## Une face du Paupérisme

### Deux Lettres

# LE PROLÉTARIAT JUIF DANS LE MONDE ENTIER

Lorsque nous avons entrepris cette étude, nous savions qu'il existait des juifs pauvres ; que ces juifs étaient disséminés à travers l'Europe, l'Amérique et une petite partie de l'Afrique ; qu'ils émigraient, principalement vers le Nouveau-Monde ; et que dans certains pays on avait fait contre eux des lois d'exception. Néanmoins nous avions le droit de nous méfier des affirmations, des récits, des anecdotes rapportées sur ces juifs qui sont l'objet d'une haine particulière : la passion antisémite pouvait susciter une passion contraire, et inspirer une pitié (ou une admiration) (1) capable de grossir un peu les choses.

Or, nous devons dire qu'après avoir examiné la question d'une manière très attentive, après avoir consulté les documents officiels des gou-

(1) C'est si vrai qu'un écrivain catholique ardent et amer, M. Léon Bloy, a écrit un livre qui porte ce titre : *Le Salut par les Juifs*...

vernements étrangers, les rapports des inspecteurs du travail, les livres des spécialistes, les brochures des polémistes, les discours des hommes d'Etat, les correspondances consulaires et diplomatiques, les enquêtes de toutes sortes, nous avons acquis la certitude que non seulement il existe un prolétariat juif considérable, mais que ce prolétariat est l'un des plus misérables, des plus exploités, des plus écrasés par le capital et le *sweating system* qui aient jamais existé.

Cela peut paraître un paradoxe pour les personnes dominées par la suggestion antisémite, ou ignorantes de ce qui se passe au delà des frontières.

Aussi, allons-nous laisser parler simplement les faits.

### En Roumanie

D'après le recensement de 1899, il y a en Roumanie 269.000 juifs environ ; ils sont disséminés dans 97 villes ou petites villes. La majeure partie est composée d'artisans, tailleurs, ferblantiers, passementiers, etc. Ils exercent aussi les métiers les plus pénibles et les plus répugnants. Quant à leur misère, voici le témoignage de Rudolf Bergner, écrivain hostile aux juifs :

En passant, nous trouvons Targuli-Frumos et Podù-Hoci, de misérables trous sans arbres, à l'intérieur desquels pullulent les juifs, à l'extérieur, les corbeaux... L'intérieur de Jassy se présente comme la demeure d'innombrables *vampires* qui surpassent en saleté et en *misère* tout ce que nous avons vu auparavant (*Rumænien*).

La mauvaise récolte de 1899 a porté au dernier degré la misère des israélites roumains. Dans la Moldavie, particulièrement éprouvée par la crise agricole, des milliers de juifs indigents mendient leur pain. A cette détresse économique il faut ajouter l'hostilité du gouvernement et des lois.

Le traité de Berlin consacre en bloc la nationalité roumaine des israélites ; or, le Parlement a décidé que toute naturalisation devait être individuellement soumise au Sénat et à la Chambre des députés. De cette façon, toutes leurs demandes sont systématiquement écartées.

En Roumanie, un juif ne peut être avocat (décret de 1864), ni pharmacien (1869), ni employé de chemin de fer (1871), ni débitant de tabac (1872) ; il ne peut prendre part ni aux adjudications des travaux publics (1868), ni à celles des terres vendues par l'Etat (1869). Une loi de 1881 interdit les fonctions d'agent de change à tout étranger. Le 15 mars 1884 une loi interdisant le colportage privait d'un seul coup 20.000 israélites de leur gagne-pain. Une loi du 12 mars 1887 exclut les juifs de l'administration, des fabriques de tabac de la régie. En 1893, une série de loi fermaient aux israélites les écoles publiques. Enfin une loi récente prescrit que dans toute entreprise, chantier, usine, fabrique, 75 0/0 des ouvriers et employés doivent être de nationalité roumaine. Cette loi est dirigée contre les ouvriers israélites.

L'ensemble de toutes ces calamités économiques, politiques et sociales avaient jeté des milliers d'israélites dans un tel désespoir qu'au mois d'avril 1900 un grand exode vers l'Allemagne, la Hollande et l'Angleterre se préparait. Des secours furent organisés par le comité central de l'*Alliance israélite* : il y avait à ce moment environ 100.000 hommes à secourir (1). Les émigrants entraînés par des agitateurs sionistes songeaient à se diriger vers la Palestine. Mais le gouvernement ottoman leur en interdit l'accès.

Les agitateurs se dirigèrent alors vers l'Anatolie pour s'y livrer au travail agricole. Ce fut une odyssée lamentable : fièvres, famines, mala-

(1) De mai à février 1901, l'*Alliance israélite* a dépensé en Roumanie environ 800.000 fr. Cela ne donne qu'une faible idée de la détresse qui sévit sur cette population.

dies de toute sorte les décimaient. Le sultan lui-même eut pitié d'eux et leur fit distribuer des secours en nature.

Le 28 mai 1900, M. Astruc, directeur de l'école de Roustchouk, écrivait de Galatz :

« Je ne me fais aucune illusion sur les conséquences d'une crise économique sans précédent, mais, à Galatz, la réalité dépasse tout ce qu'on pouvait supposer d'horrible et de navrant. Ce ne sont pas des pauvres, des inoccupés, des désœuvrés que j'ai sous les yeux, mais des malheureux qui crient littéralement famine, des enfants qui dépérissent faute d'un morceau de pain, voire, on ne le croirait pas, faute d'eau. Un des premiers groupes de miséreux que j'ai visités est celui qui part dans quelques jours pour Chypre. Il se compose de 52 familles comprenant 220 personnes... On les a parqués dans une cour nauséabonde et ils s'y trouvent entassés depuis 10 jours. Ils y resteront probablement une semaine encore... »

M. Astruc écrit de Jassy, à la date du 12 juin 1900 :

« ... Dans cette cité, qui contient plus de 35.000 Israélites, deux tiers d'entre eux, au moins, ont besoin d'être secourus ; c'est que les personnes mortes d'inanition se comptent par douzaines, et que dans le cimetière le nombre des fosses creusées depuis cet hiver a atteint une proportion effrayante...

Entrez dans la première maison venue : on vous dira que le pain manque sur la planche depuis plusieurs jours et que, voilà deux semaines et plus, on se nourrit de fruits verts cueillis dans les environs de la ville. Montez cet escalier vermoulu qui craque fâcheusement sous vos pieds et vous apercevez des vieillards immobiles, hébétés, haves, qui vous écoutent sans comprendre et qui versent des larmes en prenant la miche de pain que vous leur tendez. Descendez dans cette cave où les murs suintent, où la respiration semble impossible, où l'atmosphère est puante, et vous sentirez les larmes vous venir aux yeux à la vue d'une douzaine d'enfants appartenant à diverses familles, habillés d'une simple chemisette couleur de terre, maigres, diaphanes, presque sans vie, geignant, et se calmant subitement dès que le morceau de pain est mis entre leurs mains... »

Récemment encore (le 17 mai 1901), M. Astruc, chargé par l'*Alliance* de distribuer les secours aux indigents, écrivait de Lespezi :

« ... Ville pauvre par excellence et exclusivement habitée par des juifs. L'on n'y voit que des silhouettes de malheureux arpentant de long en large les rues. A quelle occupation autre que les métiers de tailleurs, rapiéceurs, cordonniers, savetiers ou ferblantiers pourraient se livrer 2 300 juifs qui ne vivent que d'un trafic limité aux besoins journaliers, dans une bourgade sans aucun commerce, sans industrie, sans agriculture ? C'est un problème de savoir comment, avec la concurrence effroyable que se font entre eux tant de meurt-de-faim, ils arrivent quand même à vivre. Ne me demandez pas en quoi consiste la nourriture de toutes ces familles : pain ou mamaliga, mamaliga ou pain ; voilà le menu ordinaire et extraordinaire... (1) ».

A méditer ce passage sur la prétendue solidarité mystérieuse des juifs :

« La concurrence à Lespezi, comme à Frumosica, comme à Burdujéni, comme à Stefanesti, la concurrence entre Juifs est meurtrière, le travail manque et la misère qui s'ensuit est inénarrable. L'on se fera une idée de l'avilissement des salaires de la main-d'œuvre, lorsque je dirai que dans la plupart des villes précitées, un ouvrier juif s'estime heureux s'il trouve à gagner de *4 à 5 francs par semaine* ».

A Botosani, sur 17.000 juifs, 15 000 sont réduits à la mendicité, faute de travail. Une cuisine populaire a été installée, par les soins de l'*Alliance*, les clients y affluent. Du mois de décembre 1900 au mois d'avril 1901, il a été distribué plus de cinquante mille portions gratuites et plus de trente-cinq mille portions payantes. Voici un tableau récapitulatif des sommes remises au Comité d'assistance de Botosani :

(1) Voir *Bulletin de l'Alliance israélite*, mai-juin 1901.

| | | |
|---|---|---|
| 27 novembre 1900. | Cuisine et secours . . . . | 3.000 |
| 27 — | Chaussures . . . . . . . | 100 |
| 27 — | A la Société de dames . . | 100 |
| 27 — | Avances . . . . . . . . | 400 |
| 27 — | Médicaments . . . . . . | 250 |
| 27 — | Don à l'hôpital « Filantropia » | 1.000 |
| 8 décembre | Cuisine et secours . . . . | 2.500 |
| 8 — | Don à l'hôpital israélite . . | 2.000 |
| 21 — | Hanuer . . . . . . . . . | 100 |
| 8 janvier 1901. | Cuisine, secours, bois. . . | 3.000 |
| 8 février | Cuisine . . . . . . . . . | 1.800 |
| 5 mars | Médicaments. . . . . . . | 120 |
| 27 — | Cuisine et loyers . . . . . | 5.000 |
| 18 avril | 2e don à l'hôpital . . . . . | 1.000 |
| 14 mai | Cuisine et secours divers . | 5.700 |
| | Total . . . . . . . . | 26.070 |

Nous ne pouvons tout citer, faute d'espace. Tandis que ces parias sont victimes, non seulement de la crise économique, mais des lois, du boycottage, de l'exil, et du mépris de tous les cœurs charitables, en Roumanie, les professeurs excitent les étudiants antisémites, en parlant dans leurs leçons et dans leurs cours des « sangsues », des « vipères » et des « sans-patrie » de la race juive.

Il arrive quelquefois, mais rarement, que les prolétaires juifs songent à la révolte. On est même surpris que tous ces meurt-de-faim chargés de misère et de mépris, sans espoir de relèvement et voués uniquement à la charité de l'*Alliance*, ne cherchent pas dans la révolte individuelle ou collective une suprême satisfaction. Un soulèvement eut lieu dernièrement à Jassy : il fut calmé par les exhortations, les harangues et les secours de M. Astruc :

« Mais ce n'est là qu'un palliatif, dit ce correspondant, dans une lettre de Jassy, datée du 10 juin, le nombre des maisons construites cette année a été tout juste de cinq, quand le nombre des maçons et des menuisiers juifs dépasse 5.000. Le mot d'ordre semble être d'exclure 10.000 ouvriers israélites des ateliers ou des fabriques... ; des centaines de jeunes filles se vouent à la prostitution, parce qu'elles ne veulent pas mourir de faim ; une infinité de jeunes gens parlent d'abandonner la religion de leurs ancêtres afin de pouvoir se faire une existence ».

Une partie du prolétariat juif se tourne à présent du côté des socialistes, et même des anarchistes. M. Drumont lui-même n'oserait les en blâmer (1). C'est surtout à Jassy et en Moldavie qu'il y a beaucoup d'ouvriers socialistes (Voir Léonty Solowcitschik : *Un Prolétariat méconnu*).

Telle est, brièvement résumée, la situation

(1) M. Drumont a été presque seul, dans la presse, à prendre la défense de la juive Goldmann, prétendue inspiratrice de Czolgosz.

des juifs pauvres en Roumanie. Voyons à présent ce qui se passe

### En Russie.

La loi du 3 mai 1882, qualifiée de *temporaire* et qui interdit aux juifs de s'établir dans les villages du « Territoire », d'acquérir des propriétés rurales, d'en prendre à ferme ou d'en gérer, a été la cause d'une foule d'expulsions, de la ruine de centaines de mille juifs et a aggravé considérablement la misère de la population juive, en entassant des millions de pauvres dans un espace limité, trop étroit pour les contenir.

On estime à 5.700.000 les juifs de Russie. M. Leroy-Beaulieu écrivait dans le *Journal des Débats* du 15 août 1890 :

« Parmi toutes les populations de la vaste Russie, je n'ai rien rencontré de plus misérable que ces maigres juifs en longues lévites et en grandes bottes qui cheminent sans repos par les rues et les routes en quête de quelque affaire. On parle beaucoup aujourd'hui du relèvement du prolétariat et de rédemption sociale. Je puis affirmer que dans notre Europe il n'est rien de plus pauvre, rien qui ait plus de mal à gagner son pain de seigle que les neuf dixièmes des juifs russes. »

Nous allons montrer que ce jugement n'est pas exagéré :

Le taux moyen des salaires dans le « Territoire » peut être considéré comme un taux de famine. Les bons salaires moyens, tant dans les fabriques que dans les ateliers d'artisans, ne dépassent pas 3 1/2 et 4 roubles *par semaine* ; les salaires les plus fréquents sont de 2 1/2 à 3 roubles ; les salaires inférieurs sont de 1 1/2 à 2 roubles par semaine pour les hommes (Le rouble vaut 2 fr. 70 environ). Les femmes et les jeunes filles gagnent rarement plus de 6 à 8 roubles *par mois*, généralement 3 à 4 roubles, quelquefois même 1 rouble 1/2 seulement. Pour être exact, nous devons dire que, dans quelques bourgades, certaines industries prospères ont donné l'aisance ou rendu la vie possible à des populations indigentes. Mais ces exemples sont rares. Les bas salaires dominent : à Balta, les salaires ne dépassent pas 2 roubles par semaine. A Vranov, sur le Dniepr, il y a, sur 10.000 habitants, 1.500 israélites. Les salaires moyens sont de 7 roubles 1/2 par mois.

Mais il y a encore situation plus tragique ; les tisserands de Dubrovno (dans la Russie blanche) font un travail quotidien de 20 heures qui leur rapporte 75 kopeks ou un rouble par semaine, pour nourrir des familles de 6 à 8 personnes. Ils sont au nombre de quatre mille, et comme les journées de chômage sont aussi très fréquentes, ils en viennent à regretter ces salaires de famine...

La classe des petits commerçants n'est guère mieux partagée.

A Elisabetgrad, à Mohilev-Podolsk, à Minsk, à Wilna, les petits boutiquiers juifs se contentent de gagner de 2 roubles à 2 roubles 1/2 par semaine. A Berditchev, le taux ou profit commercial est tombé de 10 à 2 0/0.

On peut voir à Elisabetgrad, à Odessa, des masures en planches où 2 familles de 6 personnes chacune, vivent dans une seule pièce de 9 pieds carrés, sans porte de séparation. Les fossés de Homol contiennent 120 de ces bicoques, ouvertes à tous les vents et où logent plus de deux mille personnes. A Wilna, des milliers d'êtres humains vivent dans des caves se trouvant à deux étages au-dessous du niveau de la rue. En plein midi, il faut allumer une bougie pour pouvoir contempler le spectacle de tristesse et d'horreur que présentent ces repaires. A Odessa, un quart de la population vit on ne sait comment ; beaucoup se livrent à la mendicité. A la fête de Pâques 60.000 juifs sur 130.000 ont sollicité le secours de la communauté pour l'achat des pains azymes. A Mohilev-Podolsk, le quart de la population juive (soit 800 familles) a eu besoin du même secours. Ces pauvres diables ne connaissent plus le goût de la viande. (En effet, en 10 ans le revenu de la taxe sur la viande est tombé de 14.000 à 8.500 roubles). A Berditchev, un nombre considérable de juifs attendent l'occasion favorable pour gagner quelques kopeks en s'offrant comme porteurs, guides ou commissionnaires ; 5.000 familles (le tiers de la population) n'ont pas de moyens d'existence. A Sklov (Mohilev) la détresse est affreuse. Sur 8.000 habitants, 7.000 juifs sont réduits à la charité publique ; 200 familles à peine sont secourues.

Les ouvriers juifs acceptent les besognes les plus rudes et les plus dangereuses, contrairement à la superstition qui les représente comme exclusivement adonnés au trafic de l'argent. Partout dans le « Territoire » ils portent les fardeaux. En Lithuanie, ce sont eux qui fournissent les maçons ; à Odessa, à Elisabetgrad, ils sont reverseurs de blé, tâche pénible et insalubre.

A Kreslava (près Dvinsk), ils sont trieurs de soies pour brosses.

A Kasimilch, à Grodno, à Wilna, ce sont presque exclusivement les juifs qui attachent les troncs d'arbres pour en faire des radeaux. Sur les bords du Dnieper, l'on peut voir les débardeurs juifs — quelques-uns de 60 à 65 ans — passer des journées de 13 à 14 heures dans l'eau jusqu'à mi-corps, déchargeant les bateaux, et trop heureux de gagner ainsi, pendant la belle saison, 3 roubles par semaine. A Wilna se trouvent les *vachevniki*, dont la besogne consiste à détacher les troncs d'arbres des radeaux pour en former des piles. Ils opèrent à cheval, et leur métier, qui exige beaucoup de hardiesse et une adresse particulière, est extrêmement dangereux. Les *vachevniki*, à Wilna, sont au nombre de 480, tous juifs.

Les femmes ne fournissent guère un moindre contingent à l'armée du travail. Les ouvrières des manufactures de tabac et des ateliers de cigarettes sont presque exclusivement juives. Ces ouvrières font des journées moyennes de 12 heures. Il en est qui travaillent de 13 à 14 heures par jour, comme dans les manufactures d'allumettes à Homel. On les voit rivaliser avec les hommes à Kichinev, à Homel, à Minsk, à Borisov, à Varsovie, à Wilna, et leur disputer avec acharnement de maigres salaires de 25 à 30 kopeks, dans la plupart des métiers : passementerie, bois courbé, crin pour meubles, fleurs artificielles, couture, modes et lingerie. Le manque de travail et la détresse prolongée les obligent quelquefois — comme cela arrive pour les ouvrières de toute religion et de tout pays — à se livrer à la prostitution (1).

Voici quelques documents tout à fait récents donnés par le *Woskhod* (juillet 1901) :

A Odessa, les inspecteurs sanitaires ont compté 5.087 habitations occupées par des familles juives dénuées de toutes ressources. Sur ces 5.087 habitations, plus de 1.000 se trouvaient dans les caves et plus de 2.000 manquaient de fenêtres. 41 0/0 des familles juives de cette ville n'ont pour logement qu'une seule chambre qui doit souvent servir à une dizaine de personnes. Aussi, l'état sanitaire des israélites d'Odessa est-il déplorable. En 1897, sur 60.000 malades soignés dans les hôpitaux, on comptait 33 000 juifs. Ces conditions de la vie matérielle ont naturellement une répercussion sur l'état intellectuel.

En 1899, 62 0/0 des enfants juifs d'Odessa ne recevaient aucune instruction. Selon les statistiques de 1900, à peine 10 0/0 des israélites de cette ville savaient lire et écrire le russe. A Wilna, l'industrie des bas est presque toute

(1) M. Leroy-Beaulieu raconte qu'une jeune fille venue à Moscou pour apprendre la sténographie, n'a trouvé moyen de pouvoir y rester qu'en s'inscrivant comme fille publique, attendu que la prostitution était le seul métier accessible aux femmes de sa race. La malheureuse fut expédiée au moment où la police apprit qu'elle n'exerçait pas sa « profession »... (*Journal des Débats*, 15 août 1890).

entière entre les mains des ouvrières israélites ; celles-ci ne gagnent en moyenne que 8 roubles par mois, et encore faut-il tenir compte des chômages très fréquents et de l'impôt de 3 roubles par an que l'ouvrière paye à l'administration des métiers pour avoir le droit d'employer une machine. A Minsk, la situation n'est pas plus brillante. Les ouvriers juifs y travaillent surtout dans la cordonnerie, la lingerie et la boulangerie ; ils ont en général un salaire de 4 à 5 roubles par semaine pour un labeur quotidien de 15 à 17 heures. Il s'y trouve également 250 maçons qui gagnent en moyenne 2 roubles par semaine et chôment 9 mois sur 12 (1).

Nous devons arrêter cette énumération et rester forcément incomplets. Mais nous avons

(1) Un nouveau fléau s'est abattu sur les juifs pauvres : la famine. Le *Woskhod* de mars 1901 donne les renseignements suivants : Dans le gouvernement de la Bessarabie, la région de Soroki compte 983 familles sans ressources, disséminées dans 16 colonies et quatre villes Dans la seule ville de Soroki, 200 familles meurent de faim. Britchev, Lublin, Vertinjanes et quelques autres villages comptent 200 familles de colons qui manquent des moyens d'existence les plus élémentaires. A Ekaterinoslav le directeur des colonies a été obligé de demander au ministère des domaines impériaux un prêt de 12.600 roubles ; ce prêt a été consenti par Nicolas, mais la somme doit être prise sur les capitaux communaux d'Ekaterinoslav, pour un délai de 6 ans, d'ailleurs sans intérêts.

dit assez pour donner une idée de la situation des juifs pauvres en Russie : lois restrictives, qui paralysent l'activité économique et intellectuelle ; intolérance des fonctionnaires et des magistrats ; fanatisme des populations, qui se vengent de leur propre misère sur les juifs pauvres ; mesures et règlements hostiles ; crise du chômage ; famine avec toutes ses conséquences physiologiques et morales.

Aussi l'émigration juive a-t-elle repris une nouvelle intensité.

D'une statistique faite aux Etats-Unis, il résulte que, de 1881 à 1899, environ 550.000 israélites russes sont arrivés dans ce pays. En 1899, le chiffre des immigrants russes aux Etats-Unis paraît avoir été de près de 30.000, alors qu'en 1897 il n'était que de 20.000 et en 1898 de 25.000. Comme l'émigration ne s'est pas portée seulement vers les Etats-Unis, mais vers tous les pays où ces malheureux pouvaient trouver un refuge, on peut évaluer à 800.000 le nombre des juifs russes qui, dans ces 19 dernières années ont abandonné leur pays (1).

L'un des préjugés favoris des antisémites est de croire qu'il est impossible aux juifs, qui ne se sont livrés pendant plus de mille ans qu'au commerce, aux métiers et aux affaires, de se

(1) V. *Bulletin de l'Alliance israélite*, 1899.

transformer en agriculteurs. Les faits démontent cette affirmation. Il y a 325 colonies d'agriculteurs juifs dans les gouvernements de Cherson, Ekaterinoslav, Wilna, Grodno, Kiev, etc, (13 gouvernements). Le nombre des colons et des ouvriers juifs s'élève à 95.430 (1). A ce chiffre il convient d'ajouter 5.502 ouvriers juifs s'occupant de la culture maraîchère et horticole, 10.274 travaillant aux plantations de tabac. Ces chiffres datent de quelques années ; mais on sait, en Russie, que le nombre des journaliers juifs agricoles a augmenté : depuis quelque temps des milliers d'ouvriers juifs travaillent sur les champs des propriétaires chrétiens pendant la moisson ; ils gagnent de 30 à 35 kopeks par jour.

En parlant des agriculteurs juifs, dit M. Leonty Soloweitschik, il faut mentionner encore les israélites de Caucasie, dont peu de gens connaissent l'existence. Leur nombre est, selon von Eckert, de 30 à 40.000, ou, d'après les données de M. Anissimov, de 21.000. Ils s'occupent principalement de l'agriculture, de la fabrication des armes, de l'horticulture, de la plantation des vignes et du tabac (2).

(1) *Woskhod*, janvier 1897.

(2) La polygamie existe encore parmi ces juifs. Ils sont connus pour leur hospitalité (Soloweitschik).

Enfin il est si vrai que les juifs ne répugnent pas à l'agriculture que le ministre des domaines disait au sujet des juifs agriculteurs de Sibérie que partout où *ils ont pu* s'installer comme agriculteurs, ils l'ont fait et même avec succès (1).

Ajoutons enfin que l'œuvre agricole de l'*Alliance* prend une extension assez grande et qui montre bien que les israélites ne répugnent pas plus au travail de la terre qu'à tout autre (2).

### En Turquie

Le désir du changement, dans le peuple, est toujours la conséquence d'un accroissement de malaise et de misère. Emigrations, exodes, révoltes, vagabondage n'ont pas d'autre origine ; mais les historiens, en général, sont trop

(1) Recueil XIV.

(2) Pour être précis, nous citerons les écoles agricoles de Jaffa et de Djédéïda. La première compte à l'heure actuelle 201 élèves, et la seconde plus de 130. Evidemment cela est peu de chose au point de vue de ce qui resterait à faire. On ne doit pas se leurrer. En citant ces exemples, nous voulons simplement prouver que les Israélites n'ont pas cette horreur du travail manuel et terrien qu'on leur attribue. Au mois d'octobre 1897, un grand nombre d'artisans juifs adressaient une pétition à la reine Victoria, demandant la permission de fonder une colonie agricole dans l'île de Chypre.

imbus d'intellectualisme pour toucher à ces réalités.

Dans la province de l'Yémen, les communautés israélites mènent une vie précaire et des plus malheureuses. Au milieu d'une population dont les mœurs et les usages ne diffèrent guère de ce qu'ils étaient au XVIIe siècle, ces israélites subissent toutes sortes de vexations et d'humiliations. Aussi ne faut-il pas s'étonner de les voir hantés par l'idée messianique, rêve de délivrance et de salut ; tous les misérables en sont là ; lorsqu'ils ne songent pas à Jérusalem, ils pensent à une société future ; ils prennent leurs désirs et leurs aspirations pour des réalités et des possibilités.

Voici l'extrait d'une intéressante lettre adressée au comité central de l'*Alliance* :

« Depuis quelque temps, les israélites de l'Yémen se sont avisés d'émigrer en Palestine. Naturellement ils échouent tout d'abord à Alexandrie, où ils demandent à leurs coreligionnaires les moyens de continuer leur voyage. Ils viennent par groupe de 50 à 60, hâves et décharnés, à demi-vêtus de loques sordides. Leur physionomie respire un profond abattement et reflète les souffrances morales et physiques que leur ont infligées des populations encore barbares et cruelles. Leur aspect fait peine à voir, leur misère défie toute description. Il y a parmi eux beaucoup de femmes, de jeunes filles aux yeux noirs et rêveurs, aux traits fins et réguliers, au teint brun foncé, mais agréable. C'est une vague évocation de la gracieuse héroïne du Cantique des Cantiques, moins le cadre enchanteur d'Engaddi. J'ai visité ces pauvres Yéménites dans le local que les communautés affectent à l'usage des étrangers de passage. Les malheureux y sont parqués comme des bêtes dans une regrettable promiscuité... La famine et l'insécurité, deux fléaux à l'état endémique dans la région de l'Yémen, ont affolé ces hommes. Et Jérusalem se présente à leur imagination comme un asile où n'ont pas prise les déboires de la vie... »

Voici des renseignements plus précis, extraits d'une lettre de février 1899 :

« La misère force la plupart des jeunes gens à quitter leurs familles ; beaucoup d'entre eux meurent de faim, d'autres mettent volontairement fin à leur existence tourmentée. Nos plaintes ne sont jamais écoutées. Nous exerçons les métiers les plus vils et les plus bas. Il existe actuellement dans l'Yémen près de 60.000 juifs entièrement abandonnés. La situation est d'autant plus critique que depuis huit ans nous n'avons pas eu de pluies suffisantes. Le prix des vivres a considérablement augmenté et les ouvriers sont sans travail. »

En Palestine, le nombre des colonies juives agricoles dépasse 25. Il y a des juifs qui travaillent comme ouvriers sur les champs d'autrui et qui gagnent 1 fr. 50, rarement 2 fr. par jour (Soloweitschik).

Il y a à Tibériade, qui renferme une communauté de 4 à 5 mille habitants, de nombreux artisans israélites, menuisiers, ferblantiers, forgerons etc. Dans chaque métier il y en a deux ou trois qui gagnent leur vie, les autres végètent pauvrement. Le reste de la population, c'est-à-dire les 2/3, s'occupe de commerce. A part quatre ou cinq maisons de commerce connues, les meilleures d'entre elles ne rapportent que 30 à 40 francs de bénéfice par mois. La plupart des petits commerçants séfardim sont des colporteurs. Le gros de la population croupit dans une pauvreté effrayante. Leurs logements sordides, sans lumière, sans air, leurs vêtements usés en disent suffisamment long sur ce chapitre.

Cette misère noire exerce naturellement une influence très fâcheuse sur l'état intellectuel et moral. De plus, le milieu dans lequel ils vivent et l'éducation qu'ils reçoivent, contribuent pour une part non moindre à déprimer leur esprit. Les superstitions les plus grossières règnent parmi les israélites du pays. Une éclipse de lune se produit-elle, ils courent aussitôt au temple, prier pour leur salut, pendant que les Arabes tirent des coups de fusil sur la lune pour tuer le poisson qui veut l'avaler (1).

## En Perse

La communauté israélite de Téhéran compte environ 6.000 personnes. Deux ou trois juifs possèdent de 30 à 40 mille francs, tous les autres sont indigents. Voici quelques renseignements fournis par le directeur de l'école de Téhéran :

Les israélites sont forcés d'acheter les maisons qu'ils habitent, à cause du préjugé musulman ; tout objet touché par les israélites, toute maison habitée par eux, est devenu impur et impropre à servir à un musulman. Aussi les prix d'achat sont-ils doubles, triples et quelquefois quadruples des prix ordinaires. Dans ces maisons, absence complète de meubles : ni tables, ni chaises, ni armoires, rien. Sur le plancher en terre sont jetés quelques tapis faits de morceaux ajustés et rapiécés. Au fond de la cour un appentis noir et enfumé, c'est la cuisine. Un puits absorbant, sans margelle, sert de lieu d'aisance. Les ordures et balayures sont mises en tas dans un enfoncement voisin de la porte d'entrée et, une fois par an, des culti-

(1) *Bulletin de l'Alliance*, 1898.

vateurs viennent emporter tous ces détritus... De quoi vivent-ils ? C'est une question qu'on se pose toujours en étudiant ces communautés orientales, et la réponse n'est pas facile à trouver. En considérant le petit nombre de ceux qui ont un métier, une profession avouée, on se demande ce que font les autres pour ne pas mourir de faim. Plusieurs sont orfèvres ; d'autres courtiers ; quelques-uns vendent des comestibles ; beaucoup font la vente et l'achat de vieux habits ; quatre ou cinq sont marchands d'antiquités. Et les autres ?...

Le correspondant de l'école de Téhéran fait remarquer que l'esprit de famille est grandement en péril. Si l'on n'y prend garde, écrit-il, la bigamie et le divorce finiront par détruire complètement l'esprit de famille, l'union, etc. Le contraire nous étonnerait. Comment la famille pourrait-elle résister à tant de détresse et d'incertitude ? Cela arrive chez les hommes de toutes religions et de toutes races. Comme dans tous les ménages affligés de privations, de tracas et de tristesse, il règne entre les époux une mésintelligence perpétuelle. D'autre part, la venue des enfants, au lieu d'être une source de joie devient une cause nouvelle d'ennuis et de désagréments. En Perse, dès que la jeune fille est nubile, les israélites, comme les autres, la marient au premier venu. Et il est très fréquent de voir des enfants mariées et déjà mères (1).

## Au Maroc

Dans l'intérieur, tous les non musulmans, et principalement les israélites, ont à essuyer les sévices du reste de la population.

Voici quelques renseignements extraits du rapport de M. Ribbi, directeur de l'école de Tanger, sur la population israélite de Marrakesch :

« Les maisons du *mellah* (quartier juif) sont au nombre de quelque 600 ; sur ce nombre, une centaine environ sont habitées chacune par une seule famille, composée d'une dizaine de personnes en moyenne ; les autres renferment 8 ou 10 familles, soit une soixantaine de personnes par maison. Si nous prenons pour base d'appréciation le coefficient de 25 âmes par maison, nous arrivons à un effectif total de 14 à 15.000 âmes ; c'est, en effet, le chiffre approximatif de la population juive qui vit dans le mellah

(1) Depuis trois ans, l'Alliance a fondé des écoles dans les principales communautés de la Perse. Notamment à Téhéran, Hamadan, Ispahan.

« J'ai eu l'occasion, dit un correspondant de l'Alliance, de voir les misères de nos coreligionnaires de Turquie de Palestine, du Maroc : rien n'approche du misérable état où se trouvaient ces pauvres enfants avant mon arrivée. »

de Marrakesch L'activité qui règne au mellah est intense : tout le monde travaille, les ouvriers dans leurs ateliers, les petits colporteurs et les hommes de peine dans les rues. Et cependant on voit un grand nombre de vieillards, d'infirmes, d'enfants mendier ; la misère est fort grande... On ne saurait imaginer la pauvreté, la saleté des talmudoras ; ce sont de véritables granges où les averses tombent comme en pleine rue, défonçant le sol, qui n'est ni dallé ni pavé. Les rabbins, assis sur de vieilles nattes pourries, chantonnent leur cours monotone et routinier devant les enfants accroupis sur la terre humide. Dans ce cloaque réellement infect grouillent 150 à 200 élèves : quand ils ont achevé leur cycle d'études — s'il est permis d'employer ce terme — ils se lancent dans le commerce ou se casent comme apprentis. A part trois ou quatre personnes aisées, tout le mellah est pauvre, végète au jour le jour ; les habitants gagnent tant bien que mal leur pain quand la récolte est satisfaisante, et tombent dans la plus noire détresse pendant les années de disette. »

Il y a quelques semaines M. Ribbi écrivait encore de Marrakesch :

« En été, le mellah, par 35° de chaleur, devient une fournaise empoisonnée. Aussi les épidémies ne sont-elles pas rares ; la fièvre typhoïde s'abat sur ces pauvres juifs insuffisamment nourris et entassés dans des réduits malsains. Le mois d'Ab est redouté de ces malheureux, car c'est, pensent-ils, « l'époque où le courroux céleste vient rappeler au peuple saint que Juda a péché et qu'il expie toujours ses fautes. » Pénétrons dans un de ces intérieurs misérables : une porte basse donne accès sur une cour encadrée de quatre pièces. Le seuil de la maison franchi, une odeur nauséabonde saisit le visiteur à la gorge ; pas d'air, pas de fenêtre, tout au plus de petites lucarnes prenant jour sur le couloir qui longe les quatre murs ; une mare stagnante croupit au milieu de la cour : point de cabinet d'aisances : en un mot rien n'entrave et tout favorise le développement des germes et miasmes d'où proviennent les épidémies ; c'est par miracle que le mellah a jusqu'à ce jour échappé à la peste (1).

Voilà les conditions extérieures ; elles permettent d'imaginer la vie qu'on mène dans ces taudis. Les 15.000 juifs du mellah sont entassés réellement les uns sur les autres. Une famille de 10 personnes vit dans une même chambre pour un loyer de 5 francs par mois, prix d'ailleurs très dur à payer quand le père de famille gagne à peine 0 fr. 75 c. par jour ; comme alimentation, une miche de pain et des olives ; comme vêtements, des haillons sordides. Une natte étendue sur le sol, et voilà le lit, où toute la la nichée dort dans une navrante promiscuité ; le matériel de cuisine est des plus simples : un réchaud,

(1) Tandis que nous transcrivions cette correspondance, une épidémie de typhus et de choléra sévissait sur la population des indigents de Fez : par jour, il mourait, en moyenne, 40 juifs pauvres.

deux casseroles, quelques écuelles et cuillers en bois; la soupe est distribuée par la mère aux garçons, et s'il en reste dans la marmite, ce sera pour la mère et les filles.

La femme travaille. Plusieurs juives de Marrakesch sont couturières. Dans un enclos situé entre le mellah et la m'dinah on peut en voir une cinquantaine de malheureuses, accroupies sur la terre, habillées de chiffons et rapiéçant de vieilles tuniques de soldats: comme salaire d'une journée de travail, une demi-peseta, soit 0 fr. 40 c. Les mieux payées touchent 0 fr. 60 c.

Les domestiques juives, assez nombreuses, gagnent, de 3 à 5 pesetas par mois. D'autres femmes, pieds nus, une lourde cruche sur l'épaule, font la navette tout le jour entre le réservoir public et les maisons qu'elles approvisionnent d'eau.

La femme et le mari absents dès l'aurore, on devine l'abandon où vivent leurs enfants; déguenillés, affreusement sales, couverts de vermine, ils vagabondent dans les souks, au cimetière, mendiant quelques centimes. »

La situation morale correspond à la situation matérielle : ni éducation, ni sentiments de dignité ou de pudeur. Séquestrés dans un ghetto, contraints de revêtir un costume spécial — le bonnet noir, le mouchoir bleu et blanc, est-ce autre chose qu'une modification de la rouelle? — les Juifs se voient interdire certains métiers, ne peuvent circuler chaussés dans le quartier arabe, sont écrasés par l'impôt de la capitation ; rien n'est épargné pour faire d'eux les êtres les plus malheureux, les plus dégradés.

Le produit de l'impôt de la capitation est porté par le chef de la communauté au vice-gouverneur de la ville avec un cérémonial profondément humiliant : le notable s'avance, pieds nus, salue, remet l'argent, et le représentant de Sa Majesté lui donne un coup sur la nuque quand il se retire.

L'esprit religieux a-t-il survécu dans une société si déprimée ? Non. Les formes extérieures, les pratiques seules du culte sont respectées ; le divorce, la bigamie, ne sont pas chose inconnue à Marrakesch ; les superstitions y sont innombrables ; les Juifs qui sont tous zoharistes croient à la puissance du surnaturel ; bon nombre de rabbins vendent des amulettes, des talismans précieux qui guérissent tous les maux, font mourir les scorpions, conjurent le sort, attirent la fortune, etc. La croyance au mauvais œil, au diable, est ancrée dans ces âmes naïves et timorées. On lit le Zohar toute l'année et, à de certaines dates, pendant la nuit, on promène le livre sacré en grande pompe, à la lueur des flambeaux, au son de la musique. C'est en somme le judaïsme tombé au niveau de l'islamisme grossier des foules, du catholicisme de Lourdes ; c'est un véritable paganisme sous l'égide du Dieu du Sinaï et du Décalogue... Dans la classe pauvre, qui est la plus nombreuse, les conversions à l'islamisme sont fréquentes.

En général, les Israélites indigents du Maroc ont à souffrir des Arabes et des fonctionnaires. Ces derniers profitent même des brigandages commis par les premiers. Les assassinats, les vols, les rapts, les bastonnades sont d'une fréquence extrême.

Parmi les innombrables faits que nous pourrions citer, relevons seulement celui-ci : Un Israélite, âgé de 26 ans, Schalom Hamon, portefaix, père de plusieurs enfants en bas âge, avait été chargé de surveiller une certaine quantité de blé appartenant au caïd Omar. Au bout de trois jours, n'ayant reçu aucun salaire, Hamon quitta momentanément son travail pour se rendre chez lui. Mal lui en prit. Omar informé du fait, manda le malheureux et lui fit administrer *douze cents coups de bâton.* « L'état de Hamon est désespéré (dit le correspondant, novembre 1899). Il est néanmoins venu à Fez. Nous l'avons vu ; ses chairs, lacérées et meurtries, sont noires et purulentes. On ne peut voir cet infortuné sans se sentir le cœur déchiré. »

**En Autriche-Hongrie.**

La Galicie renferme environ 900.000 juifs. Leur misère est extrême, comme en Russie, en

Roumanie et ailleurs. La plupart sont artisans, adonnés aux petits métiers, lesquels disparaissent peu à peu devant l'invasion de la grande industrie. Dans l'ouest, les ouvriers juifs sont occupés dans les mines de charbon et de pétrole où ils gagnent de 15 à 20 francs par semaine : ce sont les salaires les plus élevés et, bien que l'on doive tenir compte du coût moins élevé de la vie et surtout de la sobrité forcée des ouvriers, on comprend que ce taux soit insuffisant pour la satisfaction des besoins primordiaux. Ainsi, dans l'ameublement, l'ouvrier juif ne gagne que de 3 à 5 florins par semaine ; si l'on tient compte des longs chômages, on voit à quel taux de famine se réduit le salaire réel.

Dans l'est de la Galicie, ce n'est plus la pauvreté, c'est l'indigence. Ce pays a été l'une des premières étapes et en même temps l'un des premiers refuges des émigrants de Russie. On peut voir là de vieilles femmes vivant sur de petits morceaux de terrain où elles cultivent du maïs, avec un capital de 6 florins, soit environ 10 francs. On peut voir aussi des familles qui se défendent contre *la faim lente* avec 2 florins par semaine : quand vient l'heure de manger, il se fait un grand silence, les parts sont faites exactement, et le pain est *mesuré* par bouchées. Ces gens, descendus au dernier degré de la misère, savent-ils que des hommes à la panse ronde s'agenouillent devant un Christ pour les haïr et les maudire ? (1)

### En Angleterre

D'après le *Report on the Volume and Effects of Recent immigration from Eastern Europe into the United Kingdom* (1894), la population juive de Londres serait estimée à 80.000 personnes (2). Charles Booth estime que la densité de la population dans le quartier juif (Whitechapel, Mile End, St. George's in the East) est la plus grande dans l'East et comporte 227 personnes par « acre ».

Tout le monde a entendu parler du *sweating*

(1) D'après Joseph Kœrœsi (*Die Hauptstadt Budapest im Jahre* 1881), il y a une population ouvrière très considérable en Hongrie. Dans la seule ville de Budapest, sur 10.000 israélites, 400 sont tailleurs, 111 portefaix, 87 tapissiers, 123 imprimeurs, 820 journaliers, etc. En Hongrie comme ailleurs, les juifs n'étaient pas — et ne sont pas — libres dans le choix de leur profession, ce qui fait qu'ils ont envahi certaines branches de l'activité et concurrencé fortement les marchands des autres confessions. L'appareil législatif a contribué puissamment à faire le juif tel qu'il est.

(2) Soloweitschik écrit : « D'après l'enquête faite par moi auprès de différentes personnes et institutions, il y a à l'heure actuelle dans l'East End 100.000 juifs environ, dont la plupart sont des ouvriers travaillant ou sous le *sweating* ou comme ouvriers libres. » (*Un Prolétariat méconnu*, chez Lamertin, à Bruxelles, et Alcan, à Paris.)

*system*, expression suffisamment féroce (système suant) pour désigner l'exploitation intensive de la main d'œuvre. M. Soloweitschilk l'a fort bien caractérisé : 1° irrégularité du travail ; 2° nombre exagéré des heures de travail ; 3° salaire de famine (starvation-wages) ; 4° état malsain des chambres où le travail s'exécute. Ce système est surtout appliqué dans la fabrication des habits et des chaussures. Or, selon le *Report of the Boàrd of Tràde...* (1888), il y avait de 18 à 20 mille ouvriers juifs qui travaillaient sous ce système. Le nombre a augmenté par suite des émigrations de Russie et de Roumanie (1).

Voici quelques renseignements tirés d'un Rapport présenté au comité de la Chambre des Lords. D'abord la confection des vêtements : un témoin raconte que dans une chambre de 15 pieds sur 9 couchaient un homme, sa femme et leurs six enfants, et dans la même pièce dix hommes travaillaient d'habitude, de sorte que la

(1) Dès que les émigrants arrivent, ils sont entourés d'une foule de *runners* (coureurs) qui leur offrent leurs services, les conduisent à Whitechapel ; on leur donne à manger, après les avoir dépouillés, et on leur procure ensuite du travail sous le *sweating*. Même exploitation pour les femmes. Il existe même un commerce spécial, une *Société* organisée pour vendre les femmes juives de Hambourg, à Londres, d'où on les expédie à Buenos-Aires et ailleurs. Soloweitschik prétend que ce trafic a *presque* cessé.

nuit venue, cette chambre renfermait 18 personnes. Les jeunes filles couchent avec les hommes dans la même chambre. Dans beaucoup d'ateliers le water-closet se trouve dans l'atelier lui-même.

« Les femmes sont assises à moins d'un mètre de ce water-closet, situé dans un coin, non point derrière une cheminée ordinaire, mais derrière un énorme fourneau employé pour faire chauffer les fers, si bien que c'est l'endroit le plus chaud de la chambre. La décence fait absolument défaut et on s'imagine facilement quels sont les effets d'une pareille contamination » (1).

Soloweitschik a vu dans Old Montague Street, une cave où les ouvriers travaillaient à 2 heures du matin et où dormaient une femme et ses trois enfants. L'air était suffocant et les ouvriers assis sur la table pouvaient à peine ouvrir les yeux... Dans les grands ateliers, les ouvriers travaillent 12 heures ; dans les petits ateliers, la limite des heures de travail n'existe pas. Il y a des journées de 18 à 20 heures. Le rapport officiel dit que dans certains cas les ouvriers travaillaient 40 heures sans se reposer. M. R. C. Billing, évêque de Bedfort, a vu des ouvriers travaillant dès 2 heures du matin

(1) Fifth Report from the Select Commitee of the House of Lords on the Sweating System.

et il les a retrouvés au travail dans la même chambre à 7 heures *le lendemain matin.* Il est à remarquer que des périodes de chômage mortel succèdent à cette activité dévorante et désorganisatrice. Excès de travail sans repos, excès d'inaction sans pain ! Parlons des salaires. D'après le rapport de M. John Burnett, un ouvrier tailleur peut gagner de 2 sh. 6 pence à 4 sh. par jour. Une femme peut gagner 6 sh. par jour ; mais la moyenne est très basse et il arrive qu'elle gagne 12 sh. par semaine (Ch. Booth). Pour une jaquette (ou pour un veston) pour laquelle il recevait, il y a quelques années, de 2 sh. à 3 sh. 9 d., l'ouvrier ne reçoit plus maintenant que 1 sh. 6 d. à 2 sh. 3 d. (Fifth Report) ; pour la fabrication d'un manteau qui était tarifée, il y a encore quelques années, 8 sh., on ne paie maintenant que 4 sh. 6 d. Une femme fait un gilet entièrement pour 5 d. et elle est capable d'en faire quatre par jour. Pour une paire de pantalons on paie 1 sh. 1 d. et 1 sh. 3 d. (Reports on the Volume, p. III). Un « presser » peut gagner 7 sh. en travaillant 16 heures par jour (Report of the Board of Trade, p. 16). Les « buttonholers » confectionneurs de boutonnières), en général des femmes, peuvent gagner, en travaillant 12 heures par jour, de 10 à 12 sh. *par semaine.* M. Arnold White a montré un habit payé 7 d 1/2 et, en travaillant 15 heures par jour, l'ouvrier pouvait en faire 4 et gagnait donc 2 sh. 6 d. De ce gain, il faut défalquer 3 d. pour faire les boutons et 4 d. pour l'apprêt (Fifth Report...). Il y a des femmes qui, tout en travaillant 12 heures par jour, peuvent gagner 1 sh. 6 d. par jour.

Voyons, à présent, ce qui se passe dans la confection des chaussures. Notre épouvante sera la même. Dans cette branche, on estime le nombre des ouvriers juifs à 10.000. Leur condition, dit Charles Booth, est « pitoyable à l'extrême ». Dans une tournée d'inspection, le témoin a vu, dans Duke Street, un patron avec son ouvrier travaillant dans la cuisine pendant que sa femme dormait dans la même pièce avec quatre enfants. Dans une autre chambre, il a trouvé un ouvrier avec son patron, pendant que la femme et les enfants dormaient déshabillés dans la même chambre (*The Jewish Chronicle*, 16 août 1895). Nulle limite de travail n'existe : 18 heures sont considérées comme une journée ordinaire. Les « greeners » travaillent parfois de 5 heures du matin à minuit et demi (Fifth Report...). En général, on travaille de 6 heures du matin jusqu'à minuit. Un témoin a raconté qu'en arrivant d'Odessa, où il était boulanger, il se mit à apprendre le métier de cordonnier. En arrivant en Angleterre, il n'avait que 3 sh. dans sa poche. Il travailla de 6 heures du matin jusqu'à minuit et ne reçut aucun salaire le premier mois. Un autre travailla la première semaine sans salaire, ne reçut rien que du pain et du café. Il avait à payer 2 sh. pour son logement, où il dormait sur le plancher avec cinq autres personnes, dont plusieurs femmes (Fifth Report...).

Il est à remarquer que chaque année le salaire diminue. Autrefois les *finishers* (les finisseurs) gagnaient pour une douzaine 5 sh.; ils reçoivent maintenant 2 sh 6 d. D'après Charles Booth, en travaillant jour et nuit, un bon ouvrier peut gagner entre 18 et 25 sh. par semaine dans la bonne saison ; un ouvrier moins habile 15 à 16 sh., mais les apprentis ou les nouveaux arrivés, 10 sh. 8 sh., 7 sh. et même moins.

Dans la fabrication des cigares et des cigarettes, on compte environ 9.000 ouvriers et ouvrières juifs. Voici quelques renseignements empruntés à M. Soloweitschik (*Un Prolétariat méconnu*) :

« Dans ces dernières années la fabrication des cigarettes à la main a diminué à cause du perfectionnement des machines. On y emploie très souvent des filles de 13 à 14 ans qui sont naturellement fort mal payées. Un ouvrier m'a raconté qu'il travaillait dans une chambre avec 8 filles, 13 à 14 heures par jour. Dans les grands ateliers, le travail dure généralement de 8 heures du matin à 8 heures du soir.

Beaucoup d'ateliers ne sont pas chauffés l'hiver pour que le tabac ne sèche pas, et quand un jour j'ai demandé à une jeune fille s'il ne faisait pas froid, elle me répondit que 38 jeunes filles travaillaient avec elle et que, comme on n'ouvrait jamais les fenêtres « il faisait toujours suffisamment chaud par suite de la transpiration générale »... Les salaires se paient dans les grands ateliers par 100 pièces pour les cigares à raison de 1 sh. 6 d. à 3 sh. 6 d. Un ouvrier peut faire 150 à 200 pièces par jour et son gain ne dépasse jamais 13 à 14 sh. par semaine, On paie aussi par semaine 8, 10 12 sh. Mais dans ce cas, on garde les ouvriers toute l'année (1).

La situation des ouvriers travaillant à la confection des casquettes n'est pas meilleure que celle des tailleurs. On en compte environ 2.000, la plupart des femmes. Ce sont surtout les jeunes filles, remarque Soloweitschik, qui en arrivant à Londres se jetèrent sur ce métier, provoquant une baisse extraordinaire des salaires. Les conditions sanitaires sont affreuses. D'édifiants exemples en ont été relevés par les « Factory inspectors ». Comme le salaire est payé à la pièce, les ouvriers se tuent pour fournir

(1) Notons, en passant, que le sentiment religieux disparaît peu à peu chez le juif de l'East End. La plupart travaillent le samedi et oublient d'observer le sabbat. Ici, comme ailleurs, les conditions de vie sont plus puissantes que l'éducation, les sentiments et les idées.

autant de besogne que possible, mais leur gain ne dépasse jamais 15 à 18 sh. par semaine. Le travail ne dure que 6 mois 6 mois de chômage.

A la confection des fourrures, 2.000 ouvrières sont employées dans les ateliers, une partie de l'année (1). Le travail dure de 8 heures du matin à 8 heures du soir, mais dans la bonne saison, il y a beaucoup d' « overtimes ». Les prix ont très fortement baissé dans ces dix dernières années. Le salaire se paie par pièce et on ne reçoit plus que 4 sh. d'un travail qui était rétribué autrefois 10 sh. (Fifth Report. .). Le maximum de gain par semaine est de 25 sh.; mais, en général, on ne gagne que 12 à 15 sh. Les enfants gagnent 4 où 5 sh. par semaine.

Il existe encore des ouvriers juifs employés

(1) M. Soloweitschik écrit : « J'ai visité un atelier (le patron m'a permis de le faire à la condition que je ne poserais aucune question aux ouvriers). Il était sous le toit et 40 femmes y travaillaient, dont 23 étaient des jeunes filles. Il s'y trouvait en tout 37 juives et 3 chrétiennes. A ma question : Pourquoi employez-vous tant de filles juives ? le patron m'a répondu que dans ce métier il faut être intelligent et que les ouvrières juives le sont plus que les ouvrières chrétiennes. » C'est faire beaucoup d'honneur aux jeunes filles juives ; mais la vraie raison est tout autre et l'on s'étonne que M. Soloweitschik ne l'ait pas donnée : ces jeunes femmes et des jeunes filles, trop heureuses de sortir de la misère noire, ont accepté du travail à n'importe quel prix ; le patron a acheté leurs mains à meilleur compte.

à la confection des meubles, à la fabrication des métaux, à la ciselure en bois (principalement des enfants), etc. Dans le seul East End de Londres, il y a environ 38 à 40 mille ouvriers juifs ; à ce chiffre il faudrait ajouter ceux du Soho et du West End qu'on ignore.

En dehors de Londres, il y a des juifs ouvriers ou tout à fait indigents : à Leeds, Manchester, Liverpool, Glascow, Birmingham et Bristol, Charles Booth estime à 8.000 le nombre des ouvriers juifs à Leeds employés au vêtement, 1.500 aux chaussures, etc. A Manchester leur situation est très mauvaise : parqués dans le quartier le moins salubre de la ville, ils font des journées écrasantes ; certains travaillent de 20 à 21 heures par jour (Fifth Report...). M. Quinn, président de l'Union des tailleurs, affirme que le « sweating » a horriblement augmenté à Manchester et que les ouvriers juifs sont préférés par les patrons, parce qu'ils se contentent d'un salaire moins élevé. L'inspecteur des ateliers dit que, quelle que soit l'heure à laquelle vous vous rendiez parmi ces ouvriers et dans n'importe quel endroit, vous les trouverez toujours au travail. Néanmoins le chômage sévit longuement. Et la *Soziale Praxis* de 1896 annonçait l'ouverture d'un « Labour-Hall » pour la procuration du travail.

En additionnant les chiffres de Londres, Manchester et Leeds, M. Soloweitschik trouve le chiffre approximatif de 54.000 ouvriers juifs, qu'il considère comme inférieur au chiffre réel, lequel s'élèverait à 60.000 dans la grande-Bretagne.

## Aux États-Unis

On a vu plus haut que de 1881 à 1899, environ 550.000 israélites russes sont arrivés dans ce pays. En 1900, le nombre des immigrants russes était de 30.000, alors qu'en 1897, il n'était que de 20.000 et en 1898 de 25.000 (1). L'immigration roumaine et galicienne, commencée en 1899 et en 1900, fournit également un contingent important. On estime l'ensemble de l'immigration juive aux États-Unis à 50.000 par an, dont 40 à 45.000 ouvriers. Si on se reporte à ce que nous avons dit de la situation des juifs de Russie, de Roumanie et de Galicie, on ne s'étonnera pas de cet exode imposant.

L'exode commença vers 1881.

« Des milliers et des milliers quittèrent leur patrie qui les repoussait, et des trains entiers, remplis de familles juives, se dirigèrent vers les principaux ports

(1) La population juive des États-Unis s'élève aujourd'hui à 1.045.000 dont 50 à 60 0/0 appartiennent à la classe ouvrière. (*American Jewish Year Book*, 1901.)

de l'Europe. Ce furent des scènes à déchirer le cœur qui eurent lieu dans les petites gares de Russie ; c'étaient des mères qui embrassaient peut-être pour la dernière fois leurs enfants, des maris qui prenaient congé de leurs femmes, des frères qui se disaient un adieu peut-être éternel. Plus de 150.000 juifs débarquèrent aux États-Unis en 1881. C'est d'une façon atroce que ces malheureux furent maltraités dès le moment où ils quittèrent leur pays. Dans les ports, surtout à Hambourg et à Anvers, ils étaient exploités de toutes les façons ; sur les bateaux, les bêtes étaient mieux traitées qu'eux ; on les mettait dans le troisième entrepont et on avait l'ordre de parquer 400 juifs là où, en temps ordinaire, on ne plaçait que 300 chrétiens. A moitié morts, ces pauvres gens débarquèrent à New York où de nouvelles tortures les attendaient. C'est avec horreur que les émigrants se souviennent du Castel Garden, cet immense dépôt des émigrants, ce Purgatoire par où tous les arrivants devaient passer pour avoir le droit de mettre le pied sur le sol des Yankees. On les maltraitait plus que des bêtes : ou ils dormaient dans la cour, même pendant la pluie, ou ils mouraient de faim, ou on les battait et les tuait même, quand, poussés à l'extrémité, ils se révoltaient » (1)

Ces juifs pauvres sont répandus dans les principales villes des États-Unis, New-York, Boston, Chicago, Philadelphie, Baltimore, etc. Heu-

(1) Leonty Soloweitschik. *Un Prolétariat méconnu.*

reux de trouver à gagner du pain, ils ont travaillé pour un salaire minime et ont subi le *sweating system* comme à Londres et ailleurs.

Voici un extrait du rapport rédigé par un inspecteur du quartier juif :

« L'inspection a démontré que les maisons habitées par les juifs sont incommodes, humides, très souvent dépourvues d'eau, vieilles sans réparations et entièrement dangereuses au point de vue sanitaire et hygiénique ; que les appartements sont humides, sales, infects, très étroits et sombres. La santé des locataires est tout ce qu'il y a de plus mauvais ; l'état des enfants est dangereux dans le cas des fréquentes maladies contagieuses, alors ils meurent comme des mouches. *Le salaire* de la plupart des locataires *descend au minimum*. La nourriture est, d'ordinaire, falsifiée et insuffisante Les enfants sont forcés de travailler ; ils aident leurs parents dans la fabrication des cigares ou dans la confection des vêtements, ou bien ils vont à l'âge de 6 à 7 ans dans les fabriques, qui les tuent physiquement, les anéantissent intellectuellement et les corrompent moralement » (1).

En 1897, dans l'Etat de New-York, on a voulu faire des lois contre le « swaeting system ». Elles ont échoué. On avait déjà tenté cette expé-

(1) G. M. Prais, *Les Juifs russes en Amérique* (Pétersbourg).

rience à Philadelphie, où les règlements avaient été imprimés en caractères hébreux.

Les patrons allèrent dans un Etat voisin (New Jersey), où ces lois n'existaient pas encore.

Voici des renseignements donnés par Prais. Dans la confection des chemises on paie 40 cents pour une *douzaine* de chemises ; il faut déduire 6 à 8 cents pour le boutonnier, le « spécialiste » etc. Un ouvrier habile en fait quatre douzaines par jour ; en général, les enfants gagnent 1 dollar 1/4, les filles 3 à 5 dollars et les hommes 3 à 7 dollars par semaine. Dans la fabrication des cigares, la situation est au moins aussi grave ; depuis l'introduction des machines et l'emploi des femmes et des enfants, un ouvrier gagne de 2 à 5 dollars par semaine... Or, en 1895, dans la seule ville de Philadelphie, 20.000 juifs travaillaient à la confection des vêtements et à la fabrication des cigares (1). A Pittsburg 3 à 4.000 cigariers juifs ; à Détroit 8.000 ouvriers juifs, tailleurs, cordonniers, cigariers, etc. A Saint-Louis, ils sont tailleurs, polisseurs de vitres et savetiers. A Louisville, tailleurs et cigariers. Outre les exploités du « sweating system », il y a beaucoup d'ouvriers juifs casquettiers, charpentiers, menuisiers, graveurs, serruriers, couvreurs, casseurs de

(1) Reports etc.

pierres, etc., etc. Dans certaines villes, par exemple à Elisabeth Port (fabrique des machines Singer), à Chicago, à Philadelphie, Portland et autres villes des États de Connecticut et Massachussets, le nombre des ouvriers juifs est quelque fois supérieur à celui des ouvriers des autres confessions (1). Il est à remarquer que tous ces chiffres sont inférieurs aux chiffres réels à cause de l'immigration incessante.

Les ouvriers juifs s'organisent, contrairement au préjugé répandu en Angleterre. Les *Reports* donnent les listes des principales *unions* ouvrières juives de New-York. Il y en a plus de 30. Plusieurs sont affiliées aux « United Hebrew Trades » qui forment une section du « Socialistic Labour Party ».

Les ouvriers juifs charpentiers et menuisiers de New-York, Chicago et Boston se sont unis à l' « United Brotherhood of Carpenters and Joiners » qui compte environ 70.000 membres. D'autres se sont unis à la « Cigar Makers' International Union » qui compte 30.000 membres environ.

G.-M. Prais donne la liste des journaux juifs qui se publient en jargon à New-York : « Die Arbeiter-Zeitung », « Die Freie Arbeiter-

(1) Reports to the Booard of Trade on Alien Immigration — 1893, Voir aussi Prais.

Stimme », etc. ; il y en a une douzaine, sans compter ceux de Chicago, Philadelphie, Boston, etc.

En 1896, il s'est formé un nouveau parti ouvrier aux Etats-Unis, auquel ont adhéré plus de 25.000 ouvriers israélites. Son programme est socialiste-étatiste (rachat par l'Etat des industries soumises au monopole : des chemins de fer, télégraphes, etc.., des mines, des houillères, etc.) (1). M. Solowelschik déclare que beaucoup d'ouvriers juifs penchent vers l'anarchisme.

Nous avons déjà parlé du préjugé qui attribue aux Juifs une insurmontable répugnance pour les travaux agricoles, et nous avons cité des faits qui prouvent absolument le contraire. Voici de nouvelles preuves tirées de l'Amérique.

Des colonies agricoles juives furent fondées, au moment du grand exode de 1881, au sud de l'Etat de Dakota (Crémieux, Bees Lechem) et au nord (Painted Wood), à Kansas (Montefiore, Lasker, Beer Cheva), dans l'Etat d'Arkansas, en Louisiane.

Il est à remarquer que parmi les émigrants, outre la masse pauvre, se trouvèrent des étudiants, des élèves des universités et des lycées

(1) Soziale Praxis, Centralblatt für Sozialpolitik, 1897.

qui avaient quitté la Russie pour devenir agriculteurs Ces nouveaux colons, inexpérimentés, furent dépouillés de leurs maigres ressources par des sociétés philanthropiques. Dans la Louisiane, 90 pour 100 furent atteints de la fièvre jaune. Il ne reste de ces tentatives intéressantes que quelques colonies dans l'Etat de New Jersey.

La colonisation agricole juive a bien réussie dans la république Argentine, grâce à la *Jewisch Colonisation Association* fondée par le baron Maurice de Hirsch (en 1890-91). En 1899, la population des colons atteignait 6.806 personnes et le nombre d'hectares de terre ensemencés était de 44.837 (1).

(1) Nous donnons ces renseignements pour achever de montrer ce qu'il y a d'excessif et d'absurde dans le préjugé qui attribue aux Juifs une « répugnance native » à l'endroit de l'agriculture.

Chaque colon reçoit en moyenne 100 hectares de terre, quatre bœufs, quatre bouvillons, deux juments, etc., etc. Ces avances sont estimées à 8.000 francs. Les colons doivent le remboursement de ces avances, toujours en nature.

Les colonies sont divisées en trois grands centres : Moïsesville (province de Santa-Fé) ; Mauricio (province de Buenos-Aires) ; colonies d'Entre Rios (province de l'Entre Rios).

Les cultures principales sont le blé, le lin, le maïs et la luzerne. On fait aussi l'élevage et la laiterie. « Ce qu'il y a de plus remarquable, dit M. Maurice Ravidat, c'est

### Pays divers

Il existe un grand nombre d'ouvriers juifs disséminés un peu partout. Sans entrer dans de longs détails, nous citerons encore la Belgique, l'Allemagne et la Hollande.

Dans l'industrie diamantaire, à Anvers, on estime à 600 ou 700 le nombre des ouvriers israélites, mais, indépendamment de cette catégorie, la population israélite indigente est assez nombreuse.

En ce qui concerne l'Allemagne, le rapport de 1897 du Bureau Impérial de statistique annonce qu'il y avait, en 1895, 3.371 juifs se livrant à l'agriculture, dont 1616 étaient propriétaires, 76 employés et 1679 ouvriers. Dans l'industrie il y avait 23.598 patrons, 5.566 employés et 16.329 ouvriers. Dans le commerce il y avait 80.105 patrons, 14.997 employés et 38.349 ouvriers. Il y avait aussi 6.371 juifs domestiques.

« Il existe en Allemagne, dit M. Solowestschik,

l'adaptation de tous ces gens à une vie, à des cultures, à un pays tout à fait nouveaux pour eux. Si quelques-uns étaient des agriculteurs, beaucoup n'avaient jamais quitté les villes ; et cependant même la transplatation de ces derniers a parfaitement réussi. » (De l'Assistance par la Colonisation).

une grande Union pour l'extension des métiers et de l'agriculture parmi les juifs, laquelle a des succursales dans les principales villes. Chaque année, des centaines et des centaines de jeunes gens apprennent, grâce à cette société, un métier quelconque. En Posnanie, les artisans juifs sont dans une grande misère et dans la ville de Posen, par exemple, il y a tout un prolétariat juif. »

En Hollande, l'industrie diamantaire, dont le centre est Amsterdam, est entre les mains des grands marchands juifs ; mais la plupart des ouvriers employés sont juifs. Voici un tableau des ouvriers par branches de travail (1).

| BRANCHES | CHRÉTIENS | JUIFS | TOTAUX | ORGANISATION |
|---|---|---|---|---|
| Cliveurs.... .... | presque pas | 500 | 500 | Pas organ. |
| Débruteurs de brillants....... | 510 à 750 | 1.260 à 1.330 40 0/0 fem. | 1.800 à 1.000 | 600 organ. |
| Tailleurs de brillants.......... | 2.200 | 1.800 | 4.000 | Presq. tous or. |
| Débruteurs de roses.......... | 72 à 99 | 728 à 1.001 presque toutes femmes | 800 à 1.100 | 65 organis. |
| Tailleurs de roses............ | 600 | 600 | 1.200 | tous organ. |
| Sertisseurs de brillants....... | 600 | 600 (2 filles) | 1.200 | Id. |
| Sertisseurs de roses.......... | 175 | 175 | 350 | Id. |
| Tailleurs de chatons........... | 80 | 40 | 120 | (?) |

(1) Solowestschik, d'après Hermann Kuijper secrétaire de l'*Union générale Néerlandaise des Ouvriers diamantaires.*

Ce qui fait une proportion de 60 p. 100 environ d'ouvriers juifs ; mais depuis quelques années cette proportion a diminué.

Voici, d'autre part, les renseignements circonstanciés donnés par M. Kuijper à l'auteur du *Prolétariat méconnu* :

Le *sweating system* existe dans le brutage des roses.

Il y a 25 ans on ne connaissait que des hommes dans ce métier ; l'abaissement des salaires fit que le débruteur de roses, qui travaillait chez lui, prit des apprentis, en général des jeunes filles, qui devenaient en quelques mois des ouvrières, mais qui ne gagnaient que 1, 2, 3 florins au maximum par semaine. Ces jeunes ouvrières, habituées à des salaires très bas, tâchèrent d'obtenir l'ouvrage directement des fabricants, acceptant des prix beaucoup moins élevés que ceux qui étaient payés auparavant à leurs patrons. Les fabricants ne demandaient pas mieux.

Quelque temps après, ces ouvrières commencèrent à leur tour à prendre des apprenties. Le salaire tomba progressivement et en quelques années les ouvriers, ne pouvant plus tenir tête aux ouvrières, quittèrent le métier complètement ou devinrent débruteurs de brillants ; à l'heure actuelle il n'y a que deux débruteurs de roses.

Le travail est exercé dans les mansardes, dans les caves, souvent dans les chambres, où toute la famille de l'ouvrière est logée. Le chômage est très fréquent et la durée du travail varie selon la saison. La grande majorité des débruteuses travaille ou seule, ou avec une à dix ouvrières, de 6 à 7 heures le matin jusqu'à minuit; quelquefois et surtout les jeudis, on travaille de 6 heures du matin jusqu'à 2 et 3 heures de la nuit. Le salaire varie de 2 à 8 florins par semaine.

« Jusqu'à ces dernières années, le sentiment religieux était très développé chez l'ouvrier juif, mais depuis quelques temps, il s'affaiblit L'ouvrier juif s'est complètement assimilé à l'ouvrier chrétien : ils restent pauvres et il n'y a plus d'autres différences entre eux que la façon dont ils dépensent leur argent. Les jeunes filles juives ouvrières se marient dès l'âge de 17 à 18 ans, mais le mariage, dans ces dernières années, chez les ouvriers juifs, a une tendance à être retardé. D'après les renseignements que j'ai pu recueillir chez les fabricants, ceux-ci préfèrent l'ouvrier juif, qui, quoique très grincheux et exigeant, travaille plus régulièrement, à l'ouvrier chrétien qui n'est pas aussi exact dans l'exécution de ses promesses.

Outre les ouvriers diamantaires, il y a à Amsterdam d'autres ouvriers et artisans juifs. Dans les fabriques, les ouvriers juifs n'existent pour ainsi dire pas, à cause du travail du samedi. La plupart des artisans sont des tailleurs, charpentiers, cordonniers, cigariers, etc., etc.

Beaucoup d'ouvriers juifs travaillent à Amsterdam sous le « sweating » et leur situation est très triste : la durée du travail est de 15 heures par jour et quelquefois plus, leur gain est à peine de 5 à 10 florins par semaine et les femmes n'en gagnent que 2 à 6. Les tailleurs qui travaillent chez les patrons ne faisant de l'ouvrage que pour les particuliers gagnent 12 à 14 florins par semaine et leur situation est meilleure » (1).

### En Algérie

Nous serons bref sur la situation des israélites d'Algérie. Ceux qui veulent se renseigner d'après les faits et non d'après les polémiques savent qu'il existe une population israélite vivant au jour le jour, aussi bien dans la province d'Alger que dans celle d'Oran et de Constantine.

Rappelons quelques faits significatifs. On prétend que les Juifs sont maîtres des fonctions et de l'administration.

Or, sur 17.843 fonctionnaires, il y a seulement 286 juifs. Entrons dans quelques détails. Il y a près la Cour d'appel d'Alger 29 conseil-

(1) *Un Prolétariat méconnu.*

lers français — 1 seul juif ; 9 greffiers et commis-greffiers — aucun juif ; 3 interprètes — aucun juif ; 7 avoués et défenseurs — 1 juif. Il y a 101 présidents et juges des tribunaux civils — aucun juif. Il y a 37 procureurs et substituts — aucun juif ; 4 notaires juifs sur 91 ; 10 huissiers juifs sur 111. Il y a 170 employés français dans l'enregistrement, pas un seul juif ; 142 juges de paix dont 2 juifs ; 48 greffiers dont 4 juifs (1).

Il y a en Algérie, parmi les juifs, une population ouvrière, une population industrielle et commerçante (classes moyennes) et une petite aristocratie du commerce.

Pour combattre cette fraction riche, la municipalité anti-juive d'Alger a établi une taxe progressive sur l'emplacement occupé par les marchands-déballeurs ou petits colporteurs. Un colporteur occupant 2, 3, 4 mètres d'étalage, paye 1 fr. 50 ou 1 fr. 80 le mètre, tandis que les grands étalages des magasins payent 25 ou 30 centimes. Ensuite la municipalité a supprimé l'exonération des loyers au-dessous de 300 fr. habités généralement par les juifs pauvres.

En effet, la statistique professionnelle des

(1) Voir le très intéressant discours de M. Gustave Rouanet, prononcé à la Chambre des députés les 19 et 24 mai 1899.

ménages juifs annonce pour Alger 700 ménages qui occupent une chambre ; à Oran, il y a 1.350 indigents ; à Constantine, 780 ménages de 5 personnes en moyenne n'occupent qu'une seule pièce.

Détail significatif : à Constantine, la principale clientèle du mont-de-piété est israélite, si bien que cette administration se voit obligée de transporter ses bureaux dans le quartier juif.

Les juifs pauvres à Constantine ne connaissent que les vieux métiers de ferblantiers, cordonniers-savetiers, tailleurs, bijoutiers. Etablis dans des échoppes misérables, ils ne produisent que des articles à bas prix (leur clientèle est exclusivement arabe et juive) ; battus en brèche par la concurrence des musulmans et surtout par les grandes maisons à capitaux qui, achetant des matières premières à bas prix, embauchant pendant la morte saison des équipes d'ouvriers à des salaires dérisoires, ils avilissent les cours. Certains ne gagnent que 3 à 5 francs par semaine ; les plus heureux n'ont pas 2 francs un jour dans l'autre. Il est à remarquer que les ouvriers juifs perdent ces habitudes de tempérance qui les faisaient particulièrement apprécier des employeurs et des... moralistes. L'Européen est venu lui apporter son alcool, afin de lui donner (comme aux autres peuples qu'il civilise) le stimulant nécessaire qui remplace l'énergie naturelle — celle qui naît de l'alimentation suffisante, du repos et du bien-être.

Abstraction faite d'un petit groupe de cigarières et d'ouvrières en sacherie, gagnant un maximum de 2 francs par jour, les femmes juives de Constantine sont ou domestiques ou couturières en gandourah (chemises arabes en cotonnade). La confection des gandourahs en occupe un grand nombre. Mais leur salaire, considérablement avili par la concurrence européenne et par l'abondance de la main d'œuvre, est devenu dérisoire. Une gandourah rapporte 10 centimes. Or, une ouvrière diligente, pas trop dérangée par les soins à donner au ménage, et travaillant à la machine arrive à confectionner 7 ou 8 gandourahs, c'est-à-dire à gagner au maximum 14 à 16 sous par jour.

Ajoutons que ceux qui ont observé cette population ouvrière — et ils sont peu nombreux — savent que les confectionneuses de gandourahs sont soumises à tous les caprices des employeurs mozabites, sous peine de perdre tout travail et tout emploi.

### A Paris

On évalue à cinquante mille environ la population juive à Paris, mais ce chiffre doit être inférieur à la réalité, si l'on tient compte de l'immigration incessante des israélites de Russie et de Roumanie.

Ces cinquante mille juifs, que l'imagination et la crédulité populaires se représentent comme des usuriers, des agioteurs, des spéculateurs et des affameurs, comprennent environ vingt mille prolétaires, ouvriers ou indigents; le reste est composé de marchands appartenant aux classes moyennes et aux classes aisées; une poignée seulement s'occupe de finance, de trafic et de prêts.

Les ouvriers juifs ne répugnent à aucun métier. (Nous l'avons constaté chez les Russes et les Roumains). A Paris, ils exercent principalement les métiers de casquettiers, ébénistes, menuisiers, tailleurs, cordonniers, caoutchoutiers, diamantaires, finisseurs de chaussures, fourreurs, etc.

Nous allons donner quelques renseignements sur les casquettiers, qui ont attiré l'attention publique au mois de septembre 1902, à propos d'une grève générale.

Il y a une vingtaine ou une trentaine d'années, la fabrication des casquettes était si peu importante à Paris, qu'on recevait cet article d'Allemagne. La France était importatrice; aujourd'hui elle est exportatrice. Ce sont les ouvriers et les petits patrons juifs qui ont créé cette industrie dans la capitale et lui ont donné le développement où elle est arrivée. Bicyclistes et chauffeurs de l'Œillet Blanc, de l'Épatant, du Jockey se coiffent avec les élégantes casquettes fabriquées par les ouvriers juifs : ils en sont ravis.

Le syndicat des ouvriers casquettiers qui a sa permanence à la Bourse du Travail (4e étage, bureau 31), comprend plusieurs centaines de membres. Mais on estime à 1.000 ou 1.200 le nombre des ouvriers casquettiers, presque tous juifs, qui habitent le Marais. Il est à remarquer que les femmes sont plus nombreuses que les hommes. S'il n'y avait pas cinq ou six mois de chômage (coupés par des *extras*), le métier ne serait pas un des moins rémunérateurs. Mais ici, comme dans une foule d'autres industries, il faut compter avec *la morte*. De sorte que le salaire moyen est de 4 francs et 4 fr. 50 environ. Pour les femmes (qui s'occupent surtout du finissage), il est de 2 francs, 2 fr. 25 en moyenne. C'est peu dans une industrie qui est classée, désormais, dans les industries de luxe et où l'ouvrier doit fournir de ses propres mains un outillage d'une valeur de 200 francs environ, lequel exige un entretien constant, qui nécessite une dépense annuelle de 40 francs environ. Ajoutons que le métier des casquettiers doit être rangé dans la catégorie des métiers insalubres. Les ateliers où l'on travaille par 4, 6,

10, 15 et 20, sont excessivement malsains, à cause du manque d'air, de l'humidité et de l'exiguïté des locaux. En outre, les poussières et les vapeurs délétères qui se dégagent dans l'opération du bichonnage des casquettes, exercent des ravages sérieux dans les voies respiratoires, ce qui est du reste visible sur les visages absolument blancs des ouvrières et des ouvriers : les cas de tuberculose sont fréquents dans cette population et la promiscuité les développe sans cesse.

Nous avons dit que les ouvriers juifs casquettiers s'étaient mis en grève. Il est à remarquer que presque tous les patrons sont juifs.

« La question de race, me dit un ouvrier juif, est une fumisterie. Tout cède devant l'intérêt. Il faut être journaliste, c'est-à-dire ne rien entendre aux questions du travail, pour se figurer qu'un patron a égard à la religion de son employé ou de son ouvrier. Donnant, donnant. Tenez, en ce moment, nous sommes en conflit avec nos patrons, qui sont juifs comme nous, eh bien, les patrons eux-mêmes ont de la peine à s'entendre : les gros seraient bien aises d'aggraver le conflit afin de ruiner les petits, de leur souffler leur clientèle et de rester les maîtres du marché. Et tout ce monde est juif ! Une belle farce la solidarité israélite... Chacun cherche à tirer son épingle du jeu, voilà tout. »

La cause de la grève était celle-ci : dans la plupart des ateliers on avait présenté aux patrons un tarif aux pièces ; la plupart consentaient à faire des concessions ; un seul patron a refusé, ne voulant même pas prendre connaissance du tarif. Devant ce mauvais vouloir, les ouvriers de cet atelier déclarent la grève, tandis que le patron réunit la chambre syndicale de ses collègues, lesquels au nombre de 23 décident de fermer tous les ateliers à dater du 13 septembre. A cette déclaration de guerre, les ouvriers répondent par la grève générale, fixée au 12 septembre, un jour avant la date fixée par les patrons. Les revendications étaient nettes : 1° La journée de 10 heures ; 2° les ouvriers de chaque atelier présenteront à leur patron un tarif du prix de main-d'œuvre qui sera mis immédiatement en vigueur ; 3° minimum de salaire de 7 francs pour les bichonneurs ; ceux travaillant aux pièces présenteront leur tarif ; 4° les patrons s'engagent à reprendre tous les ouvriers indistinctement ; etc. Le conflit n'est pas terminé au moment où nous écrivons cette étude. Mais on nous affirme que les petits patrons ne demandent pas mieux que de s'entendre avec les grévistes. Les grosses maisons seules tergiversent.

Nous avons cité l'industrie diamantaire au nombre de celles qui comportent une forte proportion d'ouvriers juifs : 80 0/0 environ, d'après les membres du syndicat. Ils étaient en grève en même temps que les casquettiers.

Voici la cause de cette grève : Depuis deux ans que durait la guerre du Transvaal, le diamant brut avait toujours augmenté, de sorte que les patrons n'achetaient que peu ou point de cette marchandise : d'où chômage pour les ouvriers diamantaires. Ce chômage durait depuis plusieurs mois. Or, finalement, la maison M... (un patron juif) rouvrait ses portes à ses ouvriers, et, sans souci de la fameuse solidarité *religionnaire* proposait aux salariés un tarif qui constituait un rabais d'environ 10 à 15 francs par semaine. Les ouvriers n'ont pas accepté ; ils ont fait appel à la Chambre syndicale. Celle-ci les a soutenus. Des communications pressantes furent envoyées à l'étranger. Le syndicat ouvrier israélite et catholique des diamantaires d'Anvers envoya 500 francs par semaine aux diamantaires de Paris.

On a coutume de dire que l'ouvrier diamantaire est un privilégié à cause du haut salaire *nominal*. Cela était vrai, il y a une trentaine d'années. L'ouvrier pouvait même gagner plus de mille francs par semaine. Aujourd'hui, la situation est complètement changée. Nominalement l'ouvrier gagne 100 à 120 francs par semaine ; seulement on oublie de dire qu'il fournit lui-même le *boort*, la matière ou déchet de diamant qui sert à façonner la pierre, ce qui lui occasionne 30 à 40 fr. de frais par semaine.

Ajoutons que le *boort* a aussi augmenté fortement, de sorte que les salaires sont considérablement réduits. Un bon ouvrier diamantaire gagne, à présent, tous frais déduits, 40 francs par semaine environ ; la plupart ne dépassent guère 30 francs par semaine. Si l'on tient compte du chômage, ici comme ailleurs les salaires deviennent tout à fait dérisoires. La situation des ouvriers diamantaires est donc très précaire. Les patrons n'ont guère le droit de se plaindre, dans cette industrie. Malgré la crise causée par la guerre du Transvaal, on n'a pas signalé une seule faillite. Nous lisons, d'autre part dans le journal *le Diamant*, moniteur des négociants en diamants :

« Plus les diamants deviennent chers et moins les ouvriers sont rétribués. Lorsqu'on pense que certains d'entre eux n'arrivent pas à gagner 8 ou 10 francs par semaine, on ne peut s'empêcher de déplorer cette criante injustice » (25 septembre 1901.)

Nous ne pouvons passer sous silence les grèves des ouvriers fourreurs qui éclatent elles aussi parfois, et encore récemment. On évalue approximativement à 20 ou 25 0/0 la proportion des israélites dans cette catégorie d'ouvriers.

Le syndicat des fourreurs comprend environ 300 ouvriers et 200 ouvrières. Mais il y a environ 150 à 200 fourreurs non syndiqués, sans compter un plus grand nombre d'ouvrières. Les grévistes ont demandé la journée de 8 heures qui leur avait été accordée une première fois, puis retirée. Les patrons semblaient disposés à cette concession, mais ils refusaient de signer l'engagement de 5 ans exigé par les grévistes. On sait que le métier de fourreur est un des moins mauvais au point de vue du salaire nominal. Le salaire est de 9 à 10 francs par jour. Mais on ne doit pas oublier de noter qu'un quart seulement des fourreurs travaillent à l'année, les trois autres ont un chômage d'environ six mois, ce qui réduit considérablement les salaires. Au syndicat des fourreurs, on nous apprend que le salaire a des fluctuations dans le sens d'une baisse marquée. On travaille souvent à 6 et 7 francs. Cela tient à la présence des juifs sans travail qui s'embauchent comme ils peuvent et déprécient de cette manière le taux de la main d'œuvre. C'est en partie pour remédier à cet inconvénient que les syndiqués ont demandé aux patrons fourreurs la journée de 8 heures qui permettrait, disent-ils, l'utilisation des inoccupés sans abaisser le salaire. Certaines maisons résistent et ont recours à des subterfuges particuliers. La maison R... par exemple, qui occupe 110 ouvriers, a empêché l'adhésion de son personnel ou syndicat, par un système de *gratifications* qui attache l'ouvrier à la maison et le détourne de revendications plus importantes.

Nous ignorons, au moment où nous écrivons cette étude, le résultat de la dernière grève. Mais l'important était de faire observer la présence des ouvriers juifs, sans travail, dans cette profession, et l'influence involontaire qu'ils exercent sur le taux du salaire. Ajoutons que, dans ce métier, les poussières sont dangereuses à cause des matières arsénieuses introduites dans les peaux pour les conserver.

Nous n'examinerons pas, un à un, les divers métiers pratiqués par les juifs à Paris. Il suffit que nous ayons signalé leur présence. Du reste, outre la population ouvrière juive qui arrive tant bien que mal à subsister, il existe une population indigente entassée principalement dans le quartier du Marais (rue des Juifs, rue des Rosiers, etc.). Nous ne referons pas le tableau de leur misère ; elle ressemble à celle des quartiers indigents de Paris : logements humides, mal aérés, mal éclairés ; alimentation insuffisante, etc., etc. Le budget annuel de la Charité israélite prouve assez l'existence du paupérisme juif, à côté des autres, non moins graves et non moins étendus.

### Conclusions

Ce qui ressort tout de suite des faits irrécusables que nous venons d'exposer, c'est qu'il existe un prolétariat juif immense, et que les juifs riches, opulents financiers et agioteurs, sont une infime minorité au regard de cette population d'indigents. Cette constatation suffit pour ruiner la thèse antisémitique — si l'on peut appeler *thèse* une systématisation de la haine.

Il est bien évident que si M. Drumont, dont nous admettons l'absolue bonne foi, avait eu connaissance de ces faits, il aurait renoncé à rendre responsable de toutes les calamités publiques la race la plus indigente et la plus opprimée. A quoi tient cet aveuglement?

Un homme intelligent qui fut antisémite avant de voir, d'observer et de réfléchir, va nous donner des éclaircissements.

Il y a quelques années, une violente émeute contre les juifs éclata à Kounawine. Pour faire la lumière sur la cause des troubles, le ministère confia à un magistrat attaché aux tribunaux de Pétersbourg, M. Sogoloub, l'enquête à faire sur place et le chargea d'assister le tribunal local. Voici quelques extraits des souvenirs publiés dans le *Rousskoyé Bogatstwo* par M. Sogoloub lui-même :

« Je dois dire en toute franchise qu'en partant de Saint-Pétersbourg, mes sentiments personnels étaient peu favorables aux juifs. Mes premières impressions à mon arrivée à Kounawine n'avaient fait que fortifier cette antipathie. Mais en suivant de près l'enquête commencée, en voyant passer sous mes yeux les accusés, les témoins et les juifs assommés et ruinés, en réfléchissant le soir sur tout ce que j'avais entendu et vu dans la journée, je me suis convaincu que mon antipathie n'était que le produit du milieu où j'avais vécu à Saint-Pétersbourg, que la réalité ne répondait nullement à mes théories antérieures. Et, de jour en jour, s'ancra davantage dans mon esprit la croyance, la conviction que j'assistais à une injustice cruelle, séculaire, fatale ; et je ne crois pas inutile de consigner les phases pour lesquelles j'ai passé avant d'arriver à une appréciation plus sympathique du rôle et de la personne des juifs... Depuis de longs siècles, le juif est l'objet de la haine populaire ; à des périodes d'accalmie succèdent de subites explosions qui sont comme des fièvres de violence ; mais les sentiments malveillants contre les juifs s'inspirent de la différence de religion et de la concurrence économique... La foule n'a pas le discernement. Un homme sans culture intellectuelle n'est pas à même de rechercher les causes premières de tel ou tel fait ; il juge ce qu'il voit. Voyant le juif intelligent, entreprenant, économe, l'idée lui vient que le juif accapare et que sans le juif il aurait pu être heureux, riche et posséder tous les biens qu'il convoite. C'est la connaissance de l'histoire et l'étude réfléchie qui seules peuvent faire comprendre que c'est notre législation, notre administration qui ont fait le juif tel que nous le voyons chez nous, qu'en lui fermant toutes les carrières, en lui barrant toutes les routes, on ne lui a laissé d'autre issue que le commerce et le trafic. Par nos lois, par nos mesures d'exception, nous avons créé le juif tel qu'il est. Le pauvre paysan ignorant croit que le juif lui coupe l'herbe sous les pieds, que le juif est l'araignée qui suce le sang des malheureux. Idée fausse, parce que dans la lutte pour l'existence, on ne doit pas tenir compte de la question des races. »

Cette idée fausse de la race (ou plutôt de la prépotence d'une race) est ancrée non seulement dans la foule — par la suggestion du journal — mais dans l'esprit de quelques savants spécialisés. Tel physiologiste, tel historien de la physiologie (M. Jules Soury par exemple), absolument ignorant des rapports économiques entre les hommes, ignorant du processus industriel de ce siècle, ne sachant rien des salaires, des chômages, de la concurrence intérieure et extérieure, en un mot sans données sur les conditions premières de l'existence dans les classes pauvres ou indigentes — ne voit qu'un phénomène atavique, là où l'observation et les faits nous font voir un phénomène *social*. La spécialisation excessive (nécessitée par le développement indéfini des sciences) a tellement borné l'horizon intellectuel du savant que son petit monde lui cache le monde. Pour le cas particulier des juifs, on attribue à la race une puissance mystérieuse (de conquête ou de dissolution). Comme si la race elle-même ne se modifiait pas sans cesse sous la pression de causes extérieures !

Nous avons montré des légions de juifs appauvris, écrasés sous le « sweating system » créé par les patrons juifs, principalement en Angleterre et aux Etats-Unis. Nous avons montré les ouvriers juifs se faisant concurrence entre eux absolument comme les ouvriers chrétiens. Est-ce que cela n'est pas suffisant pour établir qu'aucune *solidarité* ne tient devant la concurrence et l'intérêt ?

Nous avons montré aussi que l'entassement des juifs dans le « Territoire », en Russie, avait obligé les juifs à se dévorer entre eux, et à créer parfois un système d'usure dont leurs coreligionnaires sont les premières victimes ; est-ce que cela n'est pas une explication assez claire de la pauvreté du plus grand nombre et de l'enrichissement des autres ?

Nous avons vu des familles pauvres se convertir à l'islamisme, des ouvriers de Londres indifférents au culte et n'observant plus le sabbat, et cela ne dessille pas les yeux des moins clairvoyants sur la prétendue invariabilité de la race !

Nous avons vu les émigrants de Russie et de Roumanie acceptant les salaires les plus dérisoires, accomplissant les travaux les plus durs et les plus répugnants ; comment concilier ces faits avec la « rapacité invétérée » et le dégoût des professions manuelles ? (1)

(1) « Si quelque chose, a écrit Renan, résulte du travail que nous avons inséré dans l'*Histoire littéraire de la France* (tome XXVII) sur la situation des juifs au moyen âge, c'est qu'avant, la fin du XIIIe siècle, les juifs exerçaient exactement les mêmes professions que les Français. »

Du reste les citations du Talmud sont assez nombreuses à l'endroit du travail. En voici quelques-unes : « Le travail manuel est aimé de Dieu » (Tossifta Baba Kama, ch. 4). « Enseigne à ton fils un métier convenable » (Mischna, Kidduschin IV, 13). « Aussi bien qu'on est obligé de nourrir son fils, on est obligé de lui enseigner une profession manuelle » (Kidduschin 30 b.). « Le plus beau travail est le travail de la terre ; quoi qu'il soit beaucoup moins profitable, il doit être préféré à tout autre » (Jebamot 63 a). « Écorche une charogne sur la place, reçois ton salaire et ne dis pas : c'est trop humiliant pour moi » Pessachim 113 a) etc., etc.

Ce n'est qu'après les Croisades que des édits nombreux dans tous les pays interdisent aux juifs de s'occuper d'agriculture et d'exercer des métiers.

La décision canonique du concile de Latran défendait aux Juifs d'employer les chrétiens pour l'exécution de travaux, ce qui les oblige à abandonner les travaux agricoles

Nous avons signalé l'empressement des israélites pauvres et même des « intellectuels » à se livrer aux occupations des champs (Palestine, Etats-Unis, République Argentine, etc.). Que reste-t-il du préjugé anti-agricole ?

Plus on observe, plus on réfléchit, et plus on s'aperçoit que l'absotisme antisémite est sans fondement et contraire aux faits. Nul ne songe à nier qu'il y ait une fraction de juifs agioteurs, spéculateurs, financiers, marchands ; que cette fraction a été quelquefois plus habile et plus heureuse, dans ses opérations, que les chrétiens (« les lois ont fait le juif tel qu'il est »), mais il faudra, désormais, si l'on veut être un historien impartial et un pamphlétaire écouté tenir compte de l'existence du prolétariat juif et préciser le débat.

et à se livrer au commerce. En Aragon, l'édit du 12 janvier 1412 défendait aux Juifs d'être artisans. Le pape Benoit XIII a lancé, le 11 mai 1415, une bulle de 11 articles défendant aux juifs de s'occuper d'un métier quelconque. Le pape Pie V leur défendit d'avoir des terres et de s'occuper d'un autre métier que de celui de fripier (19 avril 1566), etc). Voir Grœtz et Kurrein. Voir aussi *Enquête sur l'Antisémitisme*, par Henri Dagan ; Stock, éd.

## LETTRE A M. EDOUARD DRUMONT

DIRECTEUR *de La Libre Parole.*

Paris, 23 octobre 1901.

Monsieur et honoré confrère,

Je vous ai fait envoyer mon étude sur le *Prolétariat juif dans le monde entier*. Nul, mieux que vous, ne saurait juger ce travail au point de vue social et philosophique. Quelles que soient, d'autre part, nos divergences idéologiques, nous pouvons, et nous devons nous éclairer mutuellement sur des sujets qui intéressent universellement les hommes. N'avons-nous pas intérêt à étouffer, un instant, la haine dans nos cœurs, pour ne laisser parler que la raison et la vérité?

Si vous avez parcouru le livre que je vous ai offert (*Les Superstitions Politiques et les Phénomènes sociaux*) vous devez vous apercevoir que je ne suis pleinement satisfait d'aucun parti, après les avoir examinés tous, et que, moins heureux que tant d'illustres confrères de mon pays, je cherche encore ma voie...

Or j'ai examiné la question juive sans prévention et sans arrière-pensée ; mais j'ai dû réviser mes notions sur ce point, car je suis issu d'une famille passablement catholique. Le résultat de mes recherches m'a conduit à des conclusions fort différentes des vôtres. En particulier, le présent travail a levé tous mes doutes.

Néanmoins je crois, avec vous, qu'il y a une influence juive « dans les hautes sphères » comme il y a une influence catholique, une influence franc-maçonne, une influence jésuite, et une influence protestante.

Mais il est impossible d'en inférer que la race juive soit douée d'une puissance particulière de domination, de corruption ou de dissolution, surtout en considérant la masse imposante des juifs pauvres — lamentablement pauvres Il y a là une contradiction choquante qui heurtera toujours les esprits clairs. Avez-vous réfléchi, monsieur, à cet aspect nouveau de la question juive ? Si oui, je vous serai reconnaissant de me faire connaître votre opinion.

Agréez, monsieur, etc.

Henri DAGAN.

---

## RÉPONSE DE M. EDOUARD DRUMONT

28 octobre 1901.

Monsieur et cher confrère,

Je vous remercie de m'avoir envoyé votre travail sur le *Prolétariat juif* dont je n'ai reçu d'ailleurs que la 1re partie (1). Il me serait difficile de discuter dans une lettre la question dont vous me parlez. Ce serait vouloir mettre dans une lettre tout ce que j'ai écrit dans le journal et le livre.

(1) C'est un accident de la Poste. Le présent livre, qui est offert à M. Drumont, peut, aisément et pleinement, y remédier.

Permettez-moi d'ailleurs de vous le dire ; si le fait d'un pays comme la France, bouleversé à propos d'un juif qui avait trahi son pays, et le spectacle de l'Univers tout entier s'agitant à propos de ce juif, ne vous a pas convaincu de la toute-puissance dont la Juiverie dispose grâce à l'argent, c'est que vous avez le cerveau conformé d'une certaine façon. Je ne vois pas dans ces conditions l'argument qui pourrait vous convaincre.

Veuillez agréer, monsieur et cher confrère, l'assurance de mes sentiments les plus distingués,

EDOUARD DRUMONT.

---

Les professeurs de l'Ecole d'Anthropologie, à qui je lègue mon cerveau, *post mortem,* se chargeront de dire à M. Drumont (ou à ses amis) si cet organe est conformé, chez moi, d'une « certaine façon ». Mais cela ne servira guère à notre débat : Oui ou non : *y a-t-il un prolétariat juif important* ? Je crois l'avoir amplement prouvé. Et lorsque je pose à M. Drumont cette question précise, il me répond : *Dreyfus est un traître* !

Est-ce digne d'un « penseur » et d'un « sociologue » ?

# APPENDICE

## Discussion sur la Liberté

---

*Pour bien comprendre ce qui va suivre, il ne serait pas superflu de se reporter à ce que j'ai déjà écrit sur la Liberté* (1). *Néanmoins le lecteur attentif et réfléchi pourra tout déduire et tout comprendre, grâce aux documents ci-joints.*

*A M. Charles Maurras* (2).

L'un des plus grands maux qui affligent la pensée contemporaine, c'est l'*équivoque*. Ne manquons pas une seule occasion de la chasser, principalement lorsqu'elle s'insinue dans les grands débats qui nous passionnent et nous divisent.

Ne serait ce pas une équivoque, Maurras, qui s'est glis-

(1) Le chapitre sur *La Liberté*, page 61, dans *Les Superstitions politiques et les Phénomènes Sociaux*, 1 vol. chez Stock, 27, rue de Richelieu, Paris.

(2) Cette lettre a été publiée dans le volume des *Superstitions*.

sée dans votre esprit, lorsque vous me prêtez une idée si étrange de la liberté ?

Vous notez (dans un récent fascicule de l'*Action française*) que j'ai fait une « ferme et violente critique de la liberté » — ce qui est vrai ; — vous ajoutez que j'ai réduit cette idée à « l'idée de pouvoir » — je l'ai dit ; — et vous concluez par ces mots : « la réduction avait été faite par Taine, par Hégel, par le sens commun ».

Distinguons ! Les mots aussi sont des traitres. Prenez garde que ma compréhension de la liberté est autre que celle de Hegel et de Taine Cela est si naturel.

Si ces hommes considérables vivaient, soyez persuadé qu'ils ne me pardonneraient pas de vouloir repenser leurs vieilles idées sur ce point.

Avant de vouloir reviser la Constitution — qui tient à nous par des liens si ténus — ils commenceraient par reviser leurs idées. Et ils se trouveraient d'accord avec moi sur la définition de la Liberté. Ils me féliciteraient d'avoir fixé cette vérité provisoire.

Notez que je n'ai rien inventé : je développe, j'épure et je précise. Ainsi fit Marx après Sismondi, Taine après Sainte Beuve. Nietzsche après Schopenhauer. On est toutoujours le fils de quelqu'un : nous faisons la chaine, dit l'aimable Renan.

Quelle était la pensée de Hégel et de Taine ? Quelle était votre arrière-pensée ? Je l'aperçois dans cette formule : il n'y a de vraie liberté qu'avec un pouvoir politique solide, qui en est le dépositaire et le dispensateur.

De vraie liberté ? Pour qui ? Tout est là. Savez-vous bien qu'un pouvoir politique n'est rien que de la violence latente, de la contrainte dissimulée ? Vos amis ne l'ignorent pas. Nous non plus.

— « Vous voulez donc supprimer tout pouvoir ? Vous poursuivez donc l'utopie d'une société anarchiste ? »

— Permettez, laissons cette galère. Est-ce vous, Maurras, qui vous effrayez des idées ? Ne vous embarrassez pas des conséquences. Analysez sans cesse, car *la vie est au bout* ; c'est encore une belle pensée de Renan — je cite vos auteurs et les miens !

En déclarant que la liberté se réduit au *pouvoir*, vous entretenez une confusion détestable : vous supposez que la liberté est un *bien commun*, indivis ; or, elle est un bien particulier, privé.

A quoi peut prétendre le pouvoir fort, inflexible, que vous souhaitez ? sinon à mieux gérer *son bien*, *sa* liberté. De la sorte, en consolidant *votre* liberté, *vous ne faites que resserrer davantage les liens de notre esclavage.*

Au contraire, lorsque je prouve que la condition de la liberté est *un pouvoir*, *une puissance* (Liberté, c'est puissance. Locke), j'entends que la masse des hommes sans puissance, c'est-à-dire courbée sous le joug du travail, *n'est pas libre*. Le salaire d'un homme est une fausse mesure de sa liberté, mais c'en est une : liberté conquise au prix d'une servitude ! quel drame, ô Maurras ! Oui, le salaire est un bien assez mince ; il reste, pourtant, l'unique *substratum* de la liberté pour la masse. Jugez de l'étendue de cette liberté ! Et jugez — si vous ne répugnez pas aux statistiques — du nombre des hommes sans liberté ! Est-ce un *bien* ou un *mal* ? Ici je ne m'en préoccupe guère. Il y a tant de morales ! vous ne l'ignorez pas. Mais si je laisse aux intéressés le soin de l'apprécier, je ne me tromperai pas sur ces valeurs, je distinguerai mon *bien* et mon *mal* ; et, s'il faut que j'intervertisse les termes, sous peine de mort, je le ferai sans hésiter.

C'est ainsi que je trouve la base réelle de la liberté. Les philosophes en parlent comme d'une vision céleste perdue dans les nuages : c'est un réflexe de leur divagation. Nous la voyons, nous, sous les traits d'une belle fille de la terre et du soleil, riante, aimante et périssable. Je la voudrais peindre oisive : *être libre, c'est être affranchi du travail.*

Maurras vous êtes un athée, dévotement curieux de l'Antique. Connaissez-vous le secret de la grandeur d'Athènes ? Vos maîtres, sans doute, vous ont enseigné que le ciel, le climat, la mer et la race ont pétri et façonné ce peuple incomparable. Eh bien, non. Ces facteurs sont de second ordre.

Athènes fut grande parce qu'elle était une démocratie de *vingt mille citoyens servis par quatre cent mille esclaves.*

Les vingt mille citoyens étaient libres, c'est-à-dire *affranchis du travail* (Souvenez-vous des textes qui trahissent le *mépris* du grec pour le travail servile) (1). Les quatre cent mille esclaves n'étaient pas mis au rang des hommes. Le jour où ils ont commencé à s'élever à cette *dignité* — et ce jour ne pouvait manquer d'arriver, marqué par le Destin ! — les fondements de la Cité craquèrent. C'était la Révolution de la Grèce (ce fut aussi celle de Rome).

Le salariat, ce stade nouveau de l'esclavage, était trop imparfait pour le remplacer avec avantage. Nous eûmes une liberté bâtarde, qui prit des formes diverses à travers les âges ; liberté bâtarde dont nous sommes encore affligés. Nous sommes des moitiés d'esclaves ; un pied dans la liberté, un pied dans la servitude. Quels tiraillements ! Maurras avez-vous pris garde à cette grande tragédie ? Quel Eschyle le pourrait exprimer ? Prométhée peut se repentir.

Ainsi notre liberté deviendra authentique, lorsque nous aurons acquis ou conquis un *nouvel esclavage.*

Seulement *on pourra se passer des hommes.* O Maurras, je vois alors la Grèce refleurir sur toute la terre.

H. D.

(1) « La plupart des arts (des métiers) corrompent le corps de ceux qui les exercent » Xénophon. Dits Mémorables.

## Réponse de M. Charles Maurras (1).

*A M. Henri Dagan.*

Dans une lettre publique qu'il veut bien m'adresser, M. Henri Dagan assure qu'il existe un malentendu entre nous. C'est vrai. Mais ce n'est pas le malentendu qu'il suppose. Bien loin que je me sois mépris sur sa pensée, c'est lui qui s'est tout à fait mépris sur la mienne.

Je prierai nos lecteurs de se reporter à l'*Action française* du 1er septembre dernier (2). Page 416, en note, j'avais loué M. Dagan de réduire la liberté à l'idée de pouvoir et de s'être ainsi conformé aux vues de Hegel, de Taine et du sens commun.

M. Dagan n'accepte point d'être rattaché à Hegel, à Taine et au sens commun. « Distinguons » écrit-il. Mais, pour ne pas nous perdre en généalogies, laissons les noms propres, négligeons même l'amour-propre des vivants et des morts.

Ai-je attribué à M. Henri Dagan des vues qui ne sont pas les siennes ? Il me dit :

« — Quelle est votre arrière-pensée ? Je l'aperçois dans cette formule : il n'y a de vraie liberté que dans un pouvoir politique solide, qui en est le dépositaire et le dispensateur ».

M. Dagan introduit ici un cas particulier de la question de la liberté politique. Cette question n'était posée à aucun degré entre nous. Ce dont il s'occupait et ce dont je m'occupais après lui avec une idée tout à fait claire de sa pensée, c'était de la liberté morale, philosophique, économique, personnelle des hommes. En ce sens et à cet égard, la liberté de chacun est exactement mesurée par le pouvoir et par la force de chacun. La liberté, c'est le pouvoir et c'est

(1) Cette réponse n'avait pas été insérée, par mégarde, dans *Les Superstitions Politiques*. La voici : Je ne puis refuser à Maurras de livrer aux juges *toutes les pièces*.

(2) Septembre 1900 (*Action Française*).

la force. On donne en général de la liberté des définitions juridiques et métaphysiques. Elles sont presque toutes bien négatives. J'avais été heureux de voir M. Dagan venir à l'esprit positif. Une fois qu'on s'accorde sur les réalités, on est bien près de s'accorder sur les changements à y introduire et, quand l'on cesse de s'accorder, quand l'on se bat, l'on sait pourquoi.

J'ai toujours défini la liberté par le pouvoir. Mon ami M. Henri Mazel a peut-être le souvenir d'une vieille querelle que je lui fis à ce sujet, dans *la Gazette de France*. Une des conséquences naturelles de cette définition de la liberté me conduisait, comme elle y conduira tout esprit humain, à ne trouver que dans l'idée de l'autorité l'épanouissement complet de l'idée de la liberté. L'autorité est, en effet, la liberté vivante et s'exerçant dans l'ordre réel Elle est la liberté parfaite : c'est la *force*, munie d'un point où s'appliquer, la *puissance*, développée jusqu'au terme de son action. La liberté qui n'est pas une autorité est une simple possibilité de pouvoir. Dès qu'il est *réel*, un pouvoir ne peut pas ne pas s'appliquer. Le voilà donc autoritaire, aussitôt que réel. Il serait juste de conclure que la liberté n'est que l'autorité en son état embryonnaire, larvé et, à vrai dire, purement imaginaire et fictif. Elle est un concept. L'autorité est une chose. Toute liberté qui s'exerce est une autorité.

M. Henri Dagan doit voir qu'il s'est trompé : je n'ai rien confondu. Je n'ai pas supposé que la liberté fût « un bien commun, indivis ». Je n'ai pas oublié qu'elle est un « bien particulier privé ». En veut-il des preuves nouvelles ? Qu'il prenne garde que, à l'*Action Française*, toutes les fois que nous usons du mot de liberté dans un sens favorable, c'est-à-dire en son sens réel, nous le mettons au pluriel. Nous disons : les libertés. Comment mieux établir que nous y voyons des biens « particuliers » et « privés », aussi divisés qu'il y a de pouvoirs réels, aussi divisibles qu'il y a de pouvoirs possibles : ils appartiennent à chacun de ces pouvoirs dans la proportion exacte de la valeur de chacun d'eux (1).

Si je suis convaincu que, en France et en ce moment, ces pouvoirs particuliers, ces libertés ont besoin pour atteindre leur terme des protections ou des garanties d'une autorité politique très forte, si je crois que les autorités secondaires ont intérêt à se subordonner à celle-ci, c'est, je le répète à M. Henri Dagan, une question fort éloignée. Encore un coup, elle n'était pas posée entre nous. Je n'ai pas à la discuter présentement.

En terminant, je remercie M. Dagan de m'enseigner qu'Athènes était peuplée de vingt mille citoyens servis par quatre cent mille esclaves. On complète tous les jours son éducation. Je suis heureux d'être mis enfin au courant par un ennemi charitable de l'importance de l'esclavage athénien. Qu'il soit nommé mon bienfaiteur ! Les machines feront-elles, dans l'avenir, les équivalents de la servitude antique ? M. Dagan l'espère et le croit, mais il ne donne aucune raison de son espérance ni de sa foi. On peut donc se borner à lui répondre : — Je ne l'espère ni ne le crois.

C. M.

Quel singulier esprit est M. Maurras. Il me concède que « la liberté c'est le pouvoir et c'est la force ». Et au lieu de convenir, comme le ferait un esprit bien positif, que la masse des hommes asservis au travail n'a pas de liberté — puisqu'elle est presque sans pouvoir et sans

(1) M. Dagan me demandera si j'admets que la liberté de chacun est, dès lors, mesurée par la richesse de chacun. Je répondrai que oui, *dans la mesure où la richesse exprime le pouvoir*...

force (c'est-à-dire sans le signe représentatif du pouvoir et de la force : l'argent) il tire de cette vérité une conséquence tout à fait inattendue et qui montre bien la manie métaphysiquante dont il ne peut se guérir : « L'autorité, dit-il, est la liberté vivante s'exerçant dans l'ordre réel ». Qu'est-ce que cela veut dire ? Renversez la proposition et dites : « La liberté est l'autorité vivante s'exerçant dans l'ordre réel ». Vous avez substitué un mot à un autre mot. Notez que l'on peut continuer de la même manière le raisonnement de M. Maurras et dire : « *L'autorité* qui n'est pas une *liberté* est une simple possibilité *d'être libre*. Dès qu'elle est réelle une *liberté* ne peut pas ne pas s'appliquer. La voilà donc *libertaire* aussitôt que réelle » etc. et terminer ainsi : « Toute *autorité* qui s'exerce est une *liberté* ».

Tout ceci a un sens comme le texe véritable de M. Maurras, mais un sens tellement vague, ambigu et confus, que l'on a le droit de dire : cela n'a pas de sens.

Au contraire si je dis :

« La richesse — ou ce qui en tient lieu (pouvoir politique, influence, crédit, etc.), voilà ce qui confère la liberté. Richesse, c'est liberté. Pauvreté, c'est esclavage. S'il y a, aujourd'hui, des hommes libres, c'est parce qu'il y a des hommes non libres. La liberté moderne, comme la liberté antique, se fonde sur un esclavage » ;

J'ai exprimé des vérité concrètes, vivantes. Je n'ai pas substitué des mots à des mots, des abstractions à des abstractions, des phrases à des phrases — tout a correspondu à une réalité : le mot est un signe et non la chose elle-même.

Je regrette que M. Maurras s'arrête à mi-côte du *positif* et du *réel*. Je le regrette pour lui et pour nous.

H. D.

# TABLE DES MATIÈRES


Pages

Introduction . . . . . . . . . . . . . . . . I

PREMIÈRE PARTIE

Les grèves patronales . . . . . . . . . . . 9
Les Sans-travail à Londres . . . . . . . . . 47
Causes de la misère des marins-pêcheurs . . . 61

DEUXIÈME PARTIE

La femme ouvrière . . . . . . . . . . . . 79
Conséquences du travail féminin . . . . . . . 151
Examen de quelques idées féministes. . . . . 218
Les enfants « industrialisés » . . . . . . . . 239

TROISIÈME PARTIE

Examen de la grève générale . . . . . . . . 265
La Loi Piot contre le célibat. . . . . . . . . 292

QUATRIÈME PARTIE

Le Prolétariat Juif dans le monde entier . . . 309
Lettre à M. Edouard Drumont. . . . . . . . 378
Sa Réponse . . . . . . . . . . . . . . . . 379

## APPENDICE

Pages

Lettre à M. Charles Maurras sur les conditions de la Liberté . . . . . . . . . . . . 381

Sa Réponse . . . . . . . . . . . . 385



---

LAVAL. — IMPRIMERIE PARISIENNE, L. BARNÉOUD & Cie.

# BIBLIOTHÈQUE SOCIALISTE INTERNATIONALE

PUBLIÉE SOUS LA DIRECTION DE

**ALFRED BONNET**

(SÉRIE IN-18)

**DEVILLE** (G). — **Principes socialistes.** 1898. Deuxième édition, 1 volume in-18. . . . . . . . . . . . . . . . . . . . . 3 fr. 50

**MARX** (Karl). — **Misères de la philosophie.** Réponse à la philosophie de la misère de M. Proudhon. 1896, 1 volume in-18. . . . . 3 fr. 50

**LABRIOLA** (Antonio). — **Essais sur la conception matérialiste de l'histoire.** 2e éd., 1902, 1 vol. in-18 . . . . . . . . . . . 3 fr. 50

**DESTRÉE** (J.) et **VANDERVELDE** (E.). — **Le Socialisme en Belgique.** 2e édit. 1903, 1 volume in-18. . . . . . . . . . . . 3 fr. 50

**LABRIOLA** (Antonio). — **Socialisme et Philosophie.** 1899. 1 volume in-18. . . . . . . . . . . . . . . . . . . . . 2 fr. 50

**MARX** (Karl). — **Révolution et contre-révolution en Allemagne,** traduit par Laura Lafargue. 1900. 1 volume in-18. . . . . . . 2 fr. 50

**GATTI** (G.). — **Le Socialisme et l'Agriculture,** préface de G. Sorel. 1902, 1 volume in-18. . . . . . . . . . . . . . . . 3 fr. 50

**LASSALLE** (F.). — **Discours et pamphlets.** 1903. Un vol. in-18 3 fr. 50

— **Capital et Travail** suivi du Procès de haute trahison intenté à l'auteur. 1904. 1 volume in-18. . . . . . . . . . . . . . . . 3 fr. 50

(SÉRIE IN-8)

**WEBB** (Béatrix et Sydney). — **Histoire du Trade-Unionisme.** 1897, traduit par Albert Métin. 1 volume in-8. . . . . . . . . 10 fr. »

**KAUTSKY** (Karl). — **La question agraire.** — **Etude sur les tendances de l'Agriculture moderne,** traduit par Edgard Milhaud et Camille Polack. 1900. 1 volume in-8. . . . . . . . . . . . . . . . 8 fr. »

**MARX** (Karl). — **Le Capital,** traduit à l'Institut des sciences sociales de Bruxelles par J. Borchardt et H. Vanderrydt :

— Livre II. — **Le Procès de circulation du capital.** 1900. 1 volume in-8 . . . . . . . . . . . . . . . . . . . . . 10 fr. »

— Livre III. — **Le Processus d'ensemble de la production capitaliste.** 1901-1902. 2 volumes in-8. . . . . . . . . . . . . . . 20 fr. »

**KAUTSKY** (K.). — **La politique agraire du parti socialiste,** trad. C. Polack. 1903, in-8 . . . . . . . . . . . . . . . . . . 4 fr. »

*Pour paraître prochainement :*

**Marx** (K.). — **Le Capital** (Livre I). — **Le Procès de production du capital.** 1 vol. in-8.

# LE DEVENIR SOCIAL

Revue internationale d'économie, d'histoire, et de philosophie.

La première année (1895), 1 fort vol. gr. in-8. . . . . . . . 13 fr. 50
La deuxième année (1896), 1 très fort vol. gr. in-8. . . . . 18 fr.
La troisième année (1897), 1 très fort vol. gr. in-8. . . . . 18 fr.
La quatrième année (1898), 1 très fort vol. gr. in-8. . . . . 18 fr.
*La Collection complète* (années 1895 à 1898). Prix. . . . . . 60 fr.

Ont été publiés dans cette revue des articles de :

MM. H. Lagardelle, J. David, Ed. Fortin, Ch. Bonnier, K. Kautsky, Gabriel Deville, Antonio Labriola, G. Plekhanoff, Paul Lafargue, L. Héritier, A. Tortori, Ad. Zerboglio, G. Sorel, Bened. Croce, Kovalewsky, Issaïeff, Arturo Labriola, P. Lavroff, G. Salvioli, Conrad Schmidt, E. Bernstein, E. Vandervelde, Enrico Ferri, Revelin, etc.

LAVAL. — IMPRIMERIE L. BARNÉOUD & Cie

www.ingramcontent.com/pod-product-compliance
Ingram Content Group UK Ltd.
Pitfield, Milton Keynes, MK11 3LW, UK
UKHW020607230726
13926UKWH00005B/2250